슬로우 워크

Slow Productivity

덜 일함으로써
더 좋은 결과를 내는 법

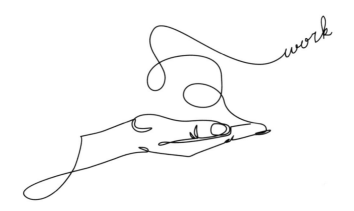

슬 로 우 워 크

칼 뉴포트 지음 | 이은경 옮김

웅진 지식하우스

들어가는 말

─────────────────────────

존 맥피가《뉴요커》전속 필자로 일한 지 2년이 될 무렵인 1966년 여름이었다. 뉴저지주 프린스턴 근교에 살았던 맥피는 뒷마당에 서 있는 물푸레나무 아래에 둔 야외 테이블 위에 누워 있었다. 2017년에 내놓은 책『네 번째 원고』에서 맥피는 이때를 회상하며 "나는 거의 보름째 그 자리에 누워 나뭇가지와 이파리를 올려다보며 두려움, 공황과 싸웠다"라고 말했다. 당시 맥피는 이미《뉴요커》에 장편 기사 다섯 편을 발표했고, 그 이전에는《타임》에서 7년 동안 부편집장으로 일했다. 다시 말해 그는 잡지 집필 일을 시작한 지 얼마 안 된 초보가 아니었다. 하지만 그해 여름 맥피를 야외 테이블에 한동안 붙들어뒀던 그 기사는 지금까지 쓰려고 했던 글 중에서 가장 난해했다.

이전에 맥피는 프로파일(profile, 한 인물을 깊이 있게 소개하는 글.—옮긴이) 기사를 썼다. 그중에서도 프린스턴대학교 스타 농구 선수 빌 브래들리$^{Bill\ Bradley}$를 취재한 〈내가 어디 있다는 감각$^{A\ Sense\ of}$ $^{Where\ You\ Are}$〉은《뉴요커》에 발표한 첫 번째 장편 기사였다. 또한 역사물도 썼다. 1966년 봄에 맥피는 기원전 500년에 중국에서 오렌지를 처음으로 언급한 기록까지 거슬러 올라가면서 이 흔한 과일의 역사를 추적하는 두 편짜리 기사를 내놓았다. 하지만 맥피가 현재 진행하는 프로젝트가 달성하려는 목표는 훨씬 원대했다. 뉴저지주 남부 지대인 파인배런스$^{Pine\ Barrens}$('작은 소나무만 겨우 자라는 산성 모래로 된 척박한 땅'이라는 의미의 지명.—옮긴이)라는 광활한 주제를 다루는 이 기사를 완성하려면, 한 인물에 초점을 맞춰서 글을 쓰는 대신에 대화를 대대적으로 재구성하고 특정한 무대를 방문하면서 여러 인물의 이야기를 엮어내야 했다. 한 대상의 역사를 요약하는 대신 전체 지역의 지리와 생태는 물론, 정치적 배경까지 속속들이 파고들어야 했다.

맥피는 야외 테이블에 드러눕는 상태에 이르기 전에 8개월 동안 이 프로젝트에 쓸 자료를 조사하면서 "대형 저장고를 너끈히 채울 만한 자료"를 모았다. 그는 프린스턴에 있는 자택에서 파인배런스를 기억하기도 힘들 정도로 자주 오갔고, 오랫동안 머물러야 해서 침낭을 가져가는 날도 수두룩했다. 관련 서적을 낱낱이 읽고 관련 인물 모두와 이야기를 나눴다. 이제 글을 쓰기 시작해야 했던 맥피는 막막한 기분에 사로잡혔다. 그는 "시작 단계에서는 당연하게도 자신감이 없었다. 예전에 쓴 글이 명문이었는지는 하나도 중요하지 않았다. 지난번에 썼던 글이 다음번 글을 써주지는 않으니까"라고 설명했다. 그래서 맥피는 야외 테이블에 드러누워 물푸레나무의 가지를 올려다보면서 이 어마어마한 자료와 이야기들을 어떻게 엮어나가야 좋을지 고민했다. 그는 보름 동안 그 테이블에 머무른 끝에 마침내 이 진퇴양난을 헤쳐나갈 해결책을 찾았다. 바로 프레드 브라운Fred Brown이었다.

맥피는 취재 초기에 브라운을 만났다. 일흔아홉 살인 브라운은 파인배런스 외딴곳에 있는 '판잣집'에 살았다. 그 이후로 두 사람은 여러 날 동안 함께 숲속을 거닐었다. 맥피는 브라운이 이번 기사에서 다루려는 주제 대부분과 어떤 식으로든 관련이 있는 것 같다는 사실을 깨닫고는 야외 테이블에서 벌떡 일어났다. 그는 기사 첫머리에서 브라운을 소개한 다음, 브라운과 함께했던 모험이라는 큰 줄기에서 뻗어 나온 잔가지로 탐구하고 싶었던 주제들을 구성할 수 있었다.

이렇게 깨달은 다음에도 맥피가 기사를 다 쓰기까지는 1년이 넘게 걸렸다. 그는 프린스턴 나소가에 있는 검소한 임대 사무실에서 일했다. 아래층에는 안경점이 있고 복도 맞은편에는 스웨덴식 마사지 숍이 있었다. 완성한 원고의 분량은 3만 단어가 넘었고 두 편으로 나뉘어 《뉴요커》에 2호 연속으로 실렸다. 이 기사는 장편 기사의 귀감이자 맥피가 쓴 수많은 글 중에서도 특히 더 많은 사랑을 받았다. 하지만 맥피가 기꺼이 만사를 제치고 드러누워 하늘을 올려다보면서 어떻게 해야 멋진 글을 쓸 수 있을지 골똘히 생각하지 않았더라면 나올 수 없는 글이었다.

　나는 지식 노동자들이 한창 심란한 시간을 보내던 코로나19 팬데믹 초기에 이토록 느긋하게 접근한 존 맥피의 이야기를 처음으로 접했다. 그 불안했던 봄 동안에 사무실과 컴퓨터 화면 앞에서 생계를 꾸려나가는 사람들 사이에서, 오랫동안 뭉근히 끓어오르던 '생산성' 요구에 대한 불쾌감이 팬데믹에 따른 혼란의 중압감을 받아 끓어넘치기 시작했다. 기술과 주의 산만을 다룬 글에서 생산성 문제를 자주 언급했던 나는 이 격렬해지는 반발을 직접 경험했다. 독자 중 한 명은 내게 보낸 이메일에서 "제게는 생산성이라는 말 자체가 걸림돌이에요. 곰곰이 생각하고 잘해내면서 느끼는 기쁨은 인간이 느낄 수 있는 뿌리 깊은 즐거움이잖아요. … 그런데 생산성과 연관 짓기 시작하면 그런 감정이 사그라져요"라고 설명했다. 내 블로그에는 "생산성이라는 말에는 일을 단순히 완수하는 데 그치지 않고 어떤 희생을 치르더라도 꼭 해내야 한다는 속뜻이 담겨 있잖아요"라는 댓글이 달렸다. 코로나19 팬데믹이 이런 분위기를 부추기는 데 구체적으로 어떤 역할을 했는지는 이런 피드백에서 뚜렷하게 드러난다. 한 통찰력 있는 독자는 "생산성은 곧 생

산한 제품이라는 사실이 이번 팬데믹 기간 동안 오히려 더 명확해
졌어요. 그나마 운 좋게 일자리를 잃지 않은 부모들도 자녀를 돌보
고 교육하는 동시에 이전과 비슷한 업무량을 소화해야 했으니까
요"라고 자세히 설명했다. 나는 이런 기세에 놀랐다. 나는 내 독자
들을 좋아하지만 그들을 언급하면서 '격분'이라는 단어는 좀처럼
쓰지 않았었다. 지금까지는 그랬다. 분명 뭔가가 바뀌고 있었다.

곧 알게 됐지만 내 독자들 사이에서만 이 같은 반反생산성 분위
기가 고조된 것은 아니었다. 2020년 봄에서 2021년 여름에 이르
는 1년 반이 채 되지 않는 기간 동안 일반적인 생산성 개념을 정면
으로 겨냥한 주요 서적이 적어도 네 권 출간됐다. 셀레스트 헤들
리의『바쁨 중독』, 앤 헬렌 피터슨의『요즘 애들』, 데번 프라이스
의『게으르다는 착각』, 올리버 버크먼의 유쾌하게 냉소적인『4000
주』가 그런 책들이다. 일에 지쳐버린 이런 분위기는 팬데믹 기간
동안 잇달아 정점을 찍으며 크게 보도된 여러 사회 동향에서도 드
러난다. 먼저 이른바 대퇴직Great Resignation이 있었다. 이 현상이 일어
나는 동안 다양한 경제 분야에서 노동 인력이 퇴사했다. 또한 지식
노동자들 사이에서 노동강도를 낮추려는 분위기가 분명하게 나타
났다. 대퇴직 다음에는 조용한 퇴사quiet quitting(실제로 퇴사는 하지 않지
만 업무 시간과 업무 범위를 엄격히 준수하는 노동 행태.—옮긴이)가 뒤를
이었다. 이는 젊은 노동자 집단이 고용주의 생산성 요구에 적극적
으로 반발하기 시작한 현상이었다.

셀레스트 헤들리는『바쁨 중독』의 '들어가는 말'에서 "우리는 과로와 지나친 스트레스, 끊임없는 불만에 시달리면서도 점점 더 높아지기만 하는 기준에 부응하려고 애쓴다"라고 언급한다. 몇 년 전이었더라면 이런 감상이 분노를 불러왔을지도 모른다. 하지만 팬데믹이 정점에 이르렀을 무렵 이 주장은 전반적인 분위기를 반영한 말이 되었다.

이처럼 불만이 급격히 증가하는 모습을 보면서 나는 중요한 사태가 벌어지고 있다고 확신했다. 지식 노동자들은 수그러들지 않고 점점 더 바빠지기만 하는 상황에 지쳐 탈진했다. 코로나19 팬데믹으로 인해 이런 경향이 생겨난 것은 아니지만 팬데믹을 거치면서 최악으로 치달아 견딜 수 있는 역치를 넘어서버렸다. 갑작스레 원격 재택근무를 하게 된 수많은 지식 노동자는 아이들이 옆방에서 소리를 지르는 와중에 연달아 줌Zoom(화상회의와 채팅 서비스 등을 제공하는 플랫폼.—옮긴이) 회의에 참석하면서 '우리는 대체 여기서 뭘 하고 있는 걸까?'라는 의문에 시달리기 시작했다.

나는 오랫동안 발행해왔던 뉴스레터와 팬데믹 초기에 새로 시작한 팟캐스트에서 지식 노동자들이 느끼는 불만과 직업이 지니는 의미에 대한 대안적 해석을 광범위하게 다루기 시작했다. 또한 반생산성 운동이 계속해서 거세지는 가운데, 기고 작가로 활동하는《뉴요커》에서도 이 주제를 좀 더 자주 다뤘다. 그러다 보니 2021년 가을에는 이 주제를 중점으로 다루는 〈오피스 스페이스^{Office Space}〉라는 월 2회짜리 칼럼을 맡게 됐다.

그렇게 해서 밝힌 사실들은 복잡했다. 사람들은 기진맥진했지만 이처럼 심각한 탈진을 불러온 원인이 무엇인지는 뚜렷하지 않았다. 이 문제를 쟁점으로 온라인에서 토론을 하다 보면 다양하면서 서로 모순되기도 하는 이론들이 끊임없이 튀어나왔다. 고용주들이 노동력에서 더 많은 가치를 뽑아내려고 직원들에게 요구 사항을 가차 없이 늘리고 있다는 의견이 있는가 하면, 온라인 생산성 인플루언서들을 필두로 바쁨에 가치를 부여하는 사고방식을 내면화한 끝에 탈진 상태에 이르렀다는 의견도 있었다. 우리가 지금 목격하는 현상은 '자본주의 최종 단계'의 불가피한 붕괴라는 견해도 있었다. 그들은 책임을 전가하고 좌절감을 토로했다. 그러는 동안에도 지식 노동자들은 점점 악화되는 불행 속으로 계속해서 빠져들어갔다. 상황은 암울해 보였다. 하지만 나름대로 이 주제를 계속 조사하다 보니, 이 책 첫머리에 소개했던 바로 그 이야기를 계기로 낙관적인 전망이 어렴풋하게 나타났다.

존 맥피가 뒷마당에서 나뭇잎을 올려다보며 긴긴날들을 보냈다는 이야기를 처음 접했을 때 나는 문득 그리운 기분이 들었다. 머리를 써서 생계를 꾸리는 사람이 인상 깊은 결과물을 만들어내는 데 필요한 시간과 공간을 충분히 확보할 수 있었던 머나먼 옛날의

한 장면이 떠올랐다. '생산성에 얽매이지 않아도 되는 일을 할 수 있다면 행복하지 않을까?'라는 생각이 들었다. 하지만 뒤이어 따라오는 뚜렷한 깨달음이 있었다. 사실 맥피는 생산적이었다. 1966년 여름날에 야외 테이블 위에 누워서 한 일을 제쳐두고 경력 전반을 들여다보면, 맥피는 지금까지 책을 26권 발표했다. 그중에서 한 권으로 퓰리처상을 수상했고, 두 권은 전미도서상 후보에 올랐다. 또한 50년 넘게 《뉴요커》에 탁월한 기사를 기고했고, 프린스턴대학교에서 오랫동안 유명세를 얻은 창작 논픽션 강의를 하면서 젊은 작가들을 여럿 길러냈다. 이 강의를 들었던 리처드 프레스턴Richard Preston, 에릭 슐로서Eric Schlosser, 제니퍼 와이너Jennifer Weiner, 데이비드 렘닉David Remnick 등은 저마다 독특한 경력을 쌓아가고 있다. 어떤 정의를 들이대더라도 존 맥피는 충분히 생산성을 발휘하고 있지만, 여전히 그가 글을 쓰는 습관은 정신없지도, 바쁘지도, 감당할 수 없지도 않다.

이렇게 찾아온 통찰은 이 책에서 탐구할 핵심 아이디어로 발전했다. 어쩌면 지식 노동자의 문제는 일반적인 의미의 생산성에 있는 것이 아니라, 최근 수십 년 사이에 자리 잡은 잘못된 정의에 있을지도 모른다는 의문이 들었다. 사람들을 갉아먹는 무자비한 업무 과부하는 일을 '잘'하려면 점점 더 바빠져야 한다는 믿음에서 비롯된다. 이메일과 채팅에 신속하게 응답하고, 회의를 더 많이 하고, 업무를 더 많이 하고, 더 오랜 시간 일해야 잘할 수 있다는 생각이다. 하지만 이 전제를 좀 더 자세히 들여다보면 그런 믿음을 뒷받침하는 견고한 기반은 없다는 사실을 알 수 있다. 나는 생산성에 대한 대안적인 접근법도 손쉽게 정당화할 수 있다고 생각하기에 이르렀다. 과도한 업무 목록과 끊임없는 활동의 중요도를 낮추고 존 맥피의 나른한 지향성을 칭송하는 접근법도 그런 대안 중 하나다. 실제로 맥피 같은 전통적 지식 노동자의 습관과 의식은 단순히 영감을 주는 데 그치지 않는다. 21세기 일자리 현실을 설명하는 데 충분한 주의를 기울인다면, 현대인이 업무상 이룬 성취를 해석하는 방식을 바꿔나갈 다양한 아이디어의 원천을 제공할 수 있다.

이런 깨달음에서 업무에 접근하는 방식에 관한 새로운 생각이 튀어나왔고, 마침내 지금 우리가 겪는 탈진을 유발하는 가정을 대체할 온전한 대안을 도출했다.

— **슬로우 생산성**

다음 세 가지 원칙에 근거해 지속 가능하고 유의미한 방식으로 지식 노동 업무를 꾸려나가려는 철학

1. 업무량을 줄인다.
2. 자연스러운 속도로 일한다.
3. 퀄리티에 집착한다.

앞으로 살펴보겠지만, 이 철학은 과부하를 자부심의 상징이 아니라 중요한 결과를 내는 데 방해가 되는 장애물로 간주하며 바쁨

을 거부한다. 또한 일할 때는 상황에 따라 속도를 조절하며 인도적으로 노력을 기울여야 하고, 힘든 시기에는 틈틈이 휴식을 취하며 균형을 맞춰야 한다고 주장한다. 또한 수행 활동이 아니라 높은 퀄리티에 초점을 맞추는 태도가 모든 일의 기반이어야 한다고 본다. 2부에서는 이 철학의 핵심 원칙을 자세히 설명하면서, 그런 원칙들이 옳은 이유를 밝히는 이론적 근거와 더불어 구체적인 직업 현실에서 이를 실천하는 방법에 대한 구체적인 조언을 제공할 것이다. 직접 회사를 경영하는 경우는 물론이고, 상사의 엄격한 지시를 받으면서 일하는 경우에도 유용할 조언이다.

내 목표는 단지 일하면서 느끼는 탈진을 조금이나마 줄일 팁을 제공하는 것이 아니다. 스트레스로 지쳐 힘들어하는 당신의 처지에 무심한 악당들을 당신을 대신해 말로 두들겨 패주려는 것도 아니다(그런 일도 하기는 한다). 그보다는 개인과 중소기업 운영자, 대기업 고용주 등에게 업무 완수가 무슨 뜻인지 곰곰이 생각해볼 '완전히 새로운' 방식을 제안하고자 한다. 지식 노동 과부하가 감당하기 힘들 만큼 극심해지는 현재 상황에서 벗어나 이를 좀 더 지속가능하고 인간다운 행위로 재구축함으로써 자기 자신을 갈아 넣지 않고도 자부심을 느낄 만한 결과를 낼 수 있게끔 하고 싶다. 물론 모든 사무직이 이런 지향성이 추구하는 속도를 당장 받아들일수는 없겠지만, 이는 언뜻 떠오르는 생각보다는 훨씬 광범위하게 적용할 수 있는 개념이다. 이 점은 나중에 자세히 설명할 것이다.

다시 말해, 나는 소진 증후군이 따르지 않는 성취가 가능할 뿐만 아니라 새로운 표준이 되어야 하는 이유를 밝히고 싶다.

하지만 우선은 애초에 지식산업 부문이 어쩌다가 지금처럼 생산성과 삐걱거리는 관계에 놓이게 됐는지부터 이해해야 한다. 그런 관계가 얼마나 우연한 계기로 생겨났는지 알고 나면 좀 더 쉽게 현재 상황을 거부할 수 있기 때문이다. 이제부터 이 목표를 추구하는 여정을 시작해보자.

Contents

들어가는 말   5

PART
01
근거

CHAPTER 1

유사생산성의 흥망   23

───

'생산성'이란 무엇을 의미할까?

왜 우리는 이토록 탈진했을까?

더 바람직한 접근법이 있을까?

CHAPTER 2

슬로우 생산성   45

───

느림 혁명

더 나은 대안을 찾아서

새로운 철학

PART

02

원칙들

CHAPTER 3

업무량을 줄인다 65

슬로우 생산성의 첫 번째 원칙

지식 노동자는 왜 업무량을 줄여야 할까?

핵심 과제: 중대한 업무 제한하기

미션 제한하기

프로젝트 제한하기

일일 목표 제한하기

핵심 과제: 사소한 업무 제한하기

오토파일럿 스케줄을 설정하자

동기화하자

다른 사람들이 더 많이 일하게 하자

태스크 생성기를 회피하자

돈을 쓰자

양육과 가사를 줄일 수 없는 부모들은 어떻게 해야 할까?

핵심 과제: '푸시' 대신 '풀'

풀 시스템 시뮬레이션 1단계: 보류와 진행

풀 시스템 시뮬레이션 2단계: 접수 절차

풀 시스템 시뮬레이션 3단계: 목록 정리

CHAPTER 4

자연스러운 속도로 일한다   143

슬로우 생산성의 두 번째 원칙

지식 노동자는 왜 자연스러운 속도를 되찾아야 할까?

여유를 가지자

5년짜리 계획을 세우자

프로젝트 일정을 두 배로 늘리자

하루 일정을 간소화하자

자기 자신을 용서하자

계절성을 받아들이자

슬로우 시즌을 계획하자

연간 노동 기간을 줄이자

'소소한 계절성'을 실천하자

빠르고 정신없이 일해야 하는 사람들

시인처럼 일하자

공간과 일을 연결하자

멋스럽기보다는 낯선 편이 좋다

의식은 주의를 끌어야 한다

CHAPTER 5

퀄리티에 집착한다 209

슬로우 생산성의 세 번째 원칙

지식 노동자는 왜 퀄리티에 집착해야 할까?

취향을 연마하자

영화광이 되자

뜻이 맞는 사람들을 모아 모임을 시작하자

고급 노트를 구입하자

완벽주의는 문제가 없을까?

자기 자신에게 내기를 걸자

아이들이 잠든 후에 글을 쓰자

급여를 줄이자

일정을 발표하자

투자자를 유치하자

결론   269

감사의 말   277

미주   280

Part
01

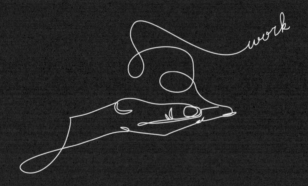

work

근거

CHAPTER 1

유사생산성의 흥망

1995년 여름, CBS 엔터테인먼트 부문 신임 사장 레슬리 문베스^{Leslie Moonves}는 CBS 방송국의 대규모 텔레비전 스튜디오 본사 건물 복도를 이리저리 돌아다니고 있었다. 눈에 보이는 광경은 영 못마땅했다. 금요일 오후 3시 30분인데도 사무실 자리 중 4분의 3이 비어 있었다. 2006년에 언론인 빌 카터^{Bill Carter}가 당시 텔레비전 업계 사정을 다룬 책『절박한 방송사들^{Desperate Networks}』에서 언급한 바에 따르면, 불만에 가득 찬 문베스는 이른 퇴근을 책망하는 과격한 메모를 직원들에게 보냈다고 한다. 메모는 '모르는 직원은 없겠지만, 우리 방송사 시청률은 3위입니다. 금요일 3시 30분이면 ABC와 NBC 직원들은 아직 일하고 있을 시간입니다. 향후 이런 근무 태만은 용납하지 않을 것입니다'라는 내용이었다.

언뜻 보기에 이 일화는 20세기 지식산업 부문이 생산성을 고려하게 된 여러 방식을 보여주는 식상한 일례라고 할 수 있다. '일'이란 뭐가 됐든 직원이 사무실에서 하는 것이다. 일은 적게 할 때보다 많이 할 때 더 좋은 결과를 낳는다. 관리자의 업무는 직원이 '충분히' 일하도록 감독하는 것이다. 이런 식으로 압박하지 않으면 게으른 직원은 최소한의 업무만 하면서 시간을 때우려고 하기 때문이다. 가장 성공한 기업에는 가장 열심히 일하는 직원이 있다.

그런데 우리는 어쩌다가 이렇게 믿게 됐을까? 하도 이런 말을 많이 듣다 보니 이게 사실이겠거니 납득하게 됐지만, 좀 더 자세히 들여다보면 실상은 좀 더 복잡하다. 굳이 깊게 파고들지 않아도 지식 노동 환경에서 업무를 완수한다는 기본 목표에 대해 우리가 실제로 아는 바는 생각보다 훨씬 적다.

'생산성'이란 무엇을 의미할까?

최근 들어 우리 문화 전반에 '생산성'을 지긋지긋하게 여기는 분위기가 점점 뚜렷하게 드러나던 차에 나는 이를 주제로 독자들에게 설문조사를 실시하기로 했다. 목표는 이런 변화를 일으키고 있는 원인이 무엇인지 좀 더 정확하게 이해하는 것이었다. 비공식적으로 실시한 이 연구에 참여한 인원은 700여 명에 달했고, 대다수가 지식 노동자였다. 첫 번째 문항은 간단했다. 워밍업 차원에서 던진 "귀하가 속한 특정 전문 분야에서는 '생산성' 및 '생산적'이라는 단어를 어떻게 정의합니까?"라는 질문이었다. 하지만 이 첫 번째 물음에 대한 답변을 보고 나는 깜짝 놀랐다. 정작 중요한 내용이 빠져 있었다. 응답자가 하는 업무 '유형'을 그냥 열거한 답변이 가장 많았던 것이다.

마이클이라는 임원은 "회원 조직의 이익을 위한 콘텐츠와 서비스 제작"이라고 대답했다. 제이슨이라는 목사는 "직접 방문해 신도들을 돌보는 동시에 설교하는 능력"이라고 말했다. 연구원인 메리애나는 "회의 참석, 실험 실시, 상호 심사 논문 작성"이라고 답변했다. 조지라는 기술부 이사는 생산성을 "하겠다고 말한 일을 실행하는 것"이라고 정의했다.

달성해야 할 구체적인 목표나 일을 잘했는지 못했는지 판가름할 수 있는 성과 척도를 제시한 답변은 아예 없었다. 수량을 언급했더라도 대개 많으면 많을수록 더 바람직하다는 일반적인 의미였다. (피로에 지친 박사 후 연구원 소프는 생산성이란 "언제나 일하는 것"이라고 설명했다.) 설문조사 답변을 읽을수록 숨어 있던 불안한 사실이 드러나기 시작했다. 우리 모두가 이 용어에 온갖 불만을 품어왔건만, 지식 노동자들은 '생산성'이 무엇을 의미하는지, 그 정의조차 합의해서 내놓은 적이 없었다.

생산성이 무엇을 의미하는지 잘 모르는 것은 단지 개개인에 그치지 않는다. 이런 모호함은 학계가 이 주제를 다루는 양상에서도 드러난다. 1999년 경영 이론가 피터 드러커 Peter Drucker 는 「지식 노동자 생산성 Knowledge-Worker Productivity: The Biggest Challenge」이라는 중요한 논문을 발표했다. 논문 초반에서 드러커는 "지식 노동자의 생산성을 다루는 연구는 이제 막 시작됐다"라고 공표한다. 나아가 이런 현실을 개선하기 위해 지식산업 부문의 생산성에 영향을 미치는 '주요 요인' 여섯 가지를 열거하면서 명확한 과업 규정, 지속적인 학습 및 혁신 등을 언급한다. 내가 실시했던 설문조사 응답과 마찬가지로, 이 역시 드러커가 이 문제에 대해 이야기한 것에 불과하다. 즉, 일반적인 의미에서 생산적인 일을 뒷받침할 '법한' 요인들을 지적하고 있을 뿐, 측정할 구체적 특성이나 개선해야 할 과정을 제시하지는 않는다. 몇 년 전에 나는 취재 과정에서 밥슨칼리지의 저명한 경영학과 교수 토머스 대븐포트 Thomas Davenport 를 인터뷰했다. 지식산업 부문의 생산성을 진지하게 연구하려고 시도했던 몇 안 되는 학자 중 한 명이 대븐포트였던 터라 관심이 있었다. 2005년에는 연구 결과를 모아 『핵심인재 경영법 Thinking for a Living: How to Get Better Performance and Results from Knowledge Workers』이라는 저서를 내놓기도 했다. 하지만 결국 대븐포트는 이 연구를 계속해서 유의미하게 이끌어나가기는 어렵다는 데 불만을 품고 좀 더 보람 있는 분야로 관심을 옮겼다. 그는 "지식 노동자의 생산성은 좀처럼 측정하지 않습니다.

심지어 측정하는 경우에도 학자의 연구 성과를 논문의 질이 아니라 편수로 측정하는 등 정말 어처구니없는 방식으로 하죠. 지금도 여전히 꽤 초기 단계입니다"라고 설명했다. 대븐포트가 집필하거나 편집한 책은 총 25권이다. 그는 그중에서 『핵심인재 경영법』이 가장 적게 팔렸다고 말했다.

지식 노동만큼 규모가 큰 경제 부문에 생산성을 규정하는 유용한 표준 정의가 없는 경우는 매우 드물다. 그 밖에 거의 모든 경제 분야에서 생산성은 명확하게 정의된 개념일 뿐만 아니라 업무를 진행하는 방식의 중심이 되곤 한다. 실제로 현대사회 발달에 기여한 놀라운 경제성장의 대부분이 이 기본 개념을 좀 더 체계적으로 활용한 덕분에 이뤄졌다고 볼 수 있다. 생산성이라는 용어를 일찍 사용한 부문은 농업까지 거슬러 올라갈 수 있다. 농업에서 생산성의 의미는 단순하다. 토지 구획당 생산성은 토지에서 생산되는 식량의 양으로 측정할 수 있다. 이런 투입량 대비 산출량 비율은 농부가 작물을 재배할 수 있는 수단을 탐색하는 데 도움을 주는 일종의 나침반 역할을 한다. 즉, 시스템이 뛰어날수록 재배 면적당 산출량이 눈에 띄게 증가한다. 이처럼 명확하게 규정된 과정을 개선하기 위해 명확한 생산성 지표를 사용하는 것이 당연하게 들릴 수도 있지만, 이 접근법을 도입하면서 효율이 폭발적으로 증가했다. 예를 들어 17세기에는 바로 이런 유형의 지표를 중심으로 한 실험으로 휴경기를 없애는 노포크 4년 윤작 농법^{Norfolk four-course system}(3년 연속 경작 후 1년 휴경하던 기존의 농법과 달리, 4년 동안 네 가지 작물을 차례로 돌려 키우는 농법.—옮긴이)을 개발했다. 이 농법 덕분에 많은 농가의 생산성이 급증하면서 영국 농업혁명이 일어날 수 있었다.

18세기에 영국에서 시작된 산업혁명이 국외로 전파되기 시작하면서 초기 자본가들은 농업 분야 생산성과 비슷한 개념을 제조소와 공장에도 적용했다. 작물 재배와 마찬가지로 관건은 주어진 투입량 대비 생산된 산출량을 측정한 다음, 이 값을 높이고자 다양한 과정을 실험하는 것이었다. 농부가 재배 면적당 산출량에 관심을 기울인다면, 공장 소유주는 시급당 자동차 생산량에 관심을 기울인다. 농부가 좀 더 현명한 윤작 농법을 활용해 지표를 개선할 수 있다면, 공장 소유주는 생산공정을 연속 흐름 조립라인으로 바꿔서 지표를 개선할 수 있다. 이러한 예에서 생산되는 산출물의 유형은 다양하지만 방법을 바꾸도록 촉진하는 힘은 한결같이 '생산성'이다.

이처럼 측정 가능한 개선을 중시하다 보면 당연히 인적 비용이 발생한다. 조립라인에서 실행하는 작업은 반복적이고 지루하며, 모든 동작에서 효율성을 강요하면 부상과 탈진을 부르는 상황이 생기기 마련이다. 하지만 이런 부문에서 놀라운 경제성장을 일으킨 생산성의 위력은 이런 염려들을 대부분 덮어버렸다. 노동자들에게 조립라인은 따분한 작업이지만, 1913년 헨리 포드가 미시간주 하일랜드파크 공장에 이 방법을 도입한 이후로 모델 T 한 대를 생산하는 데 필요한 노동시간이 12.5시간에서 대략 1.5시간으로 줄어드는 경이로운 개선을 보였다. 1910년대 말 무렵에는 포드 자동차 회사에서 생산한 자동차가 미국 자동차 생산량의 절반을 차지하기에 이르렀다. 이런 보상은 도저히 저항할 수 없을 정도로 강력했다. 현대 서구 사회에서 경제성장의 역사란 여러모로 생산성 중심 사고가 승리한 이야기라고 할 수 있다.

하지만 그 이후로 20세기 중반에 지식산업 부문이 주요 산업으로 떠올랐고, 이처럼 명쾌하고 정량적이며 공식적인 생산성 개념에 의존할 일이 사라졌다. 이 개념이 버림받은 데는 그럴 만한 이유가 있었다. 농업과 제조업에는 유익하게 적용할 수 있었던 옛 생산성 개념이 인지 노동이라는 새로운 산업 분야에는 잘 들어맞지 않았다. 일관성 부족이 그런 문제 중 하나였다. 20세기 초에 베슬리헴 제강은 생산성을 개선하고자 악명 높은 효율성 컨설턴트 프레더릭 윈즐로 테일러^{Frederick Winslow Taylor}를 고용했다. 테일러는 주조 공장에서 근무하는 노동자 각각이 철 찌꺼기 삽질 같은 명확한 단일 업무를 담당해야 한다고 가정했다. 이렇게 가정함으로써 시간 단위당 산출량을 정확하게 측정하고 이 지표를 개선할 방법을 찾을 수 있었다. 이 구체적인 사례에서 테일러는 비생산적으로 과도한 노력을 기울이지 않으면서도 삽질 한 번당 최대한 많은 철을 운반하려는 요구에 맞춰 주조 공장 노동자 전용 삽을 고안했다. (참고로 테일러가 계산한 한 삽당 최적 적재량은 9.5킬로그램이었다.)

그에 반해서 지식 노동자들은 복잡하고 끊임없이 변화하는 업무량과 씨름해야 할 때가 많다. 회사 웹사이트에 올릴 추천글을 모으고 오피스 파티를 준비하는 동시에 고객 보고서를 작성하는 한편, 인사 담당자가 이메일로 보낸 이해상충 성명서도 수정해야 한다. 이런 상황에서는 어떤 산출량을 콕 집어 추적해야 할지 명확하지 않다. 게다가 이 수많은 활동의 늪에서 가장 중요한 업무를 간신히 골라냈다고 하더라도(대븐포트가 예로 든 교수의 학술 논문 편수를 세는 경우처럼) 관련 없는 의무사항이 각 개인의 생산능력에 미치는 영향을 통제할 손쉬운 방법이 없다. 예를 들어 작년에 내가 당신보다 학술 논문을 더 많이 발표했다고 하더라도, 이는 어쩌면 당신이 시간을 많이 잡아먹지만 중요한 업무인 위원회 위원장을 맡았기 때문일 수도 있다. 이런 경우에 정말로 내가 생산성이 더 높은 직원이라고 할 수 있을까?

직원 개개인이 아니라 시스템을 개선하는 헨리 포드식 접근법 역시 지식 노동 맥락에서는 좀처럼 자리를 잡지 못했다. 제조 공정은 그 정의가 명확하다. 조립라인을 개발하는 매 단계에서 포드는 공장에서 모델 T를 어떻게 생산할지 정확하고 상세하게 설명할 수 있었다. 반면에 지식산업 부문에서 업무 조직화 및 실행에 따르는 결정은 대체로 직원 개개인이 스스로 내려야 한다. 직원이 사용하는 소프트웨어를 기업이 통일하는 경우는 있지만 작업을 할당, 관리, 조직, 협력, 최종 실행하는 시스템은 대개 개인이 각자 알아서 짜기 마련이다. 피터 드러커는 1967년에 발표한 명저『자기경영 노트』에서 "지식 노동자는 가까이에서 낱낱이 감독할 수 없다. 그 저 도울 수 있을 뿐이다. 나아갈 방향은 스스로 결정해야 한다"라 고 주장했다.

지식 노동을 하는 조직에서는 이 권고를 진지하게 받아들였다. 신중하게 고안한 공장 시스템은 사무실에서 나오는 '개인 생산성' 으로 대체됐다. 사무실에서는 직원 개개인이 임기응변을 발휘하 고 명확하지 않은 도구와 기술을 사용해서 업무를 이해하며, 다른 사람들이 업무를 어떻게 해나가는지 정확히 아는 사람이 없다. 이 런 무계획한 환경에서는 쉽게 개선할 수 있는 시스템이 없고, 조립 라인 도입으로 생산성이 10배 증가한 것 같은 성과는 찾아보기 어 렵다. 결국에는 드러커도 이처럼 자율성이 높은 환경에서 생산성 을 추구한다는 것이 얼마나 어려운지 인식하게 됐다. 토머스 대븐 포트는 1990년대에 드러커와 나눴던 대화를 떠올리면서 "드러커 는 개선하기 힘들다고 여겼던 것 같습니다…. 입원 환자들에게 정 신병원을 운영하도록 맡겨놓고, 마음대로 일하도록 내버려둔 셈 이니까요"라고 말했다.

새롭게 생겨난 지식산업 부문에서 이런 현실은 실질적인 문제 를 일으켰다. 생산성을 측정할 구체적인 기준과 개선에 필요한 명 확한 과정이 없는 상황에서 기업은 직원을 어떻게 관리해야 할지 제대로 알 수 없었다. 또한 지식산업에 종사하는 프리랜서와 중소기업이 늘어나면서 자기 자신만을 책임지는 이런 이들은 자기 관리를 어떻게 해야 할지 막막했다. 이런 불확실성에서 단순한 대안이 생겨났다. 바로 '실제 생산성을 가늠하는 대강의 대용물로 눈에 보이는 활동을 사용'하는 방법이었다. 직원이 사무실에 있거나, 원격근무를 하면서 이메일 답장과 채팅 메시지가 재깍재깍 도착하면 적어도 직원이 '뭔가' 일을 하고 있다고 판단한다. 눈에 보이는 활동이 많을수록 그 직원이 기업 이익에 더 많이 기여한다고 가정한다. 마찬가지로 프리랜서나 기업가의 경우, 바쁘면 바쁠수록 이익을 추구하기 위해 할 수 있는 한 최선을 다하고 있다는 확신이 커진다.

20세기가 흘러가면서 이처럼 눈에 보이는 활동을 기준으로 삼는 휴리스틱^{heuristic}(정보나 시간 등이 부족할 때 직관적으로 판단하는 추론 방법.—옮긴이)이 지식 노동 생산성을 판단하는 주요한 방식이 됐다. 그러다 보니 우리는 원래 공장 노동에 따르는 육체 피로를 제한하려고 정한 주 40시간 노동을 똑같이 적용해 사무실 건물에 모여서 일하게 됐다. 수신메일함을 무시할 때 죄책감을 느끼거나, 자진해서 지원해야 한다는 내면화된 압박감을 경험하거나, 상사가 근처에 있을 때 '바쁜 척'하는 이유도 여기에 있다. 좀 더 정교한 효율성 측정 수단이 없다 보니, 해야 할 일 목록 중에서 심층 업무는 미뤄두고 좀 더 쉽게 해치울 수 있는 가볍고 구체적인 업무에 끌리곤 한다. 기울인 노력이 곧장 분명하게 드러나지 않는 장시간의 업무는 불안을 유발하는 근원이 된다. 머리를 싸매고 대담한 신규 전략을 짜기보다는 이메일에 답장을 쓰고 전화를 빨리 받는 편이 안전하다. 내가 실시한 독자 설문에 N이라는 이니셜로 참여한 사회복지사는 "쉬지 말고 온종일 뛰어다니며 서둘러야 한다"라고 적었고, 더그라는 프로젝트 관리자는 일을 잘한다는 말은 중요성 여부를 떠나서 일단 "많은 업무를 해치우는 것"으로 귀결된다고 설명했다.

구체적인 생산성이 이렇게 느슨한 대강의 휴리스틱으로 바뀐 전환은 앞으로 우리가 살펴볼 논의에서 무척 중요한 사안이다. 그런 의미에서 이 휴리스틱에 정식으로 이름을 붙이고 정의를 내려 봤다.

— **유사생산성**pseudo—productivity
실제 생산 노력을 어림잡아 측정하는 주요 수단으로 눈에 보이는 활동을 이용하는 방식.

'생산성'을 정의하라는 물음에 독자들이 그토록 혼란스러워했던 까닭은 이 철학의 모호함에 있다. 이는 손쉽게 설명할 수 있는 정식 시스템이 아니다. 오히려 일종의 분위기, 즉 바쁘게 돌아가는 움직임으로 유지되는 의미 있는 활동이라는 포괄적인 기류에 가깝다. 그 결합 역시 좀 더 미묘하다. 초기 지식 노동자들이 보기에 유사생산성에는 산업 노동력을 조직하는 구체적인 시스템과 비교해 분명한 장점이 있었다. 무더운 공장 바닥에서 온종일 판금을 찍어내느니 냉난방이 되는 사무실에서 바쁜 척하는 편이 나았을 것이다. 뒤에서 더 자세히 살펴보겠지만 유사생산성을 중심으로 하는 노동 접근법은 최근 20여 년 사이에 들어서야 틀어지기 시작했다. 하지만 일단 그런 사태가 벌어지기 시작하자 그 피해는 막대했다.

왜 우리는
이토록 탈진했을까?

이번 장 첫머리에서 소개한 CBS 관련 일화는 유사생산성이 뭔지 보여주는 전형적인 사례다. 성과를 높이고 싶었던 레슬리 문베스는 직원들에게 근무시간을 늘리라는 뻔한 요구를 했다. 하지만 내가 굳이 이 사례를 고른 이유는 그 타이밍 때문이었다. 문베스가 직원들에게 분노에 찬 메모를 보냈던 1990년대 중반은 지식 노동을 체계화하는 수단으로써 유사생산성의 지속 가능성이 그야말로 갑자기, 조용하지만 급속도로 나락에 떨어지기 시작한 때였다.

이런 추락은 1990년대 사무실에 네트워크 컴퓨터가 도입되면서 일어났다. 활동이 생산성을 가늠하는 대용물인 환경에서 최소한의 노력으로 바쁘다는 신호를 눈에 띄게 보낼 수 있는 이메일이나 슬랙^{Slack}(업무용 인스턴트 메신저.—옮긴이) 같은 도구가 생기자, 평균적인 지식 노동자는 끊임없이 전자 메시지를 주고받으면서 최대한 빠르고 정신없이 업무에 '관한' 이야기를 하는 데 점점 더 많은 일과 시간을 쓰게 됐다. (레스큐타임이라는 소프트웨어 회사가 1만 명이 넘는 지식 노동자의 로그 데이터를 바탕으로 실시한 분석에서는 연구 대상자들이 평균 6분마다 이메일 수신함을 확인한다는 한심한 결과가 나왔다.) 이후 노트북과 스마트폰이라는 형태로 휴대용 컴퓨터와 통신수단이 등장하면서 이런 경향은 한층 더 악화일로를 걸었다. 근면함을 증명하라는 요구가 근무시간을 넘어서서 퇴근 후 저녁시간이나 아이가 축구 시합을 하는 주말에까지 미치게 됐다. 컴퓨터와 네트워크는 여러모로 새로운 가능성을 열었다. 하지만 유사생산성과 결합해 과부하와 주의 산만에 시달리는 감각을 지나치게 자극한 결과, 우리를 괴로운 소진 증후군 위기와 정면충돌하는 경로로 내몰았다.

이처럼 현재 우리가 처한 곤경이 얼마나 심각한지는 아무리 여러 번 강조해도 모자라다. 예를 들어 맥킨지 앤드 컴퍼니와 비영리단체 린인이 공동으로 지식산업 부문에 종사하는 북미 지역 종업원 6만 5,000여 명을 대상으로 실시한 최근 조사에서는 '자주' 혹은 '거의 항상' 소진 증후군을 경험한다고 응답한 사람의 수가 크게 증가했다. 이어서 실시한 갤럽 여론조사에서는 미국 노동자들이 전 세계에서 가장 스트레스를 심하게 받는 집단에 속한다는 결과가 나왔다. 갤럽의 수석 연구원 짐 하터^{Jim Harter}는 이런 스트레스 수치가 종업원이 기울이는 노고의 증가를 보여주는 지표들과 함께 상승했다고 지적했다. 그는 "일과 삶의 균형을 찾으려면 좀 더 노력을 기울여야 합니다"라고 말했다.

딱히 데이터를 모르더라도 이는 너무나 많은 사람이 이미 실생활 속에서 직접 체험하고 있는 사실이다. 예를 들어, 내가 실시한 독자 설문 응답을 보면 새로 도입된 사무 기술로 극심한 과부하를 겪고 있는 개개인의 사례가 넘쳐난다. 스티브라는 전략 기획자는 이 경험을 아주 잘 요약해서 제시했다.

> 기술이 발달하면서 할 일을 일과와 일정에 욱여넣을 수 있는 능력이 일하는 보람을 느끼는 품질 수준을 유지하면서 업무를 처리할 수 있는 능력을 넘어서게 된 것 같습니다. … 그래서 소진 증후군이 정말로 위험하다고 생각해요. 관심을 기울이고 싶은 일이 있어도 그 밖에 해야 할 일이 너무나 많은 까닭에 그 일을 제대로 하면서 열정과 온전한 주의, 창의력을 쏟을 여력이 없어지거든요.

세라라는 교수는 이런 과다 활동이 학계에도 영향을 미치고 있다고 지적하면서 "내내 이메일을 주고받고, 슬랙 채팅에 응하고,

갑작스러운 줌 회의에 참석하다 보면 심층 업무를 수행하고, 높은 수준의 사고와 글쓰기를 할 시간을 확보하기가 쉽지 않습니다"라고 설명했다. 마이라라는 가상 비서는 자신이 여러 지식 노동자에게 서비스를 제공하면서 알게 된 사실을 요약해 독자적인 관점을 제시했다. 마이라는 "고객들은 무척 바쁘지만 하고 싶거나 해야 할 일을 감당하기가 너무 벅차서 우선순위를 제대로 파악하기가 어려울 때가 많아요. 그래서 무턱대고 일을 많이 하려고 애쓰면서 그런 식으로 발전해나가기를 바라곤 합니다"라고 말했다.

이렇게 털어놓는 이야기에서는 절망감이 배어난다. 공업 부문에서 성과를 보였던 구체적 생산성 지표는 확실한 형태가 없는 지식 노동 환경에 딱 들어맞을 수가 없다. (게다가 이처럼 노동에 정량적으로 접근하는 방식은 냉혹한 비인간성을 유발한다는 측면에서 들어맞기를 '바라지도' 말아야 한다.) 하지만 이런 명확성이 없다면 유사생산성이 유일하게 실행 가능한 기본 선택지처럼 보일 수 있다. 또한 이런 선택지가 손쉬운 의사소통 도구 및 휴대용 컴퓨터와 만나면, 마이라가 꼭 집어 지적했듯이 그저 일을 많이 하는 상태로 나아가는 활동 주기가 마냥 확대되는 결과를 낳는다. 즉, 일상의 모든 틈을 전부 일로 채우면서 쉴 새 없이 계속하는 활동이 모여서 어떻게든 의미 있는 결과를 낳기를 바라며 살아가게 된다. 하지만 이처럼 음울한 현실에 완전히 굴복하기에 앞서 유사생산성이 과연 불가피한 개념인지 재평가해볼 필요가 있다. 마지막으로 다시 한번 CBS 일화로 돌아가 레슬리 문베스가 내린 강경한 경영 판단의 단순한 이면을 들여다보면, 지식 노동에서 업무 완수란 무엇인지 좀 더 섬세하게 생각해보는 데 필요한 힌트가 드러나기 시작한다.

더 바람직한
접근법이 있을까?

CBS 일화는 고군분투하던 방송국이 전세를 역전시켜 결국 시청률 꼴찌에서 1위로 올라서고, 그 후로도 오랫동안 그 자리를 지켰다는 희망찬 결말로 끝났다. 하지만 이런 전세 역전이 일어난 진짜 이유는 무엇이었을까? 좀 더 자세히 들여다보면 레슬리 문베스가 직원들에게 요구한 노동시간 연장은 시청률 상승과는 거의 무관했을 가능성이 높다. 그보다는 앤서니 자이커Anthony Zuiker라는 라스베이거스 소재 카지노 트램 운전사가 무턱대고 기울였던 노력에서 좀 더 설득력 있는 원인을 찾아볼 수 있다. 1996년 당시 시급 8달러를 받으며 미라지 호텔과 트레저아일랜드 호텔을 오가는 관광객들을 실어 나르던 스물여섯 살 자이커는 자포자기한 심정이었다. 갓 성인이 됐을 때 가족과 친구들은 관심을 사로잡는 글을 쓰는 재능을 타고났다고 자이커를 추켜세웠다. 하지만 지금은 그런 기술을 어떻게 발휘해야 할지 막막했다. 빌 카터Bill Carter는 『절박한 방송사들Desperate Networks』에서 "암울함이 극에 달했던 순간, 자이커는 이런 특별한 재능을 발휘할 기회를 얻을 수 없다면 애초에 그런 재능은 왜 주셨냐고 신에게 물었다"라고 밝혔다.

자이커의 운명은 배우인 친구가 오디션에서 사용할 창작 독백극을 쓰면서 바뀌기 시작했다. 그 독백극을 들은 할리우드 에이전트가 자이커를 찾아내 시나리오를 써보지 않겠냐고 물었던 것이다. 자이커는 시드 필드Syd Field가 쓴 시나리오 집필 안내서를 구입해서 「심부름꾼The Runner」이라는 시나리오를 썼다. 「심부름꾼」은 조직 폭력단에서 심부름꾼 일을 하게 된 도박 중독자의 이야기였다. 시나리오 자체가 그리 높은 값에 팔린 것은 아니었지만, 당시 텔레비전 드라마 제작 부분으로 활동 반경을 좀 더 넓히고자 했던 제리 브룩하이머Jerry Bruckheimer 제작사 신규 부문의 관심을 끌기에는 충분했다. 자이커는 아이디어를 제안해달라는 요청을 받았다. 즐겨 보던 디스커버리 채널의 리얼리티 프로그램 〈새로운 탐정들: 법의학 사례연구The New Detectives: Case Studies in Forensic Science〉에서 영감을 얻은 자이커는 첨단 기술 도구를 활용해 범죄를 해결하는 〈로앤드오더Law & Order〉와 비슷한 경찰 드라마의 개요를 제시했다.

이 개요에 흥미를 느낀 브룩하이머의 제작사는 시험 방송용 극본을 요청했다. 자이커는 극본을 구상할 참고 자료를 조사하고자 라스베이거스 경찰서에서 시간을 보내기 시작했다. 과학수사대가 단서를 찾으려고 자이커에게 침실 카펫을 빗질해달라고 했던 때가 특히 인상적이었다. 빗을 들고 몸을 숙인 자이커는 침대 밑에 숨어 있던 용의자의 약물에 전 눈을 봤다. 용의자는 자이커에게 손톱을 휘두르다 현장에 있던 경찰관들에게 붙잡혔다. 자이커는 "아, 이건 확실히 드라마 소재감이네요"라고 농담을 던졌다. 마침내 그는 방송국에 아이디어를 발표할 준비를 마쳤다. 카터는 "자이커는 ABC 드라마국 간부들 앞에서 방 안을 돌아다니고 가구 위로 뛰어오르는 등 등장인물들에게 생기를 불어넣으면서 발표에 열을 올렸다"라고 설명했다. 자이커가 그렇게 열정을 보였지만 ABC는 기획안을 받아들이지 않았다.

기획에 자신이 있었던 자이커는 실패에 굴하지 않고 직접 데어 투패스^{Dare to Pass}라는 제작사를 설립해 과학수사 드라마를 제작한다는 단 하나의 목표에 전념했다. 니나 태슬러^{Nina Tassler}라는 CBS 임원의 흥미를 끈 자이커는 시험 방송용 극본을 좀 더 방송용으로 적합하게끔 세 번 더 고쳐 썼다. 태슬러는 이렇게 고쳐 쓴 극본을 문베스에게 가져갔지만, 이를 제대로 이해하지 못한 문베스는 프로젝트를 보류했다. 자이커와 태슬러는 계속해서 일했다. 그들은 빌리 피터슨^{Billy Peterson}이라는 유명한 텔레비전 감독에게 도움을 청했고, 피터슨은 자이커가 쓴 극본을 열렬히 옹호하는 편지를 써서 문베스에게 보냈다. 편지를 읽은 문베스는 마침내 수긍했고, CBS가 시험 방송 제작비를 대기로 했다.

하지만 그 후로도 프로젝트는 난항을 겪었다. 시험 방송 제작이 늦게 끝났고, CBS 임원들이 점심식사를 하면서 시사회를 했을 때도 성공을 확신하지 못했다. 특히 문베스는 이야기를 이해하기가 어렵다고 느꼈다. 그는 "최대한 노력해서 다시 만들어보세요"라고 말했다. 제작팀은 당장 재편집에 들어갔다. 시간이 촉박했다. 가을에 방송하려면 몇 달 후로 예정된 사전 행사에서 광고주들에게 방송을 선보일 준비를 마쳐야 했다. 프로그램에 관한 최종 결정은 CBS가 가을 프로그램을 발표하는 마감일 직전에 열린 일정 회의에서 그야말로 막판에 이뤄졌다. 마지막에 문베스는 마지막으로 남은 빈자리인 금요일 저녁 시간대에 자이커의 드라마와 토니 댄자Tony Danza가 나오는 코미디 〈홈우드 P.I.Homewood P.I.〉 중에서 하나를 선택해야 했다. 그는 직감에 따라서 자이커를 선택했다. 정말이지 중대한 결정이었다. 최종적으로 〈CSI〉라는 제목으로 방송된 자이커의 프로젝트는 몇 달 후인 2000년 가을에 첫 방송이 나가자마자 히트를 쳤다. 같은 시즌에 방송된 리얼리티 프로그램 〈서바이버Survivor〉 역시 대히트를 거두면서 CBS가 1위에 오를 정도로 시청률이 크게 상승했다.

CBS의 실적이 호전된 경위를 자세히 들여다보면 서로 다른 생산성 개념이 어떻게 대비되는지 분명히 알 수 있다. 문베스는 직원들에게 더 많이 일하라고 압박함으로써 방송국을 살리고자 했다. 하지만 결국 방송국을 되살린 것은 3년 넘게 목표를 키우면서 특별한 결과물을 내놓기 위해 몇 번이고 다시 덤벼든 남다른 창의력의 소유자가 기울인 집요한 노력이었다.[1] 앤서니 자이커가 기울인 노력은 문베스가 직원들에게 요구했던 조건과 비교할 때 그 유형과 강도가 훨씬 더 다양했다. 자이커는 매일 사무실에 출근하지도 않았고 끝없이 이어지는 회의에 참가하면서 충실하게 자기 존재를 알리려고 하지도 않았다. 〈CSI〉 기획 당시에는 오랜 기간 밖으로 드러나는 자이커의 활동이 드물었지만, 자이커는 좀 더 치열하게 활동한 다른 기간으로 균형을 맞췄다. 하지만 연 단위로 놓고 볼 때 자이커는 놀라운 생산성을 발휘했다. 자이커가 1999년에 한 달 동안 쉬었다고 한들, 결국 2000년에 CBS 방송국을 구한 셈이니 누가 뭐라고 하겠는가?

존 맥피가 기사 구성에 필요한 통찰이 떠오를 때까지 야외 테이블에 누워서 기다렸듯이, 자이커가 기울인 노력은 정신없이 바쁠 필요가 없는 의미 있고 가치 있는 일의 정의를 보여준다. 첨단 기술을 도입해 요구를 멈추지 않는 유사생산성과 비교하면 '느리다'고 할 법한 속도에서 나오는 그 마법은 장기간에 걸쳐서 분명하게 드러난다.

CHAPTER 2

슬로우 생산성

슬로우 생산성

1986년 맥도날드는 로마 스페인 광장 안 스페인 계단이 시작되는 곳 근처에 450여 석 규모의 대규모 신규 매장을 열 계획을 발표했다. 많은 이탈리아 사람이 이를 못마땅하게 여겼다. 시의원들은 개점을 막고자 했고, 그 지역에 작업실이 있는 패션 디자이너 발렌티노 Valentino는 햄버거 냄새가 자기가 만드는 고급 의상들을 더럽힐 것이라고 주장했다. 영화감독 루치아노 데 크레센초 Luciano De Crescenzo는 "무엇보다도 우리 삶이 미국식으로 바뀌고 있다는 사실이 가장 불안합니다"라고 비판했다. 로마 시장은 곧 거리에 넘쳐날 지저분한 햄버거 포장지를 거둬들일 특별 쓰레기 수거반을 결성했다.

이처럼 불안감이 팽배한 가운데 노련한 활동가이자 기자인 카를로 페트리니 Carlo Petrini는 슬로우 푸드 Slow Food라는 새로운 운동을 창시했다. 창설 선언문에서는 그는 이 운동의 목표를 이렇게 밝혔다.

> 효율성과 광란을 혼동하는 일부, 아니 대다수 사람에 맞서 우리는
> 적절한 양의 감각적인 미식을 천천히 오랫동안 즐기면서 섭취하라
> 는 예방법을 제안합니다.
> 이에 발맞춰 우리는 주방에서 슬로우 푸드로 시작할 것입니다. '패
> 스트 푸드'의 지루함에서 벗어나기 위해 현지 요리의 다양성과 풍미
> 를 재발견합시다.

이탈리아 전역에서 지역 슬로우 푸드 지부가 생겨나기 시작했
다. 이 단체는 현지에서 제철에 생산되는 재료로 만들어 다 함께
먹는 느긋한 식사를 장려했다. 얼마 후 그들은 현지 중등학교에 지
역 음식 교과목을 도입하고, 이탈리아 남부 캄파니아 지역이 원산
지인 맛 좋은 베수비오 살구 같은 전통 식품을 보존하는 노력을 기
울이는 등 관련 목표를 수행했다. 1996년 슬로우 푸드 운동은 지
역 음식 전통과 장인을 지원하고자 토리노에서 제1회 살로네 델
구스토^{Salone del Gusto}(전 세계에서 식품 생산자와 장인이 모이는 국제 미식 박
람회.—옮긴이)를 개최했다. 2년에 한 번씩 열리는 이 행사에는 이제
20만 명이 넘는 방문객이 몰려 1,500개가 넘는 가판대에서 시식
을 즐긴다. 현재는 160개국에 슬로우 푸드 지부가 있다.

겉으로 보기에 슬로우 푸드는 틈새 운동, 즉 이탈리아 살구를

요리에 사용할 가능성에 집착하는 향수에 물든 식도락가들의 모임처럼 느껴질 수도 있다. 나 역시도 슬로우 푸드가 무엇인지 생각할 계기가 있었더라면 최근까지도 그렇게 여겼을 것이다. 하지만 지식 노동과 유사생산성을 둘러싼 문제들과 씨름하기 시작하면서, 슬로우 푸드 운동을 창시한 카를로 페트리니의 노력이 놀라울 만큼 내 머릿속에 꽉 들어찼다.

느림 혁명

내가 처음으로 슬로우 푸드 세계에 발을 들이게 된 까닭은 유사생산성과 동떨어진 모든 것을 포착하는 듯한 '슬로우'라는 단어에 끌렸기 때문이다. 슬로우 푸드 운동과 관련해 맥도날드, 로마, 긴 저녁 식사 같은 기본 정보는 알고 있었고, 점점 더 빨라지는 업무 속도를 대신할 대안을 제시할 때 유용한 비유로 써먹을 수 있을지 모른다고 생각했다. 하지만 페트리니에 관한 글을 자세히 읽으면서 슬로우 푸드는 단순한 식사가 아니라는 사실을 깨달았다. 슬로우 푸드는 현대사회의 과도함에 대응하는 개혁 운동을 구축할 다양한 시도에 적용할 수 있는 심오하고 혁신적인 아이디어 두 가지를 구체적으로 실현한 사례였다.

첫 번째 아이디어는 매력적인 대안의 힘이다. 2003년 마이클 폴란^{Michael Pollan}이 슬로우 푸드 운동을 다룬 통찰력 넘치는 기사에서 요약했듯이, 1980년대에 카를로 페트리니는 "좌파 동료의 비열하고 음침한 태도에 크게 실망"하게 됐다. 체계의 결함을 단호하게 지적하면서 얻는 개인적인 만족감도 있지만, 페트리니는 지속 가능한 변화를 일으키려면 즐겁고 활력 넘치는 대안을 사람들에게 제공해야 한다고 믿게 됐다. 페트리니는 그저 맥도날드의 부패 세력에 관한 날카로운 논설을 쓰는 데 그치지 않고, 음식과 맺어나가는 매력적인 새로운 관계를 홍보함으로써 누가 봐도 패스트 푸드가 저속해 보이도록 만들었다. 페트리니는 "다른 사람을 위하느라 고통받는 사람들은 즐겁게 살아가는 사람들보다 인류에게 더 큰 피해를 준다"라고 설명했다.

슬로우 푸드와 관련한 두 번째 아이디어는 오랜 세월에 걸쳐 검증된 문화 혁신으로부터 이끌어내는 힘이다. 행동주의는 급진적으로 '새로운' 아이디어를 제안하려는 경향이 있다. 그래야만 근원적인 해결책이라는 유토피아적 가능성이 유지되기 때문이다. 하지만 페트리니는 패스트 푸드를 대체할 매력적인 대안을 제시할 때 여러 세대에 걸쳐 시행착오를 거듭하면서 발달한 '전통' 음식 문화에서 영감을 얻는 것이 현명하다고 여겼다. 슬로우 푸드는 그저 식사를 오래 즐기는 문화를 지지하는 데 그치지 않고, 수백 년 동안 이탈리아 마을에서 흔히 볼 수 있었던 공동 식사 스타일을 장려한다.

신선한 식재료를 강조할 뿐만 아니라 고조할머니가 내놓았을 법한 요리를 추천하는 것이다. 페트리니는 문화 진화라는 난관을 거치고도 살아남은 전통이라면 인기를 얻을 가능성이 높다고 믿었다.

2003년 기사에서 폴란은 처음에는 슬로우 푸드 운동에서 엿보이는 향수를 불러일으키는 분위기에 회의감을 품었다고 인정하면서, 기사 초반부에 "내가 보기에 슬로우 푸드 식도락가들은 골동품 감정가 같았다. 그러니 그들이 식품 시스템 토론에 공헌할 수 있는 정도는 마부용 채찍 애호가들이 SUV 토론에 말을 보태는 수준이라고 생각했다"라고 썼다. 하지만 이런 폴란의 태도는 페트리니의 혁신적인 행동주의를 좀 더 자세히 알아가면서 달라졌다. 슬로우 푸드는 현재에서 벗어나고자 뒤를 돌아보는 행태가 아니라 미래를 재구축하기 위한 아이디어를 찾는 운동이었다. 폴란은 처음에 취했던 회의적인 태도를 철회하고 이 운동이 "환경보호주의와 세계화를 둘러싼 토론에 중대한 기여"를 했다고 인정했다.

페트리니가 개혁 운동을 구축하고자 제시한 중요 아이디어 두 가지(문제를 해소할 대안에 초점을 맞추고, 오랜 세월에 걸쳐 검증된 전통에서 이런 해결책을 도출하는)는 근본적인 의미에서 볼 때 식품에만 국한되지 않는다. 이 아이디어들은 마구잡이로 벌어지는 현대적 방식이 인류 경험과 모순되는 모든 환경에 적용할 수 있다. 슬로우 푸드가 성공을 거둔 이후로, 경솔하게 서두르는 바람에 어려움을 겪고 있던 우리 문화의 여러 측면을 겨냥해 생겨난 수많은 새로운

'슬로우' 운동들이 이 주장을 검증했다.

저널리스트 칼 오너리가 2004년에 내놓은 책 『시간자결권』에서 소개했듯이, 이런 후속 운동 중에는 슬로우 시티Slow Cities도 있었다. 역시 이탈리아에서 시작한 슬로우 시티 운동(이탈리아에서는 치타슬로우Cittaslow라고 부른다)은 보행자 중심의 도시 조성과 지역 산업 지원은 물론 전반적으로 좀 더 친근한 도시를 만드는 데 집중한다. 슬로우 치료법Slow Medicine은 질병에만 초점을 맞추기보다는 사람 전체를 돌보려는 의료이고, 슬로우 스쿨링Slow Schooling은 초등학교 학생들이 부담스러운 시험과 경쟁의 압박에서 벗어날 수 있도록 노력한다. 최근 들어서는 온라인 낚시글을 대체할 좀 더 지속 가능하고 질 높은 대안을 장려하는 슬로우 미디어Slow Media 운동이 생겨났다. 또한 깊이 있는 통찰로 인간이 처한 상황에 오랫동안 주의를 기울일 때 비로소 의미를 그 알 수 있는 현실적인 비서사 영화를 가리키는 용어로 슬로우 시네마Slow Cinema가 자주 사용되고 있다. 페트리니의 고향인 브라시 시장은 "처음에 슬로우 운동은 식도락을 즐기는 몇몇 사람이 관심을 보이는 개념 같았습니다. 하지만 지금은 좀 더 인간답고 느긋하게 일하는 것의 이점을 다루는 훨씬 폭넓은 문화적 논의가 됐죠"라고 설명했다.

슬로우 푸드, 슬로우 시티, 슬로우 치료법, 슬로우 스쿨링, 슬로우 미디어, 슬로우 시네마. 이 모든 운동은 오랜 세월에 걸쳐 검증된 지혜에서 얻은 좀 더 느리고 지속 가능한 방식을 현대인의 바쁜 생활을 대체할 대안으로 제공하는 급진적이지만 효율적인 전략에 기반을 뒀다. 지식 노동을 취재하는 과정에서 이런 아이디어들에 대해 좀 더 자세히 알게 되자, 뒤이어 자연스럽게 떠오르는 생각이 있었다. 현재 우리가 겪고 있는 업무 과부하의 비인간성과 싸울 때 우리에게 필요한 것은 정당한 경멸이나 경솔한 새로운 정책이 아니라, 애초에 생산성이 무엇을 의미하는지 좀 더 느긋하게 파악한 개념일지도 모른다는 깨달음이었다.

더 나은
대안을 찾아서

흥미롭게도 팬데믹 직후에 지식 노동이 어떻게 작동하는지 대대적으로 점검할 기회가 생겼다. 2020년 봄, 갑작스럽게 도입된 온라인 회의와 재택근무는 일상에 안주하던 지식산업 부문을 뒤흔들어놓았다. 보건 비상사태라는 혼란이 가라앉으면서, 원래 사무실에서 근무하던 사람들 중에는 그 밖에 어떤 중대한 변화가 일어날 수 있을지에 의문을 품은 이도 꽤 있었다.

이 새로운 태도는 사무실 근무로 복귀하는 계획을 둘러싸고 직원들과 임원들 간에 생겨난 다툼에서도 찾아볼 수 있다. 2022년 봄, 애플 CEO 팀 쿡^{Tim Cook}이 직원들은 일주일에 적어도 며칠은 쿠

퍼티노에 있는 애플 본사로 출근해야 한다고 발표하자 신속하고 격렬한 항의가 뒤따랐다. 애플투게더AppleTogether라는 직원 단체는 쿡에게 보낸 공개서한에서 "우리를 언제, 어디에서 무슨 숙제를 해야 하는지 일일이 말해야 하는 초등학생처럼 취급하지 마십시오"라고 요구했다. 이런 저항에 부딪친 쿡은 그 후로 몇 달 동안 사무실 복귀 계획을 여러 차례 연기했다. 내가 이 장을 쓰고 있는 현재, 쿡이 처음으로 계획을 발표한 지 꼬박 1년이 지났지만 여전히 싸움이 이어지고 있다. 이제 쿡은 아직도 복귀를 거부하는 직원들을 처벌하겠다고 공공연하게 위협한다. 나는 이 투쟁을 보도한《뉴요커》기사에서 "불만을 품은 애플 직원들은 단지 출퇴근을 두고 언쟁을 벌이는 것이 아니다. 그들은 팬데믹의 혼란을 계기로 현대 직장을 규정하는 수많은 자의적인 가정에 의문을 제기하는 운동의 선봉에 서 있다"라고 썼다.

이런 중대한 변혁에 대한 새로운 초점은 주 4일 근무제에 관한 관심이 증가하는 데서도 나타난다. 2023년 2월 영국은 근무시간 축소를 실험한 기업 60여 곳을 추적한 대규모 예비 연구 결과를 발표했다. BBC가 보도했듯이 연구 결과는 "대단히 긍정적"이었으며, 참가 기업 중 90퍼센트 이상이 적어도 당분간은 실험 설정을 유지할 것이라고 밝혔다. 미국에서는 캘리포니아주 하원의원 마크 타카노Mark Takano가 공정노동기준법에서 정한 표준 노동시간을 주 40시간에서 32시간으로 공식적으로 단축하는 법안을 제안했다. 비록 이 법안은 지지를 얻지 못했지만, 로우스와 킥스타터 같은 기업들은 이미 자체적으로 노동시간 단축 실험을 하고 있다.

직장 실험에 관한 이런 갑작스러운 관심은 환영할 만한 동시에 필요하기도 하다. 오늘날 지식산업 부문의 업무 방식은 전통과 관습으로 굳어 있는 데다, 자의적이거나 과거 노동 유형에서 차용한 방식이기 때문이다. 하지만 현재 파장을 일으키고 있는 제안들은 어딘가 그 자체만으로는 불충분한 느낌이다. 원격근무를 유지하거나 노동시간을 단축하려는 움직임은 유사생산성에 따르는 최악의 부작용을 일부 완화하는 데 도움이 되지만, 좀처럼 근본적인 문제 자체를 다루지는 않는다. 이는 맥도날드에 메뉴의 영양가를 좀 더 높이도록 요구함으로써 만연하는 패스트 푸드 문화에 대응하겠다는 것이나 마찬가지다. 이 방식은 패스트 푸드가 건강에 미치는 영향을 다소 완화하는 데는 도움이 되겠지만, 애초에 식사를 성급히 끝내도록 유발하는 문화 자체에 이의를 제기하지는 않는다.

카를로 페트리니가 가르쳐줬듯이, 지식 노동이 직면한 소진 증후군에 좀 더 지속 가능하도록 대응하는 방법은 매력적인 대안을 제공하는 것이다. 그렇게 하려면 단순히 유사생산성을 제한하려는 시도를 넘어서서 생산성이 무엇을 의미하는지 보여주는 완전히 새로운 비전을 제안해야 한다. 당연하게도 관건은 그런 대안을 구체적으로 파악하는 것이다. 여기에서 페트리니가 제시한 두 번째 중요 아이디어에 주목해야 한다. 즉, 오랜 세월에 걸쳐 검증된 아이디어에서 도출해야 한다. 지식 노동을 사람들이 사무실 건물에 앉아서 컴퓨터 자판을 두드리는 일이라고 생각한다면, 누가 봐도 현대적인 활동과 관련된 전통의 지혜를 찾기란 막막해 보일 것이다. 페트리니가 제시한 슬로우 개념과 함께 나아가기 위해 좀 더 포괄적인 다음 표현을 고려해보자.

— 지식 노동(일반 정의)
인지 노력을 적용함으로써 지식을 시장가치를 지닌 성과물로 바꾸는 경제활동.

이 정의는 컴퓨터 프로그래머, 마케터, 회계사, 기업 임원 등 사무실에서 근무하는 일반적인 직원들에게 해당된다. 하지만 동시에 칸막이 사무실 시대가 열리기 이전부터 있었던 인지능력을 발휘하는 다른 직업들도 포함한다. 이 정의에 따르면 예를 들어 작가나 철학자, 과학자, 음악가, 극작가, 예술가도 지식 노동자다. 물론 이처럼 오래전부터 있었던 전통적 지식 노동 직업은 일반 사무직보다 희소성이 높은 경우가 많다. 전문 음악가나 후원자에게 지원을 받던 르네상스 시대 과학자는 어떻게 일할지 결정할 때 인사관리자보다 훨씬 더 큰 자율성과 선택지를 누린다. 그렇다 보니 이런 사례연구를 특권으로 치부하면서 거부하기 쉽다. ("로렌초 데 메디치Lorenzo de' Medici가 생활비를 대준다면 정말 즐겁겠죠!"라고 비꼬는 트윗이 눈에 선하다.) 이렇게 말하면 속은 시원할지 몰라도 더 광대한 목표를 생각할 때 바람직한 반응은 아니다. 우리 프로젝트에서 전통적 지식 노동자에게 흥미를 느끼게 되는 까닭은 바로 이런 희소한 자유에 있다. 이런 자유를 누린 덕분에 전통적 지식 노동자는 머리를 굴려서 가치 있는 성과를 지속적으로 내고자 할 때 무엇이 가장 효과적인지 실험하고 파악하는 데 필요한 시간과 공간을 확보할 수 있었다. 물론 우리 대부분은 존 맥피가 일하는 하루 일과를 직접 구체적으로 일일이 따라 할 수 없다. 하지만 우리가 원하는 것은 똑같이 따라 할 청사진이 아니라, 이런 색다른 영역에서 선별해 평범한 21세기 지식산업 부문 업무라는 실질적인 제약에 적용할 수 있는 일반적인 개념이다. 내가 보름 내내 뒷마당 야외 테이블에 누워 있을 수는 없겠지만, 그 이야기에는 힘겨운 프로젝트에 임할 준비를 하면서 속도를 늦추는 것이 얼마나 중요한지에 대한 중요한 통찰이 숨어 있다. 전통적 지식 노동자들이 우리 손에 닿지 않는 특권을 누렸다는 불만감을 극복할 수만 있다면, 그들의 경험 속에서 우리가 해야 할 어려운 일을 좀 더 감당하기 쉽게 해줄 생산성 개념의 기초를 찾을 수 있을지도 모른다.

일단 전통적인 지식 노동자들을 살펴보면서 맥피식의 느긋한 업무 습관을 지닌 사람을 찾기 시작하면 다양한 사례를 쉽게 접할 수 있다. 케임브리지대학교 북쪽 시골에서 미적분학 세부 사항에 골몰하고 있는 아이작 뉴턴도 있고, 런던 남부에 있는 실용적인 스튜디오에서 나무가 줄지어 선 안뜰로 향하는 문들을 활짝 열어놓고 공예품을 제작하는 방법을 기록한 조용하고 아름다운 동영상을 온라인에 올린 조각가 애나 루빈캠Anna Rubincam도 있다. (내게 이 동영상을 보내준 독자는 메시지 제목란에 '심층 작업의 전형'이라고 썼다. 나 역시 동의했다.) 유명한 소설가들이 집필하느라 숨어 있던 색다른 공간을 발견하는 것은 특히 재미있는 기분 전환 활동이다. 나중에 자세히 설명하겠지만 소설 『죠스Jaws』를 쓴 작가 피터 벤츨리Peter Benchley는 용광로 수리 공장 뒷방에서 이 고전 스릴러 소설을 썼고, 마야 안젤루Maya Angelou는 평범한 호텔방 침대에 팔꿈치를 기댄 채 노란색 유선 노트에 글을 휘갈겨 쓰곤 했다.

2022년 초가 되어서야 나는 마침내 카를로 페트리니의 슬로우 운동 체계를 유사생산성으로 인해 생기는 문제에 어떻게 적용할지에 관한 모든 생각을 정리할 준비를 마쳤다. 그 무렵에 발표한 기사에서 나는 새롭게 떠올린 철학에 이름을 붙였다. 그때 이후로 줄곧 사용하고 있는 '슬로우 생산성slow productivity'은 영감을 얻은 원천을 고려할 때 무척 당연한 이름이었다.

새로운
철학

이 책의 2부에서는 슬로우 생산성이라는 철학을 자세히 설명하는 데 전념할 것이다. 이 철학은 지식 노동자가 유사생산성이 유발한 성급함과 계속 불어나기만 하는 업무량에서 벗어나 일을 계획하고 실행할 때 사용할 수 있는 대안이다. 나는 일에 쏟아붓는 수고를 충만한 인생살이에 자연스럽게 녹여낼 수 있는 좀 더 인도적이고 지속 가능한 방법을 제안하고자 한다. 다시 말해 슬로우 생산성을 받아들이면 가치 있는 산출물을 생산하는 능력을 유지하면서도 업무에 짓눌리기보다는 업무가 의미의 원천이 되도록 방향을 바꾸어나갈 수 있다.

이 말이 무엇을 의미하는지 이해하기 쉽도록 들어가는 말에서 소개했던 슬로우 생산성의 공식 정의를 다시 살펴보자.

— **슬로우 생산성**

다음 세 가지 원칙에 근거해 지속 가능하고 유의미한 방식으로 지식 노동 업무를 꾸려나가려는 철학

1. 업무량을 줄인다.
2. 자연스러운 속도로 일한다.
3. 퀄리티에 집착한다.

이 세 가지 중요 원칙이 슬로우 생산성이라는 철학의 핵심이다. 이 책의 2부는 이 원칙들을 하나씩 자세하게 다루는 세 개의 장으로 나뉜다. 각 장의 첫 부분에서는 해당 원칙의 장점을 설명함으로써 왜 그 원칙이 지속 가능한 직업 생활 달성이라는 목표에 중요한

지 그 근거를 제시한다. 이렇게 타당한 근거를 제시한 다음에는 일반적인 지식 노동 업무가 대개 그렇듯 엉망진창인 현실 속에서 그 원칙을 실행하는 데 필요한 구체적인 아이디어를 자세히 설명하는 '제안들'을 소개한다. 이 부분에서는 당신이 처한 특정한 업무 환경에 필요한 대로 적용할 수 있는 구체적인 조언과 전략을 찾아볼 수 있다. 또한 각 장마다 그 장에서 다루는 아이디어에 관한 자기반성적인 해설과 비판을 제시하는 '막간 코너'를 넣었다. 이런 아이디어들이 새롭고 복잡한 데다가 모두가 이를 똑같이 받아들이지는 않을 것이라는 현실을 강조하기 위해 마련한 항목이다. 각자가 자신만의 독특한 경험을 이런 제안에 적용하면서 그에 대한 독자적인 통찰과 결론을 모을 수 있기를 바란다.

2부는 카를로 페트리니의 비전에 충실하게 다양한 분야와 시대를 살아간 전통 지식 노동자들의 삶에서 뽑아낸 이야기와 사례를 풍부하게 담아낸다. 제인 오스틴, 벤저민 프랭클린, 갈릴레오는 물론 이보다 좀 더 현대 인물인 조지아 오키프, 린마누엘 미란다, 메리 올리버에 대해서 소개한다. 이런 이야기들을 아이디어의 원천으로 활용해서 현대 일자리 현실에 맞게 좀 더 실용적인 조언으로 다듬는다. 하지만 이런 이야기에 담긴 전반적인 사고방식과 분위기는 그 자체만으로도 충분히 가치가 있다. 페트리니의 가르침에 따르면서 나는 '소진 증후군에 시달리지 않고 성취하는 비결'을 소개하는 가장 좋은 방법 중 하나가 바로 이 목표를 중심으로 인생을 성공적으로 꾸려나간 사람들의 세계로 빠져드는 것이라고 확신하게 됐다.

하지만 이런 구체적인 사항을 살펴보기 이전에 먼저 슬로우 생산성이라는 철학을 받아들인다고 해서 야망을 포기해야 한다는 뜻은 아니라는 것을 밝히고 싶다. 인간은 자기가 하는 일을 잘해내고 유용한 성과물을 낼 때 커다란 만족감을 얻는다. 이 철학은 이런 성취로 나아가는 지속 가능한 길을 제공한다고 볼 수 있다. 예를 들어 아이작 뉴턴이 걸작 『프린키피아』에 담긴 모든 아이디어를 발전시키는 데 실제로 얼마나 오랜 시간이 걸렸는지 아는 사람은 거의 없다(20년 이상). 사람들은 그저 『프린키피아』가 출판된 이후로 과학이 완전히 바뀌었다는 사실만 알 뿐이다. 뉴턴이 내놓은 아이디어의 가치는 지금도 이어지고 있지만, 그런 아이디어들이 얼마나 느린 속도로 나왔는지는 금방 잊혔다. 슬로우 생산성은 대대로 이어지는 성과를 구축하도록 뒷받침하는 한편, 이를 좀 더 인간적인 속도로 이뤄낼 수 있도록 한다.

이 책은 지식 노동의 생산성 전반을 다루지만, 그중에서도 특히 어느 정도 업무 자율성이 있는 사람들을 대상으로 한다. 프리랜서와 1인 경영자, 중소기업 경영자가 여기에 속한다. 이런 환경에서는 상사의 요구로 유사생산성이 나타나는 것이 아니라 유사생산성을 자초하는 경우가 많으므로 개인이 실험할 수 있는 여지가 아주 많다. 하지만 내가 예상하는 독자 중에는 대기업에서 일하면서도 업무 진행 방식을 결정할 때 상당한 자율권을 누리는 사람들도 있다. 예를 들어, 나 같은 교수나 새로운 아이디어를 팀에 내놓을 준비가 될 때까지는 없는 사람이나 마찬가지인 제품 디자이너, 업무 진행 사항을 어쩌다 한번씩만 보고하는 원격근무자 등이 이런 정의에 속하는 사람이다.

철저한 감독을 받는 사무실 환경에서 일하는 사람들은 내가 제안하는 전략을 온전하게 실천하기 어려울 수 있다. 변경하기 어려운 환자 사정에 따라 움직이는 의사나 청구 가능 시간$^{billable\ hour}$(의뢰인에게 비용을 청구할 수 있는 시간.—옮긴이)을 얼마나 축적했는지에 따라서 평가받는 1년 차 소속 변호사 등 업무 활동이 고도로 구조화된 경우도 마찬가지다. 그렇다고 해서 슬로우 생산성이 앞으로도 영영 이런 지식 노동 부문을 개혁할 수 없다는 말은 아니다(이 운동의 미래에 관한 좀 더 광범위한 비전은 이 책의 결론에서 밝힌다). 하지만 모든 혁명에는 시작점이 필요하고, 생산성 개념 그 자체를 다시 생각하는 중대한 상황에서는 먼저 자기 실험이 가능한 사람들에게 초점을 맞추는 것이 합리적이다.

이런 목표와 주의할 점을 유념하면서 앞으로 나아가자.

Part
02

원칙들

CHAPTER 3

업무량을 줄인다

슬로우 생산성의
첫 번째 원칙

1811년 10월 말, 런던의 한 신문에 "여성이 쓴 신작 소설"이라고 홍보하는 광고가 실렸다. 작가 이름은 밝히지 않았지만, 다음 달에 실린 후속 광고에서는 좀 더 구체적으로 '레이디 A'라고 표현했다. 그 책은 『이성과 감성』이었고, 이 책으로 데뷔한 익명의 작가는 물론 제인 오스틴이었다. 당시 10년 넘게 여러 소설의 원고를 써왔던 오스틴은 이런 원고들을 한꺼번에 감탄할 만한 최종판으로 다듬어내고 있었다. 『이성과 감성』을 시작으로 5년 동안 오스틴은 『오만과 편견』, 『맨스필드 파크』, 마지막으로 1815년에 내놓은 『에

마』에 이르기까지 근대문학사에서 타의 추종을 불허할 정도로 놀라운 작품들을 연이어 발표했다. 2년 후 오스틴은 41세라는 젊은 나이로 세상을 떠났다.

일반적으로는 오스틴이 사회적 지위에 따르는 수많은 잡다한 의무를 수행하는 와중에 틈틈이 글을 휘갈겨 쓰는 집필 비법을 통달한 덕분에 이토록 놀라운 생산성을 발휘할 수 있었다고 설명한다. 이런 설명의 출처는 오스틴의 조카 제임스였다. 제임스는 오스틴이 사망한 지 50년이 넘게 흐른 1869년에 빅토리아 시대 양식으로 제인 오스틴의 전기를 출판해 오스틴의 작품을 좀 더 많은 독자에게 알렸다. 이 회고록의 6장에서 제임스는 다음과 같은 인상 깊은 서술을 남겼다.

> 오스틴은 정말이지 놀라운 방식으로 이 모든 일을 해냈다. 그녀에게는 홀로 작업에 집중할 수 있는 서재가 없었으므로 대부분의 집필 작업을 응접실에서 온갖 시답잖은 방해를 받으면서 해야 했다. 그녀는 하인이나 방문객 등 가족 이외의 사람들에게 직업을 의심받지 않도록 주의를 기울였다. 손쉽게 감출 수 있는 작은 종이쪽지에 글을 쓰거나 기름종이로 덮곤 했다. 현관과 글을 쓰는 공간 사이 있는 여닫이문은 열릴 때마다 삐걱거리는 소리를 냈다. 하지만 오스틴은 그 소리 덕분에 사람이 오는 기척을 알아차릴 수 있었기에 이런 사소한 불편을 고치는 데 반대했다.

포부가 크지만 좌절도 겪었던 여성이 남몰래 작품을 썼다는 이 이야기는 오스틴 소설에 나옴직한 일화다. 이처럼 작풍과 잘 어울리는 서술이었던 덕분에 당연하게도 이 믿음은 그대로 굳어졌다. 현대에 들어서도 메이슨 커리가 2013년에 내놓은 유쾌한 책 『리추얼』이나 이보다 이전에 오스틴 세계를 담아내려고 했던 여러 기술에서 이 일화를 거듭해서 언급했다. 버지니아 울프도 1929년에 발표한 『자기만의 방』에서 "그래도 오스틴은 누가 들어오기 전에 원고를 감출 수 있었으므로 삐걱거리는 경첩 소리를 달가워했다"라고 썼다.

이 일화는 다양한 목적에 활용할 수 있다. 예를 들어 울프는 성 역할과 지적 자율성을 논의하면서 이를 인용한다. 꿈을 포기하지 않는 훌륭한 사례로 떠받드는 다소 단순한 설명도 있다. 하지만 생산성이라는 주제에 초점을 맞춘다면 제임스가 묘사한 제인 오스틴의 모습에 불현듯 마음이 복잡해진다. 마치 더 좋은 결과를 내려면 일정을 더 빽빽하게 채워서 더 많은 일을 해야 한다는 생산 이념을 지지하는 듯하다. 즉, 『이성과 감성』과 같은 성과를 내놓기 위해서 필요한 것은 더 많이 일하고 싶다는 의욕이라는 의미가 숨어 있다. 오스틴이 응접실에 앉아 끝없이 사교 방문이 이어지는 와중에 자투리 시간을 이용해서 종이쪽지에 글을 썼다면, 당신 역시 새벽 5시에 일어나거나 점심시간을 좀 더 효율적으로 활용할 수 있지 않겠는가?

하지만 오스틴의 삶을 좀 더 가까이 들여다보면 조카 제임스가
밝힌 집필 비법 이야기의 허점이 금방 드러난다. 1차 자료를 바탕
으로 좀 더 광범위하게 인용한 현대 전기를 보면 진짜 제인 오스틴
은 바쁜 시간을 쥐어짜내는 전형적인 사례가 아니다. 오히려 정반
대로 생산성에 대한 느린 접근을 아주 잘 보여주는 본보기였다.

제인 오스틴은 18세기 말 잉글랜드 햄프셔주에 있는 시골 마을
스티븐턴에서 자랐다. 오스틴의 집은 소젖을 짜고 가축을 기르는
작은 농장이었다. 가족들은 빵을 굽고 직접 맥주를 만들었다. 여름
이면 아이들은 갈퀴로 건초를 긁어모으고 잼과 젤리를 만들었다.
가을에는 추수를 도왔다. 게다가 오스틴이 아직 어린 소녀였을 때
교구 목사였던 아버지가 가족들이 살고 있던 목사관을 임시 남학
교로 바꾸는 바람에 망아지 같은 남자아이 여섯 명을 매일 돌보고
먹여야 했다.

그렇다고 해서 오스틴 가족이 완전한 노동자 계급이었다는 말
은 아니다. 클레어 토말린^{Claire Tomalin}이 1997년에 내놓은 전기 『제
인 오스틴^{Jane Austen: A Life}』에서 설명했듯이 오스틴 가족은 토지를 소
유하거나 상당한 재산을 상속받지는 않았지만 상류층인 "젠트리
의 가치에 따라서 살고자 하는 가족들"로 이뤄진 "유사 젠트리" 사
회에 살고 있었다. 하지만 오스틴이 하인들이 호화로운 식사를 준
비하는 동안 잘 꾸며놓은 응접실에서 방문객을 맞이하며 하루하

루를 보내는 자신의 소설 속 등장인물처럼 성장하지 않은 것은 분명하다. 오스틴에게는 해야 할 일이 있었다. 그녀는 열렬한 독서광이었고 아버지의 권유에 따라 어린 나이에 글쓰기를 시작했지만, 매일같이 집안일, 농장일, 학교일에 시달리느라 너무 바빠서 진지하게 글재주를 갈고닦을 여유는 없었다.

그러던 1796년 여름, 오스틴의 아버지가 목사관에서 운영하던 남학교를 닫기로 결정하면서 상황이 갑자기 바뀌었다. 토말린은 "그 결과로 식사 계획 및 준비, 세탁, 청소, 침대 정돈 같은 모든 집안일이 줄어들었다"라고 서술했다. 해야 할 일이 갑자기 크게 줄어든 덕분에 오스틴은 '경이로운' 생산성을 발휘하는 시기에 접어들었다. 저녁 시간이면 2층 책상에서 글을 쓰고 가족들에게 원고를 읽어주면서 나중에 대표작이 될 소설 세 편의 초안을 써냈다. 토말린이 강조하듯이 오스틴은 "주변에서 벌어지는 일상생활에서 자기 자신을 끌어내는" 능력 덕분에 고유한 문학적 목소리를 찾을 수 있었다.

이렇게 맡은 일이 크게 줄어들었던 시기는 1800년에 오스틴의 부모가 난데없이 스티븐턴 집을 정리하고 휴양지인 배스로 이사하기로 결정하면서 갑자기 끝났다. 이후 10년 동안 오스틴은 계속해서 이 집 저 집 옮겨 다녔고, 아버지가 병에 걸려 결국 세상을 떠나면서 더 많은 의무를 떠맡았다. 토말린이 표현한 대로 '집필 리듬'을 탈 능력을 빼앗긴 오스틴은 글쓰기를 그만뒀다.

1809년에 오스틴이 생산성 조건을 자신에게 유리하도록 되돌린 중대한 결정을 내리지 않았더라면, 아마도 세상 사람들은 오스틴이 얼마나 뛰어난 재능을 지녔는지 결국 알지 못했을 것이다. 지난 10년 동안 이어진 심란한 나날에 지친 오스틴은 어머니, 언니인 커샌드라, 가족들과 친했던 마사 로이드와 함께 고즈넉한 마을인 초튼의 네거리에 있는 아담한 시골집에 정착했다. 그 집은 오스틴의 오빠인 에드워드가 소유한 넓은 사유지 안에 있었다. 에드워드는 오스틴 가족의 먼 친척에게 그 땅을 물려받았다. 자녀가 없었던 그 친척은 몇 년 전에 에드워드를 법적 상속인으로 지명했다.

지난 몇 년 동안 복잡다단한 문제에 시달렸던 오스틴의 가족은 초튼의 사교계에서 떨어져 지내기로 결정하면서 단비와도 같았던 휴식을 취했고, 이 휴식은 오스틴의 작품 활동에 중요한 영향을 미쳤다. 가볍게 내린 결정은 아니었다. 오스틴의 오빠가 마을을 소유하다시피한 데다가 길에서 불과 몇백 미터 떨어진 드넓은 땅에 살았던 덕분에 사교계에서 적극적으로 교류할 기회가 차고 넘쳤기 때문이다. 하지만 오스틴 가족은 관심을 보이지 않았다. 토말린은 "무도회도 없었고 만찬도 거의 열지 않으면서 대부분 가족끼리만 시간을 보냈다"라고 밝혔다.

당시 70대였던 오스틴의 어머니가 작업복을 입고 마당 정원에서 일하는 모습을 보면서 마을 주민들은 즐거워했다. 무엇보다도 오스틴 일가의 막내딸이었던 제인 오스틴에게 가사 노동을 거의 시키지 않는다는 암묵적인 합의가 생겨났다. 오스틴은 아침 식사를 준비했지만, 그 일을 제외하면 자유롭게 글을 썼다. 토말린은 "이렇게 해서 커샌드라와 마사가 집에 있을 때 오스틴은 가사를 완전히 면제받는 특권을 누렸다"라고 설명했다.

세상살이에서 벗어나 초튼 시골집에 살면서 기적처럼 갑작스레 가사 노동과 사교계 책무 모두에서 해방된 오스틴은 10여 년 만에 처음으로 창조적으로 생각하고 글을 쓸 수 있는 실질적이고 의미 있는 공간을 손에 넣었다. 바로 이곳, 길이 내려다보이는 창가에 자리한 검소한 집필용 책상에서 일하면서 오스틴은 마침내 『이성과 감성』과 『오만과 편견』의 원고를 마무리하고 『맨스필드 파크』와 『에마』를 쓰기 시작했다.

오스틴의 조카는 응접실에서 얌전을 떨며 끊임없이 집중을 방해하는 환경 속에서도 틈틈이 맹렬하게 글을 쓰는 과도한 일정에 시달리는 오스틴의 이야기를 널리 퍼트렸다. 하지만 초튼에서 보낸 놀라운 세월의 현실은 분명히 이와는 확연히 다르다.[2] 진짜 오스틴의 이야기는 바쁜 와중에도 남몰래 능숙하게 글을 쓰는 분주함을 미화하는 조카의 주장과는 정반대 접근법을 장려하는 듯 보인다. 오스틴은 다사다망했던 시기에는 창작물을 내놓을 수 없었다. 상황과 형편이 바뀌어 부담이 크게 줄어들고 나서야 비로소 명작을 완성했다.

일을 적게 하면 더 좋은 결과를 얻을 수 있다는 이 교훈은 더 많이 일할수록 선택지가 늘어나고 보상받을 기회가 많아진다는 믿음을 바탕으로 생겨난 근래의 활동 방식에 관한 현대인의 편견에 반한다. 하지만 '바쁜' 제인 오스틴은 행복하지도 않고 기억에 남을 만한 작품을 쓰지도 못했던 반면, 고요한 초튼 집에서 '부담을 털어낸' 제인 오스틴은 영문학을 완전히 바꿔놓았다는 사실을 기억하자.

사실 간소화는 슬로우 생산성이라는 철학에서 대단히 중요하다. 그래서 이를 공식적인 첫 번째 원칙으로 정했다.

— **원칙 #1: 업무량을 줄인다**
자신이 반드시 해야 하는 필수 업무를 제외한 나머지 일들을 점진적으로 줄여나간다. 이렇게 업무 부하가 줄어들면서 생기는 여유를 활용해 가장 중요한 몇몇 프로젝트를 온전히 파악하고 추진해나가자.

물론 업무량을 줄이는 것은 말하기는 쉬워도 실제로 시행하기는 어렵다. 일을 하다 보면 바쁘지 않기란 불가능해 보이기 마련이다. 고객들의 요구와 관리자들이 해대는 요청에 빠져 죽지 않으면 다행일 테니. 하루를 어떻게 보낼지 온전히 스스로 통제할 수 있는 1인 경영자라고 하더라도, 일정 수준 이상의 수입이 필요하다면 업무량을 줄이려는 의도를 실현하기가 어려울 수 있다. 끝없이 채워지는 받은메일함의 메일들을 처리해야 하는 지식 노동자가 보기에 초튼 시골집 책상에서 오랜 시간 글쓰기에 전념할 수 있었던 제인 오스틴의 상황은 그저 멋진 신기루처럼 느껴질지 모른다.

이번 장에서 나는 이처럼 의도한 단순성이라는 야심찬 비전을 포기하지 않도록 당신을 설득할 것이다. 업무 선택 및 체계화를 생각할 때 창의력, 나아가 때때로 급진성까지도 발휘할 의향이 있다면 현대 업무 환경 대부분에서 가능한 일이다. 지금부터는 단순성을 달성하려는 의지가 빅토리아 시대에 오스틴이 소설을 썼던 상황과 마찬가지로 현대 지식 노동에서도 똑같이 유익하고 실현 가능한 이유를 구체적인 사례를 들어서 설명하려고 한다. 그런 다음에는 슬로우 생산성의 첫 번째 원칙을 실행하는 데 유용한 구체적인 전술을 몇 가지 소개할 예정이다.

지식 노동자는 왜 업무량을 줄여야 할까?

2021년 봄, HSBC에 근무하던 조너선 프로스틱Jonathan Frostick이라는 프로그램 관리자가 원격 재택근무를 하던 중에 심근경색을 일으켰다. 이 사실은 프로스틱이 병원 침대에 누워 있는 자신의 사진과 함께 만약 자신이 죽을 고비를 넘긴다면 앞으로 인생을 어떻게 바꾸나갈지를 기록한 결심 여섯 가지를 링크드인에 올리면서 알려졌다. 이 게시물이 온라인에서 빠르게 퍼져나가면서 30만 건에 가까운 댓글이 달렸고, 각국 언론에서도 이를 보도했다.

내가 프로스틱 사건에 관심을 가지게 된 계기는 그가 공개한 여섯 가지 결심 중 첫 번째가 "더는 줌 회의에 매달리지 않겠다"였기 때문이다. 나중에 〈블룸버그〉와 나눈 인터뷰에서도 자세히 밝혔듯이, 팬데믹 첫해 동안에 프로스틱은 줌 회의에 점점 더 많은 시간을 소비하고 있었다. 그 결과 근무시간이 늘어나기 시작했다. 그는 "예전에는 오후 5시에서 6시 반 사이에 적당하게 일을 마쳤어요. 그런데 언젠가부터 금요일 밤 8시에도 줌 회의에 붙들려 있으면서 기진맥진해 '월요일 업무를 준비해야 하는데 시간이 없네'라고 생각하게 됐죠. 그래서 주말에도 일하기 시작했어요"라고 말했다. 이 시기에 일정에 쫓기던 사람은 프로스틱만이 아니었다. 마이크로소프트가 발표한 업무 트렌드 보고서에서는 팬데믹 첫해 동안 회의 시간이 2.5배 길어졌고, 인스턴트 메시지 채팅과 이메일 수신량도 폭발적으로 증가했다고 밝혔다. 이 보고서는 "업무상 디지털 강도가 크게 증가했다"라고 요약했다.

지식 노동자 대부분은 이미 몸소 경험한 일이라 굳이 통계를 보지 않더라도 이런 추세를 알고 있다. 2020년에서 2021년으로 넘어가던 무렵, 나는 독자들에게 온종일 끊임없이 연달아 열리는 줌 회의에 참여하고, 그사이에 생기는 자투리 시간까지도 정신없이 올라오는 슬랙 채팅에 응하면서 보낸다는 불만 섞인 목소리를 자주 듣기 시작했다. 그런 지독한 넋두리를 듣다 보니 이 시기를 가리켜 줌 대참사라고 부르게 됐다. 이런 지경이었으니 조너선 프로스틱이 심근경색을 일으킨 후에 회복하면서 처음으로 한 결심이 화상회의 지옥에서 탈출하는 것이었을 법도 하다. 하지만 우리에게는 애초에 이런 사태가 왜 벌어졌는지가 더 중요한 문제다.

사소한 태스크든 대규모 프로젝트든 간에 일단 지식 노동자가 새로 일을 맡기로 하면, 어느 정도 지속적으로 진행해야 하는 행정상 부가업무가 발생한다. 예를 들어 정보를 수집하는 데 필요한 이메일을 주고받아야 하고, 함께 일하는 사람들과 업무 진행 속도를 맞추기 위한 회의에도 참석해야 한다. 이런 '부가업무'는 새로운 책임을 맡는 즉시 생겨난다. 해야 할 일이 늘어날수록 해치워야 하는 부가업무의 총량도 증가한다. 하루 중 일할 수 있는 시간은 정해져 있으므로 행정상 잡무 때문에 핵심 업무에 투자할 시간이 줄어들면 목표를 달성하는 속도는 느려질 수밖에 없다.

업무량이 적당한 상황에서 이런 영향은 대개 짜증스러운 정도다. 즉, 업무를 완료하기까지 필요 이상으로 시간이 오래 걸린다는 일반적인 기분을 느낀다. 하지만 업무량이 증가할수록 이에 따르는 부가업무가 결국은 한계점을 넘게 된다. 주요 업무에 따르는 부수적인 일을 처리하는 데 너무 많은 시간이 걸리다 보니, 기존 업무를 빨리 완료하고 새로운 업무를 따라잡기가 힘에 겨워진다. 이런 순환이 금세 통제할 수 있는 범위를 벗어나면서 업무량이 점점 더 증가하게 되고, 정신을 차려 보면 하루 내내 부가업무를 하느라 시간을 다 보내는 지경에 이른다. 이메일과 채팅이 끊임없이 밀려오는 가운데 회의가 줄지어 열린다. 결국 유일한 해결책은 유용한 결과물을 전혀 내지 못하는 사태를 피하겠다는 절실한 마음으로 업무 시간 외(저녁 및 이른 아침 혹은 주말)에 추가로 시간을 내서 실제 업무를 하는 방법뿐이다. 전에 없이 바쁜데도 무엇 하나 제대로 끝내기가 힘들다.

줌 대참사가 생겨난 이유가 바로 이런 역동에 있다. 팬데믹이 닥쳤을 때 조녀선 프로스틱 같은 지식 노동자들이 어떤 변화에 직면했는지 자세히 살펴보자. 팬데믹은 여러 경제 부문에 갖가지 방식으로 영향을 미쳤다. 지식산업 부문에서 눈에 띄게 나타난 혼란은 원격근무 도입이었다. 원격근무를 시행하면서 사무실 밖에서 일을 할 수 있도록 업무를 조정하는 새로운 작업이 갑작스럽게 생겨났다. 예를 들어 대학교수인 나는 팬데믹이 발생한 이후로 처음 맞이한 봄에 온라인 강의를 하는 법을 파악하느라 쩔쩔맸다. 일단 온라인 수업을 하면서 학생들과 함께 볼 온라인 화이트보드에 그릴 수 있도록 저렴한 플라스틱 태블릿과 터치펜 세트를 구매했다. 하지만 기술력이 만족스럽지 않아서 결국에는 애플 펜슬을 사용할 수 있는 온갖 앱을 뒤진 끝에야 제대로 작동하는 앱을 발견했다. 게다가 온라인으로 과제를 제출받아야 하다 보니 본의 아니게 캔버스라는 수업 관리 소프트웨어를 능숙하게 다루게 됐다. 이 새로운 작업들은 그 자체로 볼 때 감당하기 힘들 정도로 거창한 일은 아니었지만, 예기치 못한 상황에서 긴급하게 실행해야 했다. 다른 지식 노동자들 역시 비슷한 경험을 했다. 팬데믹 때문에 새로운 일을 맡게 된 것은 아니지만, 해야 할 부가업무가 갑작스럽게 늘어난 셈이었다.

또한 원격근무를 하게 되면서 협업 시 효율성이 떨어졌고, 새롭게 생겨난 부가업무를 완수하는 데 필요한 시간이 늘어났다. 같은 건물에서 일할 때는 프로젝트와 관련한 의문 사항이 생기면 동료 사무실 문이 열릴 때를 노렸다가 잠깐 들러서 5분 정도 대화를 나눌 수 있다. 반면에 집에서 일할 때는 질문 하나를 하려고 해도 줌 회의를 준비해야 하고, 대부분의 디지털 캘린더 형식에 따르는 제약 때문에 적어도 30분은 더 확보해야 한다. 2020년에 나는 원격근무에 따르는 비용을 다룬 기사에서 "원격근무를 할 때는 이런 식으로 즉흥적인 협력을 조정하기가 힘들어지고 결정이 늘어지기 시작한다"라고 지적했다.

이런 부가업무의 양과 비용의 증가는 그리 대단치 않았다. (예를 들어 나는 대학 강의를 하느라 새로운 기술을 배워야 했지만 완전히 새로운 강의를 처음부터 구상할 필요는 없었다.) 그렇지만 조너선 프로스틱을 비롯한 많은 사람에게는 이렇게 대단찮은 증가마저도 부가업무

한계점을 넘기기에 충분했다. 그러다 보니 결국 부수적 업무 과부하가 감당할 수 있는 수준을 넘어서면서 줌 대참사라는 최악의 순간으로 치달았다. 이 결과는 팬데믹 기간 중 지식 노동뿐만 아니라 이런 사태가 발생하기 '직전'의 지식 노동 실태에도 중요한 시사점을 남긴다. 2020년 봄에 원격근무를 시작할 당시 이미 부가업무가 한계점을 넘기는 역치까지 늘어나 있던 지식 노동자가 많았다. 즉, 이미 행정상 부가업무가 가까스로 감당할 수 있는 최대 수준으로 늘어나 있었다. 예상치 못한 마지막 일격은 이런 아슬아슬한 상태를 무너뜨리기에 충분했다. 팬데믹으로 인한 혼란이 가라앉고 줌 대참사에서 벗어나면서 많은 이들이 이전과 같이 가까스로 일을 해낼 수 있는 위태로운 상태로 돌아갔고, 요구 사항이나 긴급 사태가 하나라도 발생하면 다시 제어할 수 없게 될까 봐 두려워했다.

굳이 운영 전문가에게 자문을 구하지 않더라도 언제 부가업무가 한계점을 넘길지 모르는 상황에서 업무를 이어가는 이 환경이 정상이 아니라는 결론은 내릴 수 있다. 좀 더 구체적으로 와닿도록 간단한 수치를 생각해보자. 당신이 회사가 판매하는 보고서를 작성하고 있다고 상상해보자. 보고서 한 편을 완성하기까지 일곱 시간 동안 집중해서 일해야 하고, 맡은 보고서 한 편을 완성하려면 끝날 때까지 하루에 한 시간 동안 부가업무(이메일, 회의, 정신 공간 점유 등)를 수행해야 한다.[3] 이 사고실험에서 한 번에 보고서 한

편에만 온전히 정신을 집중해 그 보고서를 완성한 다음에 다음 보고서로 넘어간다면 하루에 한 편꼴로 보고서를 완성할 수 있다(하루 여덟 시간 근무라고 가정할 때). 반면에 보고서 네 편을 동시에 맡는다면, 네 편 모두를 한꺼번에 따라잡느라 필요한 부가업무와 씨름하는 데만 하루 중 절반이 필요하다. 따라서 보고서 한 편을 완성하기까지 필요한 시간이 사실상 두 배로 늘어난다. 이 예에서는 업무량을 줄였을 때 결과적으로 더 많은 일을 해낼 수 있다.

하지만 업무량을 줄일 때 따르는 장점은 유용한 활동에 전념할 수 있는 시간 자체를 늘리는 데 그치지 않는다. 이런 시간의 '질'까지도 높아진다. 가까스로 감당 가능한 여러 업무에 서둘러 대처해야 할 필요 없이 프로젝트 한 건에 접근한다면 한층 더 폭넓은 실험 정신과 가능성을 발휘할 수 있다. 새롭고 영리한 경영 전략을 발견하거나, 명쾌한 알고리듬을 고안하거나, 주의가 산만한 상태에서는 떠올릴 수 없었던 대담한 광고 캠페인을 제안할 수 있다. 일정이 비현실적으로 꽉 찬 상태일 때 분비되는 코르티솔이 두뇌 활동을 제한하는 데 미치는 영향이나 뇌의 뉴런들 사이에 존재하는 풍부한 의미 연결을 자극하는 데 필요한 시간을 언급하면서 이 효과를 생리학 및 신경학 측면에서 지루하게 설명할 수도 있다. 하지만 우리 모두가 직접 경험하고 있는 상태를 이해하기 위해서 굳이 과학의 힘을 빌릴 필요는 없다. 우리 머리는 서두르지 않을 때 더 잘 돌아간다.

이로써 우리는 슬로우 생산성의 첫 번째 원칙에 흔히 따르는 오해를 반박했다. '업무량을 줄인다'라고 하면 '업무 달성량을 줄인다'로 오해하기 쉽다. 하지만 사실은 정반대다. 해야 할 일이 별로 없든 넘쳐나든 간에 매주 일하는 시간은 비슷하다. 해야 할 일의 가짓수는 일하는 시간이 얼마나 유용한 결과를 낳는지에만 영향을 미친다. 현대 지식 노동자들도 제인 오스틴과 마찬가지로 업무량을 줄이는 것이 중요한 이유에 대한 기본적인 논거를 여기에서 찾을 수 있다. 단순히 업무 과부하가 지치고 지속 불가능하며 비참한 생존 방식이기 때문만은 아니다(물론 이 역시 사실이다). 업무량을 줄이면 심리적으로는 물론 경제적으로나 창의성의 측면에서도 일을 더 잘할 수 있다. 몇몇 업무에만 집중하면서 각 업무를 마칠 때까지 기다렸다가 다음 업무를 시작하는 방식은 객관적으로 볼 때 우리 뇌를 활용해서 가치 있는 산출물을 내놓는 훨씬 바람직한 방법이다.

하지만 이처럼 업무량을 줄이는 게 과연 가능할까? 지식 노동 문화에서는 '효율성'을 점점 높여서 더욱더 많은 일을 동시에 해나가는 것이 당연한 분위기인 듯하다. 따라서 업무량을 줄인다는 생각이 추상적인 개념으로는 논리적일지라도 실제로 추구하기에는 불가능한 목표처럼 보이기 쉽다. 다시 말해 이 원칙을 시행하기 위한 구체적인 전략을 살펴보기에 앞서, 이 원칙이 현대사회의 직장에서도 허용할 수 있는 접근법임을 확신할 수 있어야 한다.

조녀선 프로스틱의 사연과 그 이야기에 담긴 줌 대참사라는 좀 더 광범위한 추세를 처음 접했을 때 나는 이런 사건들의 핵심이 되는 수수께끼에 정신이 팔렸다. 어째서 그토록 많은 지식 노동자가 부가업무 한계점을 아슬아슬하게 넘기지 않는 업무량을 떠안게 되는 걸까? 노동자 대부분이 그 한계와 동떨어져 있어서 예기치 않은 새로운 업무를 손쉽게 맡을 수 있는 상황도, 이와 정반대로 노동자가 늘 프로스틱처럼 한계점을 넘어서서 소진 증후군에 시달리는 상황도 있을 수 있다. 하지만 우리가 실제로 보는 상황은 그렇지 않다. 지식 노동자, 중소기업 경영자, 프리랜서처럼 운 좋게도 자기 업무를 어느 정도 마음대로 결정할 수 있는 노동자는 대부분 과로로 쓰러질 정도로 많은 일을 떠맡지는 않는다. 하지만 동시에 일을 적당히 하지도 않는 경향을 보인다. 즉, 부가업무량이 지속 가능한 수준 내에서 최대인 지점에 머무르는 최악의 상태다. 해야 할 일이 지나치게 많은 데 따르는 고통에 시달리면서도 개혁만은 피할 수 있는 수준으로 그 고통을 간신히 유지한다.

이런 쟁점과 관련한 기존 논의는 대부분 관리자나 사업주 같은 착취 주체가 노동에서 최대한 많은 가치를 뜯어내려고 하기 때문에 노동자가 과로로 내몰린다는 전통적인 갈등 이론 체계에서 아이디어를 채택했다. 하지만 이런 체계는 원래 엄격한 통제를 받는 공업 맥락에서 세워졌다가 나중에 시급 서비스 부문을 포함하도록 확장된 것이므로 부분적 자결권과 모호성을 특징으로 하는 지식 노동에 본격적으로 적용하기는 어렵다. 컴퓨터 화면 앞에서 열심히 일해 생계를 꾸리는 사람이라면 스톱워치를 휘두르며 무슨 일이 있어도 생산 목표를 달성하겠다고 설치는 관리자에게 직접 업무를 할당받는 일은 없을 것이다. 그보다는 동료들, 인사 부서, 고객 등 온갖 곳에서 업무가 대중없이 날아든다. 게다가 앞에서 확인했듯이 정신노동의 역동은 육체노동의 역동과는 다르다. 공장에서는 직원들에게 더 오래 일하도록 강요하면 곧장 이익으로 이어질 가능성이 있다. 반면에 지식산업에서는 직원들에게 업무량을 늘리라고 강요하면 산출물의 양과 질 모두가 저하될 수 있다. 이익 극대화를 추구하는 전능한 관리자가 전적으로 업무량을 결정한다면, 언뜻 역설적으로 들릴지 몰라도 오히려 할 일이 줄어들 수도 있다.

지식 노동은 기본적으로 통제할 수 없다는 특성을 받아들이면 수수께끼에 대한 해결책이 보인다. 그 해결책이란 바로 자기 조절이다. 지식 노동자들은 끊임없이 쏟아지는 요청에 거절해야 할 때를 어떻게 판단할까? 현대 사무실 환경에서 지식 노동자들은 스트레스를 초기 기준으로 조정하는 경향을 나타낸다. 줌 회의 초대를 거절하면 동료에게 가벼운 폐를 끼치게 되고, 비협조적이라거나 게으른 사람이라는 신호를 보내게 될 위험이 있으므로 사회자본 비용이 발생한다. 하지만 업무량이 너무 많아 스트레스가 심하다면 이런 비용을 감수할 수도 있다. 더는 일을 지속하지 못할 정도로 바쁘다고 확신한다면 줌 회의를 건너뛸 심리적 명분이 생긴다. 거절함으로써 상대방에게 생기는 고충을 정당화하려면 자신이 개인적으로 느끼는 고충이 그만큼 커야 한다.

이처럼 스트레스를 기준으로 삼는 휴리스틱을 적용할 때 생기는 문제는 업무량이 이미 지속 불가능한 한계에 다다랐다고 깨달을 때까지는 들어오는 업무를 좀처럼 거절하지 않는다는 점이다. 그러다 보니 부가업무량이 한계점을 넘기기 직전인 기진맥진한 경계 공간에 영영 머무르게 된다. 항상 막연하게 일이 너무 많다고 느끼는 지식 노동자들이 그토록 많은 이유도, 예상치 못한 혼란에 압박을 받을 때 급격하게 소진 증후군에 휘말리기 쉬운 이유도 여기에 있다. 우리가 은연중에 업무량을 관리하는 이런 방식 때문에 항상 위험할 정도로 해야 할 일이 많은 상황에 처하기 때문이다.

이런 통찰은 슬로우 생산성의 첫 번째 원칙을 실행하려는 우리에게는 희소식이다. 우리가 과로하는 원인이 책무를 관리하는 특이한 방식에 따르는 부작용이라면, 더 바람직한 선택지가 있다는 희망을 품을 수 있다. 실제로 이 책을 쓰기 위해 실시했던 독자 설문조사에서 나는 일반적으로 바쁜 지식 노동 업무에 종사하는 노동자들이 업무량을 줄일 수 있었을 뿐만 아니라 업무량을 줄임으로써 예측한 대로 더 행복해지고 일도 더 잘하게 됐다는 수많은 사례를 접했다.

예를 들어 로라라는 코치는 제공하는 주요 서비스 가짓수를 줄여서 업무를 간소화했다. 로라는 "이렇게 하기로 한 이후로는 머릿속이 더 차분해졌고, 상호작용이 더 끈끈해진 데다가 업무의 질도 높아졌어요"라고 말했다. 이렇게 업무의 퀄리티가 높아진 덕분에 로라는 더 적게 일하면서도 전과 같은 수입을 올리고 있다. 로라가 인정하듯이 아이러니하게도 업무량을 줄이려는 원래 목표는 일과 삶의 균형을 이루는 것이었다. 전과 똑같은 수입을 유지하게 된 결과는 뜻밖의 행운이었다.

제이슨이라는 법학과 교수도 '초점을 좁히는' 유익한 결단에 얽힌 비슷한 이야기를 들려줬다. 1년 전에 제이슨은 전문가 증인으로 채택된 중요한 소송 한 건에 집중하고자 '평소 미친 듯한 속도'로 진행하던 학술지 논문 집필을 잠시 멈췄다. 그는 "보고서에 기울였던 집중과 주의, 적대적인 녹취록과 반대 심문에 맞서는 데 필요한 준비 덕분에 지금까지 이룬 성과 중에서 최고의 결과물을 내놓을 수 있었습니다. 이 건을 다루는 사전 학술 발표를 몇 차례 진행했는데, 지금까지 연구하면서 그토록 열렬하고 긍정적인 반응을 받아본 적은 처음입니다"라고 말했다. 다시 말해 점점 길어지는 태스크 목록을 줄이겠다는 결단 덕분에 제이슨의 경력이 도약을 이룬 셈이다.

오렐리아라는 교사는 유치원부터 초중등교육 과정에 만연한 고질적인 업무 과부하에 지쳐서 "보상을 받을 수 없고 업무 사항으로 분명하게 요구되지 않는 일은 더 이상 하지 않는다"라는 명확한 규칙에 따르기로 조용히 결심했다. 이 새로운 기준에 따라서 일하기 시작한 이후로도 나쁜 일은 전혀 일어나지 않았다. 오렐리아의 시간을 잡아먹던 '잡일'은 대부분 그리 긴급한 업무가 아니었다. 이름을 밝히지 않은 선임 컨설턴트는 회사가 소속 컨설턴트들에게 원하는 대로 사용할 수 있는 무료 제공 시간을 할당하는 방침을 시행하면서 직장 생활이 어떻게 달라졌는지 이야기했다. 그는 "삶이 바뀌는 방침이었습니다. 새로운 분야를 학습하고 그 분야로 확장해나갈 수 있었죠. … 업무에 다시 몰입할 수 있었습니다. … 애초에 왜 이 일을 그렇게 좋아했는지 깨닫게 됐어요"라고 설명했다. 닉이라는 토목기사 관리자는 고단한 주 60시간 근무에서 벗어나 업무 요구 사항을 훨씬 명확하게 규정해서 주 30시간을 근무하는 일자리를 맡았다. 덕분에 훨씬 감당하기 수월한 업무량을 유지하게 됐다. 그는 "초점 범위가 좁아진 덕분에 이전 노동시간의 절반만 일하면서도 거의 똑같은 결과물을 내놓을 수 있게 됐습니다"라고 설명하며 놀라워했다.

지금까지 과부하가 지식 노동의 본질이 아니라는 사실을 밝혔다. 오히려 과부하는 업무량을 스스로 관리하는 방식이 서툴러서 생긴 부작용에 가깝다. 감당할 수 있는 최대 업무량을 힘겹게 처리하다 보면 유용한 결과물을 내놓는 속도가 크게 저하된다. 행정상 잡무를 하느라 일정이 엉망으로 뒤얽히고 주의가 조각조각 분산되면서 독창적인 사고를 뒷받침하기 어렵게 되기 때문이다. 18세기를 살아갔던 제인 오스틴에게 해당됐던 진리는 컴퓨터 화면을 노려보면서 살아가는 21세기 현대인들에게도 해당된다. 즉, 일을 잘하려면 업무량을 줄여야 한다.

하지만 이런 인식만으로는 직업 생활을 바꿔나가기에 충분하지 않다. 지식산업 부문은 여전히 유사생산성을 요구한다. 잘 모르는 사람들이 보기에는 업무량을 줄이겠다는 결의가 게으름이나 직업의식 결여로 느껴질 수도 있다. 회의 소집과 전자 메시지에 파묻힌 업무 환경에서 자유로운 초튼 시골집 스타일로 변화하는 데 성공하려면 좀 더 신중하고 전술적인 접근법이 필요하다. 지금부터 이런 구체적인 아이디어를 집중적으로 살펴보자.

핵심 과제
: 중대한 업무 제한하기

슬로우 생산성의 첫 번째 원칙인 업무량 줄이기를 어떻게 시행할지 영감을 얻으려면, 전문적인 단순화를 보여주는 유명한 사례에서 시작하는 것이 좋을 듯하다. 수학자 앤드루 와일스^{Andrew Wiles}가 페르마의 마지막 정리를 증명한 연구가 바로 이런 예시다. 17세기 프랑스 대학자 피에르 드 페르마^{Pierre de Fermat}가 처음으로 발견한 '페르마의 마지막 정리'는 언뜻 보기에는 단순해 보이는 정수론 문제지만 이후 수백 년 동안 해법을 찾지 못했다.[4] 과학 작가 사이먼 싱이 인상 깊은 연구를 바탕으로 쓴 책 『페르마의 마지막 정리』에 나오는 자세한 서술처럼 이 정리를 증명한 이야기는 흥미진진하게 시작한다. 이야기는 1960년대의 한 도서관에서 시작된다. 당시 열 살이었던 앤드루 와일스는 페르마의 정리를 소개하는 책을 우연히 접하고는 흠뻑 빠져들었다. 와일스는 싱에게 "열 살이었던 나도 이해할 수 있는 문제였습니다. 그 순간부터 내가 절대 이 문제를 놓을 수 없다고 확신했어요. 꼭 풀어야만 했죠"라고 말했다.

세월을 건너뛰어 1986년으로 가보자. 이제 와일스는 프린스턴 대학교 수학과 교수로서 일찍부터 타원 곡선 계산에 두각을 드러내며 동시대에서 가장 뛰어난 정수론 학자로 이름을 날리고 있다. 이 시점에서 이야기는 갑자기 급물살을 탄다. 와일스는 켄 리벳Ken Ribet이라는 동료 정수론 학자가 페르마의 마지막 정리와 '다니야마-시무라 추측Taniyama-Shimura conjecture'으로 알려진 난해하고 전문적인 주장 사이에 존재하는 놀라운 관련성을 증명했다는 것을 알게됐다. 리벳은 다니야마-시무라 추측을 풀면 페르마의 마지막 정리 역시 참임을 증명하게 될 것이라는 사실을 밝혀냈다.

와일스는 어안이 벙벙했다. 알고 보니 다니야마-시무라 추측은 타원 곡선 이론과 밀접한 관련이 있었다. 열 살 때 언젠가는 페르마의 마지막 정리를 풀겠다고 선언했던 와일스는 갑자기 전 세계에서 그 정리를 풀기에 가장 합당한 자격을 갖춘 사람이 됐다. 그는

"전율을 느꼈습니다. 그 순간 내 인생의 흐름이 바뀌고 있다고 직감했어요. 어린 시절 꿈이 꽤 해볼 만한 일로 바뀌었다는 뜻이었으니까요. 절대 그 기회를 놓치지 않을 작정이었습니다"라고 말했다.

앤드루 와일스와 슬로우 생산성의 연관성은 페르마의 마지막 정리를 푼다는 단 하나의 연구에 모든 에너지를 집중하겠다는 운명과도 같은 결단에 그가 반응한 방식에서 찾아볼 수 있다. 싱이 요약했듯이, 이 젊은 수학자는 즉시 맡은 일을 줄여나가기 시작했다.

와일스는 페르마의 마지막 정리를 증명하는 연구와 직접적인 관련이 없는 모든 일을 그만뒀고 끊임없이 이어지는 학회와 세미나에도 참석하지 않았다. 다만 프린스턴대학교 수학과 교수로서 책임은 다 해야 했으므로 세미나 참석, 학부 강의, 개별 지도 같은 업무는 계속 해나갔다. 주로 자택 다락에 있는 서재에 틀어박혀 일하면서 교수회 일원으로 해야 하는 잡무는 가능한 한 피했다.

이렇게 일을 줄였어도 논문 출판 문제가 남아 있었다. 프린스턴대학교 교수는 논문을 써야 했다. 와일스는 달갑지 않은 주목을 받지 않도록 "교활한 술책"(싱의 표현)을 꾸몄다. 1980년대 초반에 와일스는 주로 타원 곡선 이론 연구라는 '중대 작업'을 염두에 두고 일했고, 연구 결과를 주목을 모을 만한 두꺼운 논문 한 편으로 출판하려고 준비하고 있었다. 하지만 그는 생각을 바꿨다. 페르마의 정리에 집중할 시간을 벌기 위해 거의 다 끝나가는 연구를 여러 부분으로 쪼개서 대략 6개월마다 짧은 논문을 한 편씩 발표하기로 했다. 싱은 "겉으로 보기에는 하던 대로 논문을 내고 있었으므로 동료들은 그가 평범한 연구를 계속하고 있다고 믿었다"라고 설명한다.

와일스는 1986년에 페르마의 마지막 정리를 본격적으로 연구하기 시작했다. 이후로 5년 동안 그는 대규모 프로젝트와 책무를 고의로 회피하면서 다락방 서재에 머무르며 은밀하게 연구에 몰두했다. 1990년대 초에 해답을 찾는 데 점점 가까워지면서 와일스는 새로운 수학 기법으로 자신의 역량을 보충하고자 타원 곡선 학회에 다시 참석하기 시작했다. 이후 옥스퍼드대학교에서 객원 연구 교수직을 맡게 되면서 집중하기가 한결 수월해졌다. (이 직위는 원래부터 어려운 문제를 심사숙고하는 일 외에는 해야 할 의무가 거의 없다.) 마침내 와일스는 본격적인 탐구에 돌입한 지 8년 만인 1993년에 다니야마-시무라 추측을 완전히 증명해 케임브리지대학교 아이작 뉴턴 연구소에서 열린 연속 강의에서 발표했다. 강의 마지막 날에는 학회 참석자들에게 제보를 받은 기자들이 강의실 뒤편으로 몰려들었다. 와일스는 증명을 거의 마쳐갈 무렵 "여기에서 멈추려고 합니다"라고 농담을 던졌다. 그때 카메라 플래시가 터지기 시작했다.

수학과 종신직 교수가 아니라면 앤드루 와일스가 업무량을 줄이려고 했던 구체적인 행동들이 딱히 와닿지 않을 것이다. 우리 논의에서 중요한 사항은 와일스가 사용했던 일반적인 접근 방식이다. 유의미한 대형 프로젝트 하나에 초점을 맞추기 위해서 와일스는 시간을 잡아먹는 대규모 탐구와 책임을 제한했다. 무엇보다도 그는 의도적으로 일을 줄였다. 와일스는 그냥 대충 되는대로 일을 적게 하겠다고 결심하지 않았다. 구체적인 규칙(예: 학회 불참)을 정하고 습관(예: 원격 재택근무 최대화)을 들이는가 하면, 술책(예: 이미 끝마친 연구를 조금씩 발표)까지 동원했다. 이는 모두 자신의 주의를 끄는 중요한 항목의 수를 최소화하는 방향으로 이뤄졌다.

이 첫 번째 명제는 직업 생활에서 중요한 책무를 제한할 때 앤드루 와일스가 했듯이 의도에 따라 계획을 세워서 실행해야 한다는 뜻이다. 이 목표는 여러 가지 방법으로 달성할 수 있다. 앞으로 소개하는 여러 전략에서는 내가 특히 유용하다고 느꼈던 구체적인 접근법을 설명할 것이다. 바로 가장 중요한 미션부터 진행 중인 프로젝트, 일일 목표에 이르기까지 다양한 규모의 업무를 동시에 제한하는 방법이다.

이 세 가지 규모의 업무에 동시에 의도한 제한을 설정하면 한 가지에만 초점을 맞출 때보다 성공할 가능성이 높아진다. 예를 들어 중요한 미션을 여러 개 맡고 있다면 그런 임무에 따라 발생하는 지속적인 프로젝트 전체를 제한하기가 어렵다. 마찬가지로 진행 중인 프로젝트가 너무 많으면 매일매일의 일정이 지나치게 빡빡하지 않도록 조절하기가 힘들기 마련이다. 지금부터는 이 세 가지 규모의 업무를 한 번에 하나씩 제한하는 전략을 소개한다.

미션
제한하기

'미션'이라는 말이 거창하게 들릴 수 있다. 이 책에서는 직업 생활을 이끄는 진행 중인 목표 또는 서비스라는 좀 더 실용적인 정의에 국한해서 사용할 것이다. 앤드루 와일스에게는 페르마의 마지막 정리를 푼다는 미션이 있었다. 연구비 획득, 인사부 요청 사항 관리, 참신하고 새로운 기사 작성, 명쾌한 컴퓨터 프로그램 작성도 모두 미션이다. 이런 미션은 일할 때 주의를 어디에 기울일지 최종적으로 결정한다. 중요한 새 목표를 받아들이는 순간에는 설레기 마련이므로 맡은 미션의 개수가 늘어나기 쉽다. 하지만 일단 미션을 맡으면 노력을 기울여야 한다. 직업 생활에서 맡은 미션이 많으면 업무량이 부담스러울 정도로 늘어날 수밖에 없다. 따라서 슬로우 생산성의 첫 번째 원칙을 성공적으로 시행하고자 한다면 주요 목표를 줄이는 것부터 시작해야 한다.

최적의 미션 개수를 구체적으로 명시하기는 어렵지만, 일반적으로 많은 것보다는 적은 것이 좋다. 단 한 가지 임무를 추구하는 데 초점을 맞추고 싶다는 소망이 있겠지만, 이 정도 수준으로 단순성을 유지하는 것은 키웨스트에 있는 집필실에서 아침마다 코로나 타자기로 글을 써냈던 헤밍웨이처럼 대개 순수 창작 분야에 종사하는 사람들에게만 가능하다. 두세 가지 정도의 미션이라면 비교적 다루기 쉽고 상당히 적은 편에 속한다. 예를 들어 컴퓨터공학을 전공하고 출판사 랜덤하우스에서 책을 내기로 계약한 상태로 대학교를 졸업했을 때 나는 학술 연구와 집필이라는 두 가지 미션에만 초점을 맞춰 일하기로 결심했다. 그 후로 이 상태를 유지하다가 조교수로 임용된 다음부터는 강의 준비와 학생 지도 등 교수가 수행해야 하는 연구 이외의 필수 업무를 세 번째 미션으로 추가해야 했다. 신중하게 제어한다면 미션 세 가지도 슬로우 생산성과 양립할 수 있다고 느끼지만(이에 관해서는 다음 명제에서 좀 더 자세히 다룬다), 솔직히 털어놓자면 미션이 두 가지였을 때 누렸던 단순함이 그립고, 미션이 한 가지라면 어떨까 생각하면서 군침을 흘렸다.

반대로 생각하면 대여섯 가지 미션을 유지하면서 어쩔 수 없는 일에 허우적거리고 있다는 느낌을 받지 않기란 힘들다. 맡은 미션이 대여섯 가지라고 하면 아주 많은 것 같지만, 시간이 흐르면서 맡은 미션의 개수가 생각보다 간단히 늘어나곤 한다. 예를 들어 내 친구 제니 블레이크Jenny Blake는 2022년에 쓴 책 『자유 시간Free Time』에서 소규모로 시작했던 컨설팅 및 훈련 사업이 어떻게 계속해서 확장되었는지 설명한다. 어느 날 블레이크는 업무 부담에 지쳐 일들을 살펴보다가 열 개가 넘는 수입원을 지탱하고 있다는 사실을 깨달았다. 블레이크는 이 상태를 가리켜 "수년간에 걸친 실험에서 비롯된 흔적"이라고 표현했다. 아무리 똑똑하게 시간을 관리하고 전술을 간소화하더라도 열 가지 미션을 제어할 수 있도록 유지하는 데 필요한 일을 계속해나갈 수는 없다.

블레이크는 "복권에 당첨되거나 전부 다 불태워버리거나" 해야겠다는 상상을 하기 시작하면서 의미 있는 직업 생활을 유지해나가려면 일을 단순화해야 한다는 깨달음을 얻었다. 그래서 수입원을 대폭 줄이고 고용인도 파트타임 직원 세 명으로 줄였다. 현재 블레이크는 평균 일주일에 스무 시간 일하고 매년 꼬박 두 달은 휴가로 쓴다. 물론 바쁘게 움직이면서 더 많은 미션을 지탱한다면 더 많은 돈을 벌 수 있을 것이다. 하지만 주 20시간을 일하는 생활을 즐기다 보면, 좀처럼 그런 가능성을 진지하게 고려하지 않게 된다.

프로젝트
제한하기

임무를 완수하려면 '프로젝트'를 시작해야 한다. 이 책에서 프로젝트란 단 한 차례의 활동으로는 끝마칠 수 없는 업무 관련 계획을 일컫는 용어다. 제품 홈페이지에 광고 문구를 새로 올리는 일처럼 한 번 완료하면 그대로 끝나는 프로젝트도 있다. 이와 달리 고객이 하는 질문에 답변하는 지원 업무처럼 끝나는 시점이 명확하지 않은 채로 전개되는 지속적인 프로젝트도 있다. 프로젝트에는 업무 시간을 차지하는 여러 구체적인 태스크들이 따른다. 따라서 전체

업무량을 제한하려면 반드시 프로젝트를 제한해야 한다.

이 목표를 달성하는 노골적인 접근법으로 괴팍하고 반응이 없는 사람이라는 가면을 써서 결국에는 동료들이 다른 사람들에게 요청 및 할당 업무를 돌리도록 몰아가는 방법이 있다. 나는 『딥 워크』라는 책에서 이런 접근법을 사용한 전형적인 예로 노벨상을 수상한 이론물리학자 리처드 파인먼Richard Feynman을 들었다. 『딥 워크』에서 나는 당시 캘리포니아 공과대학 교수였던 파인먼이 1981년에 BBC 〈호라이즌〉에 출연해서 했던 인터뷰에서 발췌한 내용을 소개했다.

물리학 연구를 제대로 하려면 중간에 중단하지 않고 쭉 계속해서 오랜 시간을 투자해야 합니다. … 상당한 집중력이 필요하죠. … 조금이라도 행정 업무를 하다 보면 그렇게 시간을 낼 수가 없습니다. 그래서 나는 무책임하다는 평판을 일부러 지어냈습니다. 그것도 아주 적극적으로 알렸어요. 모두에게 나는 아무 일도 하지 않는다고 말하고 다녔죠.

하지만 파인먼처럼 충실한 괴짜라도 이렇게 비사교적인 가면을 유지하기란 쉽지 않다. 예를 들어 『딥 워크』에서는 언급하지 않았지만, 〈호라이즌〉에서 인터뷰를 하고 나서 5년 후에 파인먼이 둘러쓰고 있던 무책임이라는 보호막은 뚫리고 말았다. 파인먼의 제자이자 당시 미 항공우주국^{NASA} 국장 대리였던 윌리엄 그레이엄^{William Graham}이 파인먼에게 전화를 걸어 우주왕복선 챌린저호의 사고 원인을 규명하는 대통령 위원회에 참여하도록 설득했던 것이다. 파인먼은 챌린저호가 폭발한 원인을 밝히는 데 기여했다. 챌린저호에 사용한 고무 오링이 특정한 온도 이하에서 탄성력을 잃었기 때문이었다. 파인먼은 텔레비전으로 중계된 위원회 공청회에서 이 문제를 직접 시연했다. 파인먼이 오링을 얼음물이 든 컵에 빠뜨린 유명한 시연은 깊은 인상을 남겼고, 고령의 물리학자는 말년에 다시 한번 세간의 주목을 끌었다.

파인먼은 대통령 위원회에 참여해서 사고 진상을 밝히는 데 성공했다. 하지만 이는 직업 생활에서 본질과 무관한 프로젝트를 회피하겠다는 그의 주도면밀한 계획이 실패로 돌아갔다는 뜻이다. 파인먼은 1986년에 《로스앤젤레스 타임스》와 나눈 인터뷰에서 "무책임하려면 언제까지나 경계해야 합니다. 나는 실패했어요! 대통령 위원회 참여를 제안받았을 때 신중하지 못했어요. 나 자신이 세운 원칙을 저버렸습니다"라고 말했다. 단지 신경을 쓰지 않겠다는 계획은 아무래도 지속 가능하지 않은 듯하다. 일자리를 잃거나 신뢰할 수 없는 괴짜로 낙인찍히지 않으면서 무턱대고 거절할 수 있는 횟수에는 한계가 있다.

이 일화를 참고하면 프로젝트를 제한하는 좀 더 세심한 선택지를 떠올릴 수 있다. 바로 실제로 이용할 수 있는 시간이라는 냉엄

하지만 의심할 여지가 없는 현실을 핑계로 대는 방법이다. 누군가에게 어떤 부탁을 받았을 때 이를 거절하려고 막연하게 바쁘다는 핑계를 댄다면 계속해서 성공할 가능성이 낮다. 어쩌면 상대방이 "다들 바쁘죠. 하지만 이 일은 꼭 해줬으면 좋겠습니다"라고 대답할지도 모른다. 반면에 시간 관리에 철저한 사람이라는 평판을 얻고 있고 자신이 얼마나 바쁜지 좀 더 구체적인 수치로 표현할 수 있다면, 새로운 일을 피할 가능성이 높아진다. 만약 당신이 "앞으로 적어도 3주 동안은 이런 일을 맡을 수 있을 정도로 여유 시간이 나지 않을 것 같아요. 그동안에 처리해야 하는 프로젝트가 다섯 건이나 있거든요"라고 말한다면 상대방이 그런 계산에 이의를 제기하거나 구체적인 요청에 맞춰서 근무시간을 늘리라는 요구를 하지 않는 한, 당신이 한 말에 반박하기는 어렵다.

이런 신뢰성을 얻으려면 먼저 신규 프로젝트를 검토할 때 시간이 얼마나 필요할지 추산한 다음에 '그 일정을 캘린더에 잡아보는 것'이 좋다. 회의 시간을 표시하듯 프로젝트에 필요한 시간을 잡아보자. 가까운 시일 내에 그 일을 하기에 충분한 빈 시간을 수월하게 찾을 수 없다면 신규 프로젝트를 할 시간이 충분하지 않다는 뜻이다. 그런 경우에는 프로젝트를 거절하거나 다른 일을 취소해서 여유를 확보하자. 이 접근법의 강점은 지금 현재 자기 자신이 얼마나 바쁜지를 단순한 직감이 아니라 실제 일정을 바탕으로 판단한다는 데 있다.

언제까지나 계속해서 이런 식으로 프로젝트 일정을 잡을 필요는 없다. 한동안 이 전략을 실행하다 보면 노동시간을 지나치게 늘리지 않으면서 프로젝트를 대략 몇 개까지 감당할 수 있는지 직감적으로 알게 된다. 그 이후로는 현재 맡은 프로젝트의 개수를 추적하는 것만으로도 충분해지므로 한계를 넘어서는 신규 업무는 거절하도록 하자. 물론 평소와 달리 유난히 바쁜 시기에는 필요한 대로 조정해나가야 한다.

이 접근법은 업무에 쓸 수 있는 시간을 넘어서는 과도한 업무를 수락하지 않도록 하는 방법이다. 하지만 업무 시간 전체를 프로젝트로 채우면 설사 실행할 수 있다고 하더라도 슬로우 생산성의 취지에 맞지 않는 수준으로 바쁠 수 있다. 이런 문제는 프로젝트 업무에 사용할 수 있는 시간을 제한(일주일에 스무 시간 일하는 제니 블레이크의 사례처럼)하거나 어떤 일을 수락하든 간에 지나치게 정신없거나 서두르지 않고 끝마칠 수 있도록 충분한 시간을 확보함으로써 해결할 수 있다. 이 방법에 대해서는 자연스러운 속도로 일한다는 원칙을 집중적으로 다룰 다음 장에서 자세히 살펴볼 것이다. 지금 명심할 사항은 일정을 명확하게 알고 통제하면서 적절한 업무량을 유지하도록 효율적으로 대처하는 것이다. 적절한 업무량이 어느 정도인지는 이 조건을 어떻게 정의하느냐에 달려 있다. 거절은 상대가 타인이든, 자기 자신의 야심이든 간에 하기 어렵다고 생각하기 쉽다. 하지만 사실 거절이 유일하게 합리적인 대답이라는 확실한 증거가 있다면 그 자체가 그리 나쁘지는 않다.

일일 목표
제한하기

마지막으로 살펴볼 제한 전략은 가장 작은 업무 단위인 일일 목표, 즉 오늘 중으로 진행하기로 결심한 일을 제한하는 방법이다. 이와 관련해 내가 추천하는 방법은 아주 간단하다. 바로 하루에 한 프로젝트에만 힘쓰는 것이다. 분명하게 밝혀두자면 일일 프로젝트 단한 건이 그날 해야 할 '유일'한 업무라는 뜻은 아니다. 아마 이 외에회의에도 참석해야 하고, 이메일에 답장도 보내야 하고, 행정상 잡무도 처리해야 할 것이다(이런 사소한 태스크에 관해서는 뒤에서 사소한 업무를 억제하는 법을 소개하면서 좀 더 자세히 다룬다). 다만 노력을 기울여야 할 중요하고 중대한 계획은 하루에 한 가지 목표를 선택해집중하도록 하자.

나는 MIT에서 박사과정을 밟을 때 멘토였던 분에게 일일 프로젝트 제한 원칙을 배웠다. 그녀는 분산 알고리듬 이론 연구를 개척한 사람 중 한 명으로 엄청난 생산성을 자랑하는 학자다. 내가 같은 날에 여러 학술 논문을 왔다 갔다 하거나 책 집필과 컴퓨터 공학 생각을 함께 하려고 할 때면 그녀는 의아하게 여기곤 했다. 그녀는 한 번에 단 한 건의 프로젝트에 몰두하기를 좋아했고 이를 완전히 해결하고 나서야 다음 프로젝트로 넘어갔다. 나는 하루에 중요한 일 하나에만 힘쓰는 '느림'이 내 발목을 잡을 것이라고 확신했다. 젊은 날 성급한 야심에 불타오르던 나는 동시에 최대한 많은 일을 진척시키고 싶었다.

물론 내가 틀렸고 그녀가 옳았다. 하루에 중대한 프로젝트 한 건에만 힘쓰면 목표를 향해 꾸준하게 나아갈 수 있다. 불안을 억누르면서 제대로 진척시킬 수 있다. 당장은 이 속도가 느려 보이겠지만, 시야를 넓혀서 여러 달에 걸쳐 누적된 결과를 보면 이런 우려가 얼마나 편협했는지 알게 된다. 대학원생이었던 20대에는 너무 어려서 이 사실을 이해하지 못했지만 지금의 나는 그 지혜를 확실히 알고 있다.

핵심 과제
: 사소한 업무 제한하기

벤저민 프랭클린은 직업의식이 투철하기로 유명한 인물인지라 슬로우 생산성을 다루는 책에서 언급하기에는 이례적인 선택으로 보일지도 모르겠다. 예를 들어 프랭클린은 자서전에서 필라델피아에 인쇄소를 새로 차렸을 때 자정을 넘긴 시간까지 열심히 인쇄기를 돌리는 등 경쟁자들보다 더 오랜 시간 일해서 주목을 모았다고 언급했다. 그는 "주변 사람들의 눈에 보이는 이 업계가 우리에게 호감과 신용을 나타내기 시작했다"라고 썼다. 인쇄소 사업 기반을 굳힌 프랭클린은 《펜실베이니아 가제트 The Pennsylvania Gazette》라는 신문을 발행하면서 사업을 확장했다. 또한 생색은 나지 않고 고되기만 한 필라델피아 우체국장 자리도 맡았다. 이 업무를 하면서 기삿거리를 일찍 접할 수 있었던 덕분에 신문사를 키우는 데 도움이 됐다.

《펜실베이니아 가제트》를 창간한 지 3년이 지났을 무렵 프랭클린은 서적으로 눈을 돌려 『가난한 리처드의 달력』을 출간하기 시작했고, 금세 인기를 얻었다. 프랭클린은 더 많은 수입을 얻고자 다른 지역에도 인쇄소 지점을 두 군데 설립했다. 첫 번째 지점은 사우스캐롤라이나주에 냈고 두 번째는 뉴욕시에 냈다. 이렇게 사업이 복잡하게 돌아가면서 프랭클린은 각 지역에서 사업체를 운영하고자 인쇄기를 설치해야 했고 이윤을 나누는 대신에 자본과 전문 기술을 직접 제공했다. 이 시기에 프랭클린은 자신이 지키고 싶은 기본 덕목 일일 체크리스트를 작성하기 시작했다. 당연하게도 '근면'은 이 덕목 중 하나였다. 프랭클린은 자서전에서 근면을 "시간을 낭비하지 않고 항상 유용한 일에 시간을 쓰겠다"라는 결의라고 정의했다. 프랭클린의 일일 체크리스트에서 근면은 변함없이 지켰다는 표시를 받은 항목이었을 것이다.

하지만 프랭클린을 분주함의 수호성인으로 보는 이런 관점에는 중요한 이야기가 빠져 있다. 프랭클린은 처음 일을 시작한 이후로 한동안은 과부하 상태였지만 내내 그렇지는 않았다. 전기 작가 H. W. 브랜즈^{H. W. Brands}는 30대까지 줄곧 일에 전념했던 프랭클린이 지치기 시작했다고 지적한다. 브랜즈는 "프랭클린은 무리할 정도로 일을 벌이기 시작했다"라고 설명한다. 이 시점에서 프랭클린은 뜻밖에도 슬로우 생산성 쪽으로 방향을 틀었고, 이 사실은 그리 많이 알려지지 않았다.

프랭클린이 느림의 미학을 발견하게 된 핵심에는 우연한 만남이 있었다. 이 인연은 프랭클린이 세 번째 인쇄소 지점을 내기로 하면서 시작됐다. 서인도제도에 내기로 한 세 번째 지점은 영국인 인쇄업자의 조수인 데이비드 홀^{David Hall}이 운영할 예정이었다. 1744년 필라델피아에 도착한 홀이 런던에서 대서양을 건너오는 오랜 여정 중에 앓은 간염에서 비롯된 듯한 황달에 걸리는 바람에 이 계획에 차질이 생겼다. 프랭클린은 데이비드 홀이 회복할 때까지 기다리는 동안 자신이 직접 운영하던 필라델피아 인쇄소에 그를 고용하겠다는 결단을 내렸다. 하지만 홀의 기술에 깊은 감명을 받은 프랭클린은 결국 서인도제도에 인쇄소를 열겠다는 계획을 파기하고 데이비드 홀을 계속해서 필라델피아에 붙잡아두기로 결정했다. 브랜즈는 이 일을 다음과 같이 설명한다.

홀은 까다로운 프랭클린조차 흠잡을 데 없을 정도로 뛰어난 기술과 능률로 인쇄소 일을 처리하면서 현장감독이 됐다. 프랭클린은 인쇄 사업에 전보다 적은 시간을 투자하면서도 더 많은 이익을 얻었다.

복잡한 사업을 운영하는 데 필요한 갖은 행정 잡무에 더는 시달리지 않게 된 프랭클린은 좀 더 원대하고 흥미진진한 프로젝트에 주의를 기울였다. 홀이 필라델피아에 온 지 4년 만에 프랭클린은 직접 개발한 고효율 장작 난로를 보급하고, 필라델피아에서 민병대를 조직했으며, 미국철학협회Americcan Philosophical Society를 설립했다.

그러던 1748년 프랭클린은 데이비드 홀을 현장감독에서 정식 동업자로 승진시키면서 이처럼 새롭게 발견한 자유 시간을 굳히는 중대한 걸음을 뗐다. 프랭클린은 사업을 운영하는 데 필요한 모든 세부 사항을 홀에게 넘기고 발생하는 이익을 반으로 나누기로 했다. 브랜즈가 지적하듯이 이 조처로 프랭클린이 얻게 될 재산은 크게 감소했다. 당장은 연간 이익이 절반으로 줄어들었다. 게다가 재능 있는 사업가였던 프랭클린이 계속해서 경영에 참여하면서 새로운 계획을 세우고 신규 시장을 개척했더라면 분명히 달성할 수 있었을 사업 성장 역시 포기한 셈이었다.

하지만 프랭클린은 좀 더 의미 있는 프로젝트를 추구할 시간과 돈을 교환한 이 거래에 만족했다. 실제로 프랭클린이 새롭게 찾은 자유에서 비롯된 기쁨은 이 시기에 주고받은 편지에서 드러난다.

그는 1748년 런던에 사는 친구에게 쓴 편지에서 "지금은 예전에 했던 사업을 정리하는 중이라서 조만간 내 시간을 마음대로 쓸 수 있을 것 같네"라고 쓰면서 다음과 같이 자세한 설명을 이어갔다.

> 스스로 하고 싶은 일 이외에는 아무런 '태스크'도 없이 읽고, 연구하고, 실험하고, 잡담을 나누는 여유라는 크나큰 행복을 누리게 될 것 같네. … 사업에 따르는 사소한 걱정이나 피로에 시달리지 않으면서 인류 전체에 도움이 되는 뭔가를 만들어낼 수 있을지도 모르니까.

'태스크'와 '사업에 따르는 사소한 걱정이나 피로'가 없는 삶을 살아갈 수 있으리라고 생각한 프랭클린의 낙관적 예측은 적중했다. 1748년 그는 전기와 관련된 배경 이론에 집요하게 초점을 맞추기 시작했다. 프랭클린이 1년 전에 보스턴에서 열린 공개 실험에서 처음으로 접한 전기는 아직 잘 알려지지 않은 현상이었다. 통상적인 행정 업무에서 벗어난 프랭클린은 이 분야에서 금방 진전을 보였다. 불과 몇 년이라는 놀라울 정도로 짧은 기간에 프랭클린은 양의 흐름과 음의 흐름 이론을 내놓고, 건전지를 발명했으며, 기본 전기모터를 제작했다.

하지만 가장 중대한 결과물은 번개가 전기 현상이라는 이론이었다. 이 이론은 하늘에서 번쩍이는 번갯불이라는 자연현상을 명확하게 설명했을 뿐만 아니라 번개로 인해 빈번하게 발생하는 피해를 방지할 수 있는 간단한 해결책을 밝혔다. 바로 피뢰침이었다. 동시에 진행한 두 실험(한 건은 프랑스 연구자들이 폭풍 속에서 탑에 막대를 고정한 실험이고, 한 건은 프랑클린이 직접 실행한 유명한 연날리기 실험이었다)으로 프랑클린의 이론이 입증되면서 그는 순식간에 전 세계적인 명성을 얻었다. 갑작스럽게 유명인사가 된 프랑클린은 펜실베이니아주의회 의원으로 선출되면서 처음으로 지방 정치에 진지하게 참여하게 됐다. 그다음에 무슨 일이 일어났는지는 우리 모두가 알고 있다.

현대 대중이 식민지 시대를 살아간 벤저민 프랑클린이 겪은 중년의 위기에 주목하게 된 계기는 직업 생활에서 사소한 세부 사항이 미치는 영향을 억제하면 더 큰 목표를 추구할 여지가 커진다는 그의 전반적인 믿음에 있다. 프랑클린은 일찍이 이런 가능성을 알아차린 인물이었지만, 그가 마지막은 아니었다. 예를 들어 스코틀랜드 출신 범죄 소설가 이언 랜킨[Ian Rankin]은 종종 집필을 방해하는 일상생활의 맹공격을 "전화가 오고, 초인종이 울리고, 쇼핑도 해야 하고, 답변을 보내야 하는 긴급한 이메일도 있다"라고 묘사한다. 랜킨은 이런 정신 사나운 나날들을 가리켜 "쇠기름을 헤쳐나가는 듯"하다고 말한다. 프랑클린이 데이비드 홀을 고용했다면, 랜킨은 스코틀랜드 북동부 블랙아일에 있는 마을인 크로마티 해안의 외딴집에 틀어박혀서 이 문제를 해결했다. 그는 그곳의 생활을 자세하게 묘사했다.

북쪽으로 가면 집 꼭대기 층 방에서 글을 쓴다. 추우면 장작 난로에 불을 붙인다. 해가 나면 주로 산책을 나가고 글은 늦은 오후나 저녁 시간에 쓴다. 막다른 길이나 문제에 직면할 때는 걷다 보면 갑자기 깨달음이 찾아오곤 한다.

이디스 워튼Edith Wharton 역시 사소한 일이 중요한 일을 추구하는 데 방해가 될까 봐 우려했다. 버크셔스 지역에 소유한 광활한 부지인 마운트에 살았던 9년 동안 워튼은 자주 찾아오는 방문객들 때문에 주의가 산만해져서 글 쓰는 데 방해를 받지 않도록 엄격한 일과를 고집했다. 잠자리에서 일어나면 적어도 오전 11시까지는 침대에 앉아 무릎 위에 문서 받침대를 올리고 균형을 잡으며 글을 썼다. 전하는 바에 따르면 워튼은 글을 다 쓴 종이를 그대로 바닥에 떨어뜨렸고, 나중에 비서가 이를 모아서 타자기로 쳤다고 한다. 손님들은 워튼이 방해를 받지 않도록 점심시간이 될 때까지 알아서 즐거운 시간을 보내는 법을 배웠다. 워튼은 1905년에 쓴 편지에서 "집안에서 행하는 일과를 아주 조금이라도 방해받는 날은 완전히 허탕이에요"라고 밝혔다.

나는 주의 산만을 멋지게 막아내는 이런 이야기들을 즐겨 수집한다. 설사 이런 이야기들이 구체적으로 파고들면 웃음이 나올 정도로 달성하기 어렵다고 하더라도 그 자체를 동경하게 된다. 데이비드 홀을 고용하거나 스코틀랜드 외딴섬의 집에 틀어박히거나 침대에서 글을 쓰는 동안 고용인에게 허드렛일을 맡기는 것은 평범한 사람이 쉽사리 따라 할 수 있는 제안이 아니다.[5] 하지만 이런 이야기를 움직이는 근본적인 동기는 무시하지 말아야 한다. 사소한 태스크가 많이 쌓이면 생산성을 갉아먹는 흰개미가 되어 우리가 이루어내고자 하는 목표의 기반 전체를 뒤흔들 수 있다. 따라서 그런 사소한 일들을 억제하고자 최선을 다할 가치가 있다.

지금부터는 이 목표를 염두에 두면서 직업 생활에 따르기 마련이 사소한 의무사항을 잘 다스릴 수 있도록 도와줄 좀 더 현실적인 전략을 소개할 것이다. 태스크 다스리기는 이전에 냈던 책들에서도 다뤘던 주제다. 예를 들어 『딥 워크』에서는 '피상적 작업을 차단하라'라는 제목의 장에서 이 주제를 자세히 다뤘다. 여기에서는 시간 블록을 활용해 일정을 좀 더 적절하게 짜는 법을 추천했다. 벤저민 프랭클린이 처음으로 개발한 전략인 시간 블록은 심층 업무와 사소한 태스크를 분리하는 데 유용하다. 또한 불필요한 메시지 교환을 최소화하도록 좀 더 구조화된 이메일을 쓰라고도 제안했다. 이 목표는 5년 후에 출간한 후속작 『하이브 마인드: 이메일에 갇힌 세상』에서 훨씬 더 자세하게 설명했다. 이런 책들과 관련된 수많은 기사와 팟캐스트 토론에서도 이 주제를 깊이 있게 다뤘다.

여기서 제시한 전략들은 오랜 세월에 걸쳐 주의를 흐트러뜨리는 태스크 목록과 싸운 경험에서 엄선한 가장 효과 좋은 방법들이다. 이 조언은 '억제'라는 개념으로 통합된다. 개중에는 어쩔 수 없이 해야 하는 부가업무를 억제하는 데 초점을 맞추는 방법도 있다. 사실 많은 경우에 주의 산만을 유발하는 주체는 사소한 일들을 실제로 실행하는 과정이 아니라 이를 기억하고, 걱정하고, 바쁜 일정 속에서 할 시간을 찾는 데 필요한 인지적 노력이다. 이런 준비 작업에 드는 노력을 최소화할 수 있다면 그 태스크 자체가 미치는 영향을 억제할 수 있다. 반면에 애초에 그런 일이 해야 할 일 목록에 끼어들지 않도록 막아 태스크를 억제하는 데 초점을 맞추는 방법도 있다. 두 경우 모두 목표는 피해를 제한하는 것이다.

슬로우 생산성을 달성하려면 중대한 일에 좀 더 의미 있는 투자를 할 수 있도록 사소한 일의 제약에서 벗어나야 한다. 이는 구닥다리 생산성 전략 및 시스템이라는 싸움터에서 주로 벌어지는 골치 아프고 세부 사항에 휘둘리는 분쟁이다. 하지만 벤저민 프랭클린이 찬양한 것처럼 자기 시간의 주인이 되고자 한다면 반드시 싸워야 하는 전투이기도 하다. 그럼 이제 싸움을 시작해보자.

오토파일럿
스케줄을 설정하자

주로 학생을 상대로 하는 조언을 많이 썼던 20대 시절 나는 '오토 파일럿 스케줄autopilot schedule'이라는 조직 전략을 자주 추천했다. 오토파일럿 스케줄이란 정기적으로 실시하는 학과 공부를 매주 특정 요일의 특정 시간, 때로는 특정 장소에 배정하는 방식이다. 예를 들어 화요일과 목요일 오전 10시 수업이 끝난 후에 항상 근처 도서관 같은 층에 있는 같은 책상에서 영문학 독서를 하는 식이다. 이 전략은 마감일이 눈앞에 닥쳐야 과제를 하는 많은 학생의 기본적인 경향에 대항했다는 점에서 효과가 있었다. 예를 들어 학부생이 '마감 사흘 전에 연습 문제를 풀기 시작해야 할 것 같아'라고 자발적으로 생각하는 일은 드물다. 하지만 당일 오토파일럿 스케줄에 그 태스크를 할당해놓았다면 그리 많은 생각을 하지 않고 그냥 과제를 수행할 것이다. 나는 예전에 이 주제를 다룬 기사에서 "일단 생각을 최소한으로 하면서 정기적인 과제를 해내게 되면 스트레스가 낮은 최적의 상태에 이르게 되고, 그때부터 좀 더 중요한 일에 관심을 돌리기 시작할 수 있다"라고 썼다.

시간이 흐르고 글쓰기의 중심축이 학생 문제에서 벗어나 시간 블록 및 이메일 형식 같은 사무실 업무와 관련된 도구로 옮겨 가면서 오토파일럿 스케줄은 어느덧 배경으로 사라져갔다. 하지만 최근 들어 내 직업에 따르는 행정적 요구가 계속 늘어나면서 나는 다시 한번 이 전략을 실험하기 시작했다. 지식 노동을 할 때 오토파일럿 스케줄은 태스크를 억제하는 효율적인 수단을 제공한다. 매주 학교 과제를 수행할 일정한 시간대를 설정하는 대신에 정기적으로 발생하는 특정 태스크들을 수행할 시간을 설정할 수 있다. 예를 들어 프리랜서라면 월요일 오전에 청구서를 보내는 일정을 설정할 수 있고, 교수라면 금요일 점심식사 직후에 연구비 보고서를 검토하는 일정을 설정할 수 있다. 특정한 유형의 태스크를 같은 요일 같은 시간에 수행하는 데 익숙해지고 나면 이런 일을 실행하는 데 필요한 비용이 크게 감소한다.

태스크 중심의 오토파일럿 스케줄 설정 방법이 제대로 작동하려면 의식과 장소를 활용해야 한다. 정기적으로 반복되는 태스크를 특정한 장소와 연관 짓고, 여기에 일을 시작하도록 돕는 작은 의식을 더할 수 있다면 이 업무를 규칙적으로 실행하는 리듬에 빠져들 가능성이 높아진다. 앞에서 예로 들었던 교수는 금요일이면 항상 학생회관에 있는 같은 식당에서 점심을 먹고, 점심 식사를 마치면 근처에 있는 캠퍼스 잔디밭을 가로질러 걸어서(의식 1) 늘 똑같은 작은 도서관에 있는 같은 개인 열람실(장소)로 걸어간다. 그곳에 앉아서 연구비 보고서를 검토한다. 보고서 작성을 마친 다음에는 학생회관으로 돌아가 커피를 산 다음에 교수실로 돌아간다(의식 2). 이런 식으로 의식과 장소가 결합하면 예로 들었던 가상의 교수는 실제로 깊이 생각하지 않으면서 매주 그 보고서들을 검토할 가능성이 높아진다.

고객 요청 검토부터 웹사이트 업데이트를 담당하는 계약업체 확인, 회의 준비, 이메일 확인 및 프로젝트 관리 웹사이트 업데이트에 이르기까지 정기적인 태스크라면 정교하게 설정한 오토파일럿 스케줄에 최대한 많이 끼워 넣는 것이 좋다. 태스크를 억제한다는 말은 사소한 일을 회피한다는 뜻이 아니다. 이런 업무들에 들어가는 노력을 최소한으로 줄인다는 뜻이다. 앞에서도 언급했듯이 '스트레스가 낮은 최적의 상태'를 찾는 것이다.

동기화하자

2020년 가을, 나는 《뉴요커》에 'GTD의 흥망'이라는 제목으로 장편 기사를 냈다. 기사 첫머리는 웹디자이너 겸 프리랜서 프로젝트 매니저인 멀린 만Merlin Mann의 사연으로 시작했다. 2000년대에 들어 점점 더 일을 주체하기가 힘들다고 느끼던 터에 멀린 만은 데이비드 앨런David Allen이 제시한 일을 깔끔하게 처리하는 기술Getting Things Done, GTD이라는 방법론을 발견했다. 앨런이 제시하는 기나긴 태스크 목록을 정리하는 체계적 접근법은 바로 만이 필요하다고 느꼈던 방법이었다. 만은 〈43폴더스43 Folders〉(앨런이 설명한 '서류철'을 가리키는 말)라는 블로그를 시작해 이 체계가 얼마나 훌륭한지 열정적으로 설명했다.[6] 만은 초반에 올린 게시물에서 "당신 인생의 물이 왜 그런지 계속 바닥으로 흘러내리는 것 같다면 GTD가 그 물을 제자리로 돌려놓기 위해 필요한 물잔일 것입니다"라고 썼다.

〈43폴더스〉는 인터넷에서 가장 인기 있는 생산성 블로그 중 하나로 성장했고, 멀린 만은 프로젝트 매니저 일을 그만두고 블로그에 몰두하게 됐다. 하지만 그의 사연이 흥미로운 이유는 이렇게 떠올랐을 뿐만 아니라 이어서 몰락을 겪었다는 데 있다. 〈43폴더스〉를 시작한 지 3년 정도 지났을 때 만은 GTD 같은 시스템이 업무를 바꿔놓으리라는 기대에 환멸을 느끼게 됐다. 그는 이런 식의 생산성 전략이 종국에는 "유능감, 안정감, 활력"을 가져다주지 않았다고 썼다. 그는 순수한 생산성에서 벗어나 좀 더 창의적인 일을 만들어내겠다는 다소 모호한 목표에 초점을 맞춰 〈43폴더스〉를 운영하다가 결국에 더는 게시물을 올리지 않게 됐다.

멀린 만이 GTD 같은 상세한 태스크 관리 시스템에 환멸을 느낀 이유로는 다양한 설명이 있다. 여기서 강조하고 싶은 것은 아마도 가장 근본적인 원인, 즉 효과가 없었다는 점이다. 정확하게 말해 GTD가 전혀 효과가 없었던 것은 아니다. 해야 할 업무를 머릿속에서 빼내 믿을 수 있는 시스템으로 옮기면(GTD의 기본 개념) 불안이 줄어들고 좀 더 정리된 상태가 된다. 예를 들어 나와 나눴던 인터뷰에서 만은 고양이 화장실을 치워야 한다는 사실을 기억하는 데 정신적인 에너지를 조금도 낭비하고 싶지 않다고 강조하면서 지금도 집안일을 관리하는 데 GTD에서 힌트를 얻은 개념을 활용한다고 말했다.

하지만 GTD 같은 시스템들은 도움이 되기는 해도 최근 수십 년 동안 만 같은 지식 노동자들에게 영향을 미치기 시작한 극심한 업무 과부하 문제를 제대로 해결할 수 없었다. 이런 부조화는 단독 태스크에 초점을 맞추는 GTD의 특성에서 찾아볼 수 있다. 앨런이 제시한 시스템에서 해야 할 의무는 구체적인 '다음 행동들'이 되고, 이런 다음 행동들은 광범위한 목록에 추가됐다가 다양한 업무 '맥락'으로 분류된다. 실행자는 그저 지금 처한 맥락에 상응하는 목록을 참조하고 나열된 행동들을 하나씩 해치워나가기 시작한다.

그러나 1990년대에 들어서 만 같은 지식 노동자의 주목을 받기 시작한 활동 대부분은 개별 실행 작업이 아니라 이런 태스크에 '관해서' 다른 사람들과 주고받는 상호작용이었다. 개인용 컴퓨터가 도입되고 그 직후에 이메일 같은 전자 의사소통 도구가 등장하면서, 사무실에서 일어나는 협력이 실시간이 아닌 상태로 되는대로 메시지를 지속적으로 주고받는 행태로 바뀌었다. 동료가 어떤 일을 처리해달라고 요청하면, 그 사람이 무엇을 의미하는지 확실히 해두고자 답변을 보낸 다음, 필요한 정보를 모으고자 다른 동료에게 메일을 보낸다. 그러다가 그 동료에게 받은 답변을 보고 나서 자신이 해당 태스크를 온전히 이해하지 못했다는 사실을 깨닫고 처음에 업무를 요청한 동료에게 새로운 메일을 보낸다. 이런 식으로 일들이 계속 이어진다. 이렇게 질질 끄는 상호작용을 동시에 발생하는 수많은 업무마다 해야 하면, 얼마 안 가 개별 업무 처리보다 대화를 이어가는 데 근무시간 대부분을 쓰게 될 것이다. 한 시간에 수십 통의 이메일에 답변을 보내야 하는 프로젝트 매니저에게는 데이비드 앨런이 세심하게 정리한 목록이 아무런 도움이 되지 않는다.

실망스러운 설명이지만 슬로우 생산성의 관점에서 보면 반가운 측면도 있다. 만약 우리가 바쁘다고 느끼는 원인 대부분이 실제 태스크 수행이 아니라 태스크에 '관해서' 나누는 이야기에서 비롯된다면, 생각보다 과부하가 심하지 않을 수도 있다. 다시 말해 이런 대화를 줄일 수 있다면 실제로 남는 구체적인 의무 더미는 태산처럼 높지 않을 것이다.

협업에 따르는 부가업무를 줄이는 직접적인 전략은 실시간으로 진행되지 않은 의사소통을 실시간 대화로 대체하는 방법이다. 직장 동료가 모호한 요청을 하는 바람에 세 사람이 얽혀서 기나긴 메시지를 주고받는 상황에 처했던 예시를 다시 떠올려보자. 만약 세 사람이 모두 같은 공간에 있거나 동시에 화상 통화를 진행했다면, 몇 분만 대화를 나눠도 태스크를 완벽히 명확하게 밝힐 수 있었을 것이다. 하지만 이런 대화 자리를 마련하기란 여간 까다로운 일이 아니다. '이 회의는 이메일이었을지도 몰라요'라는 말이 최근 직장에서 밑으로 자리 잡은 데는 그만한 이유가 있다. 모든 태스크에서 회의를 소집한다면 결국 붐비는 받은메일함이 회의 일정으로 붐비는 캘린더로 바뀔 뿐이다. 끔찍하기는 서로 매한가지다.

오피스 아워를 활용해서 적당한 균형을 찾아볼 수 있다. 오피스 아워란 다양한 문제를 해결하고자 짧은 논의를 할 수 있도록 정기적으로 잡아놓은 시간을 말한다. 매일 오후 같은 시각에 시작해 30분에서 60분 정도를 확보한 다음, 이 시간을 동료와 고객들에게 알리자. 이때는 언제나 시간을 낼 수 있다고 확실하게 알리자. 사무실 문을 열어놓고, 화상 통화도 켜놓고, 인스턴트 메시지도 확인하고, 전화도 켜놓는다. 그러면서 관련된 모든 질문 및 요청에 응하자. 누군가가 내용이 모호한 이메일을 보내오면 길게 늘어지는 메일을 주고받는 대신에 "기꺼이 돕겠습니다! 다가오는 오피스 아워에 연락주시면 함께 자세하게 살펴보도록 하겠습니다"라고 답장하자.

이 접근 방법은 '안건 처리 회의'라는 관련 전략 형태로 팀에도 적용할 수 있다. 오피스 아워와 마찬가지로 이런 회의도 매주 같은 요일, 같은 시간에 열린다. 오피스 아워와 달리 팀원 전체가 참석한다. 이 시간 동안 팀원들은 협업이나 명백한 설명이 필요한 임박한 태스크를 서둘러 처리한다. 팀은 한 번에 한 업무씩 진행해나가면서 정확히 어떤 일을 해야 하는지, 누가 그 일을 담당하고 있는지, 다른 사람들에게 입수해야 할 정보는 무엇인지 파악한다. 이런 회의를 준비하는 손쉬운 방법은 논의할 태스크와 관련된 공유 문서를 계속 유지하는 것이다. 팀원들은 회의와 회의 사이에 발생한 항목들을 목록에 추가할 수 있다. 안건 처리 회의를 30분간 실시하면 팀 전체가 정신 사나운 받은메일함 확인과 이메일 교환에 시달리는 기나긴 시간을 아낄 수 있다.

이렇게 간단한 동기화 방법 두 가지로 얻을 수 있는 안도감은 거듭 강조해도 모자라다. 업무와 그 업무에 관한 대화를 분리하고 나면, 남은 업무는 그렇게 무시무시하지 않을지도 모른다. 멀린 만은 뛰어난 태스크 관리 시스템이라도 21세기 사무직 노동자들을 점점 더 심하게 괴롭히는 과부하 감각을 떨쳐버릴 수는 없다는 사실을 발견했다. 해결책은 더 똑똑한 태스크 시스템이 아니라 좀 더 단순하고 인간적인 방식, 즉 평범한 대화로 돌아가는 데서 찾을 수 있다.

다른 사람들이
더 많이 일하게 하자

2022년 초에 《뉴요커》에 실었던 생산성을 주제로 다룬 또 다른 기사에서 나는 지식 노동 환경에 태스크를 식별하고 배분하는 방식과 관련된 규칙이나 체계가 없는 경우가 대부분이라고 비판했다. 우리는 그저 받은메일함을 열어보고, 회의를 소집하고, 돌아가는 대로 일한다. 모두가 다른 사람에게 새로운 요청이나 질문을 내던진다.

이 기사를 쓰면서 나는 사람들이 이렇게 되는대로 태스크를 배분하는 문화에 너무 익숙해진 나머지 대안이 있을 수 있다는 생각조차 받아들이기 힘든 건지도 모르겠다고 우려했다. 그래서 겉보기에 다소 과한 제안으로 보이게끔 의도한 글을 쓰기로 했다. 독자들이 분노하도록 부추겨서 "그런 방법이 효과가 있을 리가 없잖아"와 같이 무시하는 듯한 반응을 유도하고, 내 제안이 터무니없다고 확신하는 과정에서 현재 상태에 의문을 품도록 하려는 목표를 세웠다.

기사 중 일부를 소개한다.

팀원 전체가 하루에 한 시간씩 비워놓고 그동안에 사소한 태스크를 마치고 간단한 질문에 대답한다고 상상해보자. 나아가 팀원 각자가 해당 일의 시간 블록에 비어 있는 시간대 자리를 표시한 신청서를 포함한 공유 문서를 게시한다고 상상해보자. 예를 들어 당신이 팀원 중 한 사람이 곧 있을 고객 방문에 동석할 수 있는지 알고 싶다면 빈 시간대를 찾아서 이 요청 사항을 기록하면 된다. 그러면 해당 팀원이 공유 문서를 확인하고 나서 그날 안건 처리 시간에 답변을 줄 것이다. 이렇게 하면 그 사람은 우선순위를 알 수 없는 긴급 사항이 산더미처럼 쌓인 상황에서 이 같은 의무 사항을 전부 관리해야 한다는 부담에서 벗어난다.

이 사고실험의 장점은 태스크 배분에 따르는 괴로운 비대칭성을 줄인다는 것이다. 동료들이 마치 수류탄을 던지듯 당신에게 쉽사리 요청을 던지도록 허용하고, 생산성을 산산조각 내는 파편으로 어질러진 잔해는 당신이 치워야 하는 사태는 더 이상 일어나지 않는다. 이제는 동료들이 당신의 주의를 빼앗기 전에 스스로 더 많은 일을 해야 한다.

일반적으로 다른 사람들에게 더 많은 일을 하도록 요구하는 전략은 태스크를 억제하는 데 효과가 있다. 예를 들어 '역전逆轉 태스크 목록'은 내가 《뉴요커》 기사에서 제안한 방법보다 좀 더 구미가 당기는 버전이다. 먼저 일터에서 다루는 주요 태스크 범주 각각에 해당하는 공개 태스크 목록을 작성한다. 이 목적에 공유 문서를 사용할 수 있다. 이런 방식에 익숙하다면 트렐로^{Trello}(웹 기반 프로젝트 관리 소프트웨어의 일종.—옮긴이) 공유 게시판을 활용하면 더 좋다. 누군가에게 사소한 업무를 맡아달라는 요청을 받으면, 요청한 사람에게 관련된 공유 태스크 목록에 직접 추가하도록 지시한다. 예를 들어 공유 문서에 쓰거나 트렐로 공유 게시판에 새 카드를 생성하도록 지시한다. 무엇보다도 태스크를 완료하는 데 필요한 '모든' 정보를 입력해야 한다는 점을 명확히 해둬야 한다.

역전 태스크 목록을 사용하면 요청하는 사람이 요청을 받는 사람에게 바라는 바가 무엇인지 정확하게 명시하고자 더 많은 시간을 투자해야 하며, 덕분에 요청 사항을 이행하는 과정이 간단해진다. 또한 현재 처리하고 있는 태스크의 상황을 사람들에게 계속 알려주는 목적으로도 이 공개 목록을 사용할 수 있다. 그러면 굳이 "그 일은 어떻게 진행되고 있나요?"라고 물어봐야 하는 수고를 덜어줄 수 있다. 마지막으로 이 목록은 현재 당신이 맡고 있는 업무량을 정확하게 알려준다. 동료가 역전 태스크 목록이 차고 넘치는 상황을 보게 된다면 당신에게 새로운 업무를 시켜야 할지 다시 생각해볼 수도 있다.

동료나 고객들에게 해당 태스크와 관련된 일을 더 많이 하도록 요구하는 과정을 도입하는 것도 이런 맥락에서 실행할 수 있는 전략이다. 당신이 컨설팅 기업에서 팀을 지원하는 업무를 맡은 관리자라고 상상해보자. 팀원의 출장비 환급 요청서 승인은 자주 발생하는 잡무다. 이 태스크를 수행하는 기본적인 접근법은 아마도 승인을 받아야 하는 요청서를 이메일로 받아서 이를 당신이 출력하고 서명해 스캔한 다음 급여 업무 담당에게 처리하라고 제출하는 식일 것이다.

이를 대체할 대안으로는 당신이 이 일에 개입하기 전에 팀원이 일을 (약간) 더 많이 해야 하는 맞춤 과정을 고지하는 방법이 있다. 예를 들어 사무실 문 밖에 서류함 두 개를 설치한다. 하나는 결재 전 서류용이고 하나는 결재 후 서류용이다. 환급 요청서에 서명을 받아야 하는 팀원은 요청서를 출력해서 당신 사무실 밖에 있는 첫 번째 서류함에 넣어둔다. 당신은 목요일 오전마다 첫 번째 서류함에 든 양식들을 검토하고 서명한 다음에 두 번째 서류함에 넣어둔다. 이제 당신 사무실로 돌아와서 기결 문서를 회수해 스캔하고 관련 부서에 제출하면서 기록을 남길 수 있도록 참조란에 당신을 넣는 일은 관련 팀원의 업무가 된다. 환급을 요청하는 사람의 관점에서 볼 때 이 과정으로 추가 업무가 사소하게 늘어나기는 하지만 아주 눈에 띄거나 거슬릴 정도는 아니다. 팀원 개개인이 이런 요청서를 제출할 일은 어쩌다가 한번씩 일어나기 때문이다. 오히려 그렇게 명확한 방침이 있으니 감사하게 여길 수도 있다. 하지만 관리자인 당신은 달마다 수십 건씩 들어오는 이런 요청서를 처리하는 데 필요한 부가업무를 크게 줄일 수 있다.

처음에는 태스크 배분에 따르는 부담을 좀 더 균형 잡힌 형태로 유도하려는 이런 전략이 제멋대로라고 느껴질 수도 있다. 심지어 당신이 주제넘은 태도를 보여서 다른 사람들의 기분을 상하게 하지는 않을지 걱정스러울 수도 있다. 하지만 실제로는 요령 있는 말로 자기 자신을 충분히 낮추면서 전한다면 별다른 분노를 사지 않으면서 이런 시스템을 도입할 수 있다. 사실 이런 시스템을 도입하면 요청한 업무가 어떻게 혹은 언제 완료될지 명확해지므로 오히려 동료들에게 높은 평가를 받게 될 수 있다.

대체로 사람들은 자기 자신의 문제에 집중한 나머지 남들이 문제를 어떻게 해결하고 있는지에는 별다른 관심을 기울이지 않는다. 앞서 내가 《뉴요커》에 낸 기사에서 일부러 도발하는 제안을 했다고 한 것을 기억하는가? 독자들이 고개를 갸우뚱거릴 정도로 불신을 자아내려고 했던 제안 말이다. 내가 너무 과했다고 지적하는 글을 보내온 독자는 한 명도 없었다. 아마도 내 생각보다 그리 과격한 제안은 아니었던 모양이다.

태스크 생성기를
회피하자

이미 쌓아 올린 태스크 더미를 해치우는 데 초점을 맞추는 것은 당연한 일이다. 하지만 애초에 업무가 발생하기 전인 업무 흐름 윗부분에서도 그만큼 효과적인 억제 전략을 찾을 수 있다. 예를 들어 다음과 같은 전략은 태스크 부담을 줄이는 데 놀라울 정도로 효과적이다. 신규 프로젝트를 선택할 때 해당 프로젝트에 따라 매주 발생할 것으로 예상되는 요청이나 질문, 사소한 잡무의 개수를 고려해 선택지를 평가하자. 이 개수가 가장 적은 선택지를 우선으로 고려한다. 사람들은 대개 프로젝트의 난이도나 프로젝트를 완료하기까지 소요되는 총시간에 주목한다. 하지만 일단 빽빽한 할 일 목록이 얼마나 큰 혼란을 불러오는지 알고 나면, 프로젝트 하나에 따르는 태스크의 흔적도 마찬가지로 심각하게 고려해야 한다는 사실을 이해할 수 있다.

좀 더 구체적으로 와닿도록 어떤 영업부장이 프로젝트 두 건 중 하나를 선택하려고 한다고 상상해보자. 새로운 기술이 시장에 미칠 영향을 상세하게 다룬 보고서를 작성하거나 고객을 대상으로 하루 동안 실시하는 콘퍼런스를 기획해야 한다. 언뜻 보기에는 콘퍼런스가 더 끌리는 선택지처럼 느껴지지만, 콘퍼런스는 일단 행사일이 확실하게 정해져 있고 그날만 지나면 끝이다. 반면에 보고서는 다 쓸 때까지 몇 주나 걸린다. 콘퍼런스 기획은 심사숙고할 필요가 없다는 의미에서도 더 단순하다. 보고서를 쓰려면 복잡한 정보를 숙지해야 하고 확신할 수 있는 예측을 내놓아야 한다.

그렇다고 하더라도 이 상황에서 나라면 단순한 이유로 망설임 없이 보고서 작성을 선택할 것이다. 보고서 작성에 따르는 태스크가 훨씬 적기 때문이다. 콘퍼런스를 기획하려면 다양한 고객과 끊임없이 조정을 거듭해야 하고, 장소 대여와 전문 연사 섭외도 빼놓을 수 없다. 번거로운 출장 연회, 구체적인 실행 계획에 따르는 질의문답 등은 말할 것도 없다. 막판에 터지는 문제들을 해결해야 하고 셀 수 없이 많은 대화를 주고받아야 하는데, 이런 각각의 업무가 저마다 정신 에너지를 요구한다. 다시 말해 고객 콘퍼런스는 긴급하게 처리해야 하는 수많은 잡무를 쉴 새 없이 만들어내는 '태스크 생성기'다.

반면에 시장 보고서는 다른 유형의 에너지를 투자해야 하는 일이다. 시장 보고서를 작성하려면 정기적으로 긴 시간이 필요하고,

그 시간 동안에 데이터를 수집해서 처리하고 그 의미를 숙고해야 한다. 이 작업은 정신적인 부담이 크고 때로는 지루하기도 하다. 하지만 긴급하게 처리해야 할 사소한 태스크가 좀처럼 생기지 않으므로 이 업무에 할당해놓은 시간대 이외에는 주의를 기울여야 할 필요가 거의 없다. 보고서 작성 자체는 쉽지 않을 수 있지만, 정신 사나운 행사 기획 프로젝트로 대표되는 태스크 생성기 대신에 보고서 작성을 선택하기는 아주 쉽다.

돈을
쓰자

앞에서 주요 업무를 제한하는 법을 다루면서 내 친구인 제니 블레이크를 소개했다. 블레이크는 회사가 관리하던 수입원을 10개 이상에서 몇 개로 추렸다. 이 밖에도 내가 블레이크에게 관심을 가진 부분은 업무용 소프트웨어를 구매하는 데 자부심을 가지고 있다는 점이었다. 『자유 시간』이라는 책에서도 소개했듯이 블레이크는 슬로우 생산성을 추구하는 방향으로 사업을 변경하는 과정에서 "무료 체험판에서 혜택을 최대한 쥐어짜기"보다는 유용한 소프트웨어 서비스를 구매해서 "프로가 되는" 데 쓰는 돈을 늘렸다.

블레이크는 사업상 사용하는 소프트웨어 구독료(월간 구독료 포함)를 정리한 스프레드시트를 내게 보내줬다. 이런 도구로 프로가 되겠다는 결의는 농담이 아니었다. 문서에는 캘런들리^{Calendly}(업무 일정 관리용 소프트웨어.—옮긴이)부터 도큐사인^{DocuSign}(전자 서명으로 전자 계약을 맺을 수 있도록 해주는 소프트웨어.—옮긴이), 전문가용 줌에 이르기까지 50가지가 넘는 유료 서비스가 정리되어 있고, 총 월간 구독료는 대략 2,400달러(약 330만 원)에 달했다. 하지만 이만한 비용을 지출하는 데는 충분한 이유가 있다. 이런 전문가용 소프트웨어는 행정상 업무를 없애주거나 간소화하기 때문이다. 다시 말해 블레이크는 태스크 목록의 크기를 대폭 줄이기 위해서 상당한 돈을 투자하고 있는 셈이었다.

슬로우 생산성 맥락에서 볼 때 이런 유형의 투자는 무척 합리적이다. 주의력을 앗아가는 사소한 업무들을 최대한 잘 다스릴수록 더욱 지속적이고 효율적으로 중요한 업무에 몰두할 수 있다. 물론 돈을 써서 태스크 목록을 줄이는 방법에는 소프트웨어 서비스 활용 외에도 여러 선택지가 있다. 내가 아는 많은 기업가가 사업 경영에 따르는 일상적인 세부 사항을 처리할 '운영 관리자'를 고용하고 교육해 상당한 시간을 되찾았다. 예를 들어 내가 고용한 프로듀서가 녹화일에 스튜디오에 와서 매주 녹화분을 공개하는 데 따르는 모든 제반 사항을 처리해주지 않는다면, 나는 일정에 맞춰서 팟캐스트를 진행할 수 없을 것이다. 나 혼자서도 이런 업무들을 전부 할 수는 있다. 실제로 팟캐스트를 시작했던 당시에는 직접 했다. 하지만 이 일에는 수많은 번거로운 잡무가 따랐고, 이를 계속해서 스스로 처리해야 했다면 아마도 나는 방송을 아예 포기했을 것이다.

전문 서비스 제공자를 고용하는 방법도 태스크 목록이 늘어나지 않게 관리하는 데 효과적인 투자다. 나는 저서를 관리하는 회계사, 팟캐스트 홍보와 관련된 모든 일을 처리하는 전문 대행사, 온라인 자산 전체를 원만하게 보호하는 웹 컨설턴트, 평소 집필 관련 업무에서 불쑥불쑥 발생하는 수많은 사소한 질문에 답변하는 변호사에게 비용을 지불한다. 내가 아는 유능한 기업가들은 모두 스스로 모든 일을 처리하면서 변변찮은 결과를 내는 사태가 생기지 않도록 관련 분야 전문가에게 비용을 지불하는 방식을 선호한다.

단기적으로 보면 이 모든 선택에는 돈이 든다. 신생 기업이라거나 수입이 아직 그리 많지 않다면 수익 중 적잖은 비율이 도로 빠져나가는 모습을 보면서 불안해질 수도 있다. 하지만 장기적으로 보면 이런 잡다한 업무로 인한 과부하를 줄임으로써 중대한 도약을 이루고 가치를 창출하는 데 필요한 정신적 여유를 확보할 수 있다. 그러면 다달이 빠져나가는 이런 비용들이 갑자기 사소하게 보일 것이다. 형편에 부담스러울 정도로 돈을 쓰지는 말자. 하지만 슬로우 생산성을 실천하려면 아예 돈을 쓰지 않을 수는 없다는 점은 알아두자.

양육과 가사를 줄일 수 없는
부모들은 어떻게 해야 할까?

기자이자 두 아이의 엄마인 브리짓 슐트는 2014년에 내놓은 책 『타임 푸어』에서 일하는 부모로서 자신이 겪은 경험을 이렇게 털어놓는다.

> 새벽 2시까지 밸런타인데이 컵케이크를 굽고 새벽 4시에 기사를 다 썼다. 사방이 고요하고 마침내 오롯이 집중할 시간이 생겼다. 아이들이 치과 진료를 받는 동안 복도 바닥에 앉아서 전문 기자처럼 들리기를 바라며 인터뷰를 진행했다. … 고장 난 가전제품은 늘 있기 마련이다. 할 일 목록은 끝이 없다. 거의 20년째 가계 예산을 세워야겠다는 생각만 하고 실천에 옮기지 못했다. 세탁을 마친 빨래는 영영 개어지지 못한 채로 거대한 둔덕을 이루고 있어서 딸아이가 뛰어들어 헤엄을 치곤 한다.

슬로우 생산성의 첫 번째 원칙은 언뜻 업무상 조언처럼 보인다. 업무량을 줄이려고 애쓰면 역설적이게도 장기적으로 봤을 때 '더 많은' 가치를 창출할 수 있다. 부가업무는 감당할 수 없을 정도로 많은 비생산적인 부가업무를 만들어내기 때문이다. 하지만 브리짓 슐트처럼 일하는 부모에게 업무량을 줄이라는 조언은 좀 더 개인적인 차원에서도 적용된다. 지식산업 부문에서 유사생산성에 따르는 알아차리기 힘든 부작용 중 하나가 바로 일과 삶 사이에서 발생하는 긴장을 스스로 관리하도록 강요받는 분위기다. 공장 노동자에게 고용인이 하루에 열두 시간 동안 근무하라고 요구한다면, 이런 요구 사항은 근로 계약서에 지적하거나 논의할 수 있는 형식으로 알기 쉽게 명기된다. 즉, 노동조합이 반격할 수 있다. 구체적인 대안을 제시할 수도 있다. 필요하다면 주 40시간을 초과하는 노동에 대해서는 추가 수당을 지급해야 한다고 정한 1938년 공정노동기준법 같은 법안을 통과시킬 수도 있다.

반면에 유사생산성 체제 아래서는 그런 요구가 좀 더 암묵적이고 스스로를 강화하는 방식으로 이뤄진다. 해야 하는 태스크가 끊임없이 쏟아지는 가운데 눈에 띄게 처리한 총업무량이 얼마인지에 따라서 평가받지만, 구체적으로 얼마나 일을 해야 충분한지 말해주는 사람은 아무도 없다. 자기 자신에게 달린 셈이다. 이런 현실에서 부모(좀 더 구체적으로는 배우자에 비해 더 큰 가사 부담을 지는 경우가 많은 엄마)는 매일같이 직장과 가정의 요구 사이에서 벌어지는 쟁탈전을 치르며 스스로 재협상을 거듭해야 한다. 그 과정에서 수많은 신랄한 결정과 타협을 해야 하고, 그럴 때마다 누군가를 실망시키면서도 새벽 4시에 무너질 듯한 빨래 더미 옆에서 기사를 써야 한다. 『타임 푸어』에서 발췌한 무척이나 가슴 아프면서도 괴로울 정도로 익숙한 이 일화에서 슐츠의 딸은 엄마가 컴퓨터 앞에서 보내는 시간이 너무 길다고 불평한다. 딸아이는 슐츠에게 자기는 어른이 되면 선생님이 되고 싶다고 말하면서 "그러면 적어도 아이들이랑 보낼 시간은 낼 수 있을 테니까요"라고 설명한다.

물론 유사생산성이 초래하는 일과 삶 사이의 긴장감에 시달리는 사람은 부모뿐만이 아니다. 아픈 친족을 돌보느라 고군분투하고 있다거나 자신이 병과 싸우고 있다거나 그 밖에 인생에서 종종 벌어지는 고통스러운 사건과 씨름하고 있는 사람이라면, 눈에 보이는 활동으로 자신의 가치를 증명해야 한다는 요구에 이와 비슷한 내면의 혼란을 겪기 마련이다. 코로나19 팬데믹이 한창이던 시기에 이런 역동을 느끼는 사람이 특히 많았다. 팬데믹은 싹트기 시작하던 반생산성 운동을 강력하게 촉진하는 역할을 했다. 당장 주변에서 심각한 사태가 벌어지고 있는데도 유사생산성 논리는 지식 노동자들에게 온라인상에서 계속 미친 듯이 바쁘게 움직이라고 요구했기 때문이다. 당시에는 적응하고 슬퍼할 시간과 공간이 필요했다. 하지만 지식 노동자들은 그 대신에 개선된 줌 계정과 '생산성을 유지'하라고 발랄하게 장려하는 이메일을 받았다. 미칠 노릇이었다.

이번 장에서는 업무량을 줄이는 데 도움이 되는 구체적인 제안을 자세히 살펴본다. 자세한 전략과 의견이 담긴 이런 제안들은 이 원칙을 논의하는 계기가 된 경제적 실용주의를 뒷받침한다. 즉, 업무량을 줄이면 실제로 더 많은 일을 할 수 있다. 이런 측면의 논의도 물론 타당하지만 여기에서 벗어나 이 개념에 담긴 좀 더 까다롭고 인간적인 측면을 알아보는 것도 중요하다. 사실 할 일이 줄어드는 데서 얻을 수 있는 구원은 일에만 국한되지 않는다. 이는 심리적으로 감당할 수 없는 일과의 관계에서 벗어날 탈출구를 찾는 일이기도 하다. 업무 과부하는 비효율적인 데 그치지 않는다. 많은 경우 지극히 비인도적일 수 있다.

이번 장에서 논의한 전략을 흔쾌히 받아들일 수 있는 입장에 있는 사람들은 이런 현실을 보면서 마음이 움직여야 한다. 과도한 태스크를 만들어내는 프로젝트를 피하거나 바쁜 일을 아웃소싱하는 데 쓰는 비용을 늘리는 선택은 고용주나 고객들이 눈치채지 않기를 바라야 하는 꼼수가 아니다. 유사생산성 시대를 살아가는 수많은 지식 노동자가 그렇듯이, 당신도 자신의 업무량을 스스로 관리할 수 있다면 의도와 결의를 가지고 이런 도전에 나설 자격이 충분하다. 슬로우 생산성의 첫 번째 원칙은 일을 조율하는 좀 더 효율적인 방법일 뿐만 아니라 일이 자기 존재의 다른 모든 속성을 갉아먹고 있다고 느끼는 사람들에게 필요한 효과적인 대응책이기도 하다.

핵심 과제
: '푸시' 대신 '풀'

MIT에서 박사과정을 밟기 시작한 이후로 몇 년 동안 나는 아침이면 켄달 지하철역에서 연구실까지 걸어가는 도중에 공사 현장을 지나치곤 했다. 그곳에서는 앞면이 매끈한 유리로 덮인 건물이 천천히 올라오고 있었다. 그 건물은 MIT와 하버드대학교가 합작으로 설립한 벤처기업인 브로드연구소가 들어올 새로운 보금자리였다. 브로드연구소는 당시 후원자인 엘리 브로드^{Eli Broad}와 에디스 브로드^{Edythe Broad}에게 1억 달러를 설립 기금으로 받아 대대적인 홍보를 시작했다. 나는 브로드연구소가 유전체학이라는 새로운 분야에서 최첨단 연구를 하고 있다는 사실은 어렴풋이 알고 있었다. 그 분야가 중요하게 여겨진다는 점도 알고 있었다. 다만 브로드연구소 직원들이 그렇게 반들거리는 유리창 너머에서 맡은 업무를 해내느라 쩔쩔 매고 있다는 사실은 나중에서야 알게 됐다.

'지식 노동에서의 정체 해소'Breaking Logjams in Knowledge Work'라는 제목으로 《MIT 슬론 매니지먼트 리뷰^{MIT Sloan Management Review}》에 실린 사례연구에 따르면, 문제는 유전자 염기서열을 분석하는 작업 라인에서 시작됐다. 세계 각지에서 과학자들이 보낸 샘플을 분석하는 기능은 브로드연구소가 제공하는 주요 서비스였다. 이런 샘플은 조립라인을 이루는 작업 구역 같은 여러 단계를 거쳐야 했고, 그 단계에서 브로드연구소의 거대한 염기서열 분석기로 분석할 준비를 했다. 이처럼 온갖 화학 처리를 거친 결과물이 샘플의 정체를 밝히는 유전 부호였다.

위 논문의 저자들이 자세히 설명했듯이, 그리 오랜 시간이 지나지 않아 이 작업 라인은 삐걱거리기 시작했다. 분석 과정의 각 단계를 담당하는 기술자들은 자연스럽게 '푸시' 전략에 의지했다. 즉, 넘어오는 샘플을 최대한 빨리 처리하고, 완료하자마자 다음 단계로 밀어냈다. 하지만 작업이 완료되기까지 걸리는 시간은 단계마다 달랐다. 곧 시간이 오래 걸리는 단계에서 처리해야 할 샘플이 산더미처럼 밀리면서 문제가 발생했다. 저자들은 "밀린 샘플이 최적 수준을 크게 웃도는 수준으로 계속해서 늘어났다. 특정한 샘플이 필요한 경우 이를 찾기까지 이틀이 걸리기도 했다. 그 결과 발생하는 혼잡과 혼동을 관리하는 데 임원들이 쏟아붓는 시간이 점점 늘어났다"라고 설명한다. 샘플이 도착하고 나서 염기서열 분석 결과를 회신하기까지 걸리는 평균 시간은 120일까지 늘어났다. 불만을 품은 과학자들은 샘플을 다른 연구소에 보내기 시작했다.

브로드연구소가 내놓은 해결책은 새로운 방식이 아니라 공업에서 흔히 사용하는 기법을 응용한 것이었다. 바로 유전자 염기서열 분석 과정의 흐름을 '푸시push'에서 '풀pull'로 전환하는 방식이다. 푸시 기반 공정에서는 각 단계에서 작업을 완료하는 즉시 다음 단계로 넘긴다. 이와 반대로 풀 기반 공정에서는 각 단계에서 준비된 경우에만 새로운 작업을 '끌어'온다. 브로드연구소에서는 이런 풀 방식을 단순하게 실행했다. 각 단계에 작업을 완료한 샘플을 두는 상자를 배치했다. 다음 단계를 수행하는 작업자가 이 상자에서 새로운 샘플을 가져간다. 다음 단계로 넘어가는 샘플을 보관하는 상자가 가득 차기 시작하면 이를 채우는 기술자가 작업 속도를 늦춘다. 때로는 다음 단계 작업자가 속도를 높일 수 있도록 도움을 제공하기도 한다.

풀 기반 작업으로 전환하면서 정체가 발생할 일이 사라졌다. 작업 라인의 속도가 시간이 가장 오래 걸리는 단계에 맞게 조정되기 때문이었다. 이런 투명성 덕분에 기술자들은 작업 과정에서 균형이 무너진 곳을 쉽게 알아차릴 수 있었다. 논문 저자들은 "상자가 늘 가득 차 있는 상태는 후속 작업 속도가 지나치게 느리거나 이전 작업 속도가 지나치게 빠르다는 뜻이다. 상자가 비면 이를 채우는 작업에 문제가 생겼다는 뜻이다"라고 설명한다. 이 접근법을 채택한 덕분에 정량화할 수 있을 정도로 개선이 일어났다. 연구소가 보유한 고가의 염기서열 분석기의 사용률이 두 배 이상으로 증가했고, 각 샘플을 처리하는 데 걸리는 평균 시간은 85퍼센트 이상 줄어들었다.

브로드연구소는 유전자 염기서열 분석 과정에서 발생한 과부하를 해결하고자 푸시 모델에서 풀 모델로 전환했다. 이와 같은 해결책을 지나치게 많은 이메일과 프로젝트 요청으로 과부하에 시달리는 지식 노동자에게도 적용할 수 있을까? 흥미롭게도「지식 노동에서의 정체 해소」논문을 쓴 저자들은 자연스럽게 따라오는 이 의문에 대한 통찰도 제공한다. 브로드연구소에서 과학자들을 지원하는 새로운 디지털 도구를 개발하는 업무를 맡고 있는 IT 전문가 팀인 기술개발팀은 염기서열 분석 작업 라인에서 일어난 변화를 목격한 이후로 풀 기반 작업 흐름을 실험해보기로 결정했다.

염기서열 분석을 담당하는 기술자들과 마찬가지로 기술개발팀 역시 적체 현상에 시달리고 있었다. 저자들은 "개발팀은 온전하게 조사할 수 있는 수준 이상으로 많은 기술개발 아이디어를 검토하고 있었고, 과부하에 시달리는 운용팀이 실행할 수 있는 이상으로 많은 프로젝트가 이미 진행 중이었다"라고 설명한다. 엔지니어들은 똑똑하고 아이디어를 많이 내놓았으므로 언제든지 새로운 아이디어를 검토하게끔 밀어붙이곤 했다. 이처럼 야심이 과도했던 탓에 시스템은 곧 교착상태에 빠졌다. 특히 중요하다고 여겨지는 프로젝트가 생기면 이를 '더 신속히 처리'하게 되면서 팀은 '다른 모든 것을 포기하고 새로운 불길과 싸우게' 됐다. 엔지니어 개개인은 우선순위가 계속해서 뒤바뀌고 주의를 기울여야 하는 대상이 예기치 않게 바뀌는 상황에서 감당할 수 있는 수준보다 많은 프로젝트를 정신없이 처리했다.

이러한 문제를 해결하기 위해 기술개발팀은 업무를 배분하는 과정을 바꾸기로 결정했다. 염기서열 분석 작업 라인이 새롭게 거듭났듯이 기술개발팀도 신규 업무를 아무렇게나 밀어 넣을 수 있는 시스템에서 준비가 되었을 때만 새로운 태스크를 끌어올 수 있는 시스템으로 바꾸고자 했다. 이 목표를 달성하기 위해 사용하지 않는 벽에 설계 과정의 각 단계, 즉 최초의 아이디어를 시작으로 테스트와 배포에 이르는 모든 과정에 해당하는 상자를 포함하는 도표를 그렸다. 구체적인 프로젝트는 이 과정의 현재 단계에 해당하는 상자에 붙인 포스트잇으로 표시했다. 이런 포스트잇 각각에는 현재 작업을 맡고 있는 엔지니어의 이름을 적어서 모두가 현재 정확히 어떤 일을 하고 있는지 분명히 밝혔다.

팀 전원이 매주 만나서 벽에 붙은 모든 포스트잇의 상태를 논의했다. 프로젝트가 다음 단계로 넘어갈 준비가 되면 팀장이 이를 맡기에 충분한 여력을 지닌 엔지니어를 찾아냈다. 엔지니어의 이름을 포스트잇에 추가한 다음, 이를 다음 상자로 옮겨 붙였다. 마찬가지로 프로젝트가 지지부진한 경우에도 쉽게 알아차릴 수 있었다. 그 프로젝트에 해당하는 포스트잇이 다음 단계로 넘어가지 못한 채 멈춰 있기 때문이었다. 이 시점에서 여력이 있는 엔지니어를 추가하거나, 프로젝트를 아예 중단하는 결정을 내리기도 했다. 이 시스템의 핵심은 한 개인에게 지나치게 많은 일이 몰리지 않도록 예방한다는 데 있었다. 엔지니어는 여력이 충분할 때만 새로운 일을 '끌어'올 수 있었고, 여력이 충분한지는 그 엔지니어의 이름이 얼마나 자주 벽에 표시되는지만 확인하면 쉽게 판단할 수 있었다. 그러니 과부하가 걸릴 일이 없었다. 당연하게도 이렇게 체계적인 풀 전략으로 전환한 이후로 기술개발팀이 진행 중인 총프로젝트의 수는 50퍼센트 가까이 감소했지만 프로젝트가 완료되는 비율은 눈에 띄게 증가했다.

이 논문을 감명 깊게 읽은 나는 최근에 풀 전략에 따르는 작업 흐름이 지식 노동 환경에서 과부하를 피하는 효과적인 도구라고 확신하게 됐다. 소속 기업이나 팀이 업무를 조정하는 방식을 바꿀 수 있는 위치에 있는 사람이라면, 브로드연구소 기술개발팀에서 실시한 것과 비슷한 풀 전략으로 전환함으로써 눈에 띄는 수익을 낼 수 있다. 조직이 더욱 빠른 속도로 프로젝트를 완료할 수 있을 뿐만 아니라 팀원들 역시 해야 할 업무가 너무 많다는 고통에서 벗어나는 기쁨을 누리게 될 것이다.

다만 업무를 배분하는 방식을 직접 통제할 수 없는 사람들의 경우에는 상황이 좀 더 복잡해진다. 여전히 '빨리빨리'를 강조하는 유사생산성을 숭배하는 기업에 다니는 사람이나 복잡한 신규 시스템을 배우는 데 관심이 없는 고객들을 상대하는 1인 경영자가 그런 경우다. 이런 환경에 처한 사람들은 닥치는 대로 푸시 기반 작업 흐름에 따라 일할 수밖에 없다고 느끼곤 하지만 꼭 그래야 할 필요는 없다. 업무 환경을 완전히 통제할 수 없더라도 좀 더 바람직한 풀 접근법의 이점을 상당 부분 누릴 수 있다. 관건은 당신이 새로운 것을 시도하고 있다는 사실을 함께 일하는 사람들이 눈치 채지 못하는 방식으로 풀 기반 배분 시스템을 '시뮬레이션'하는 것 이다.

지금부터는 동료나 고객들의 습관을 통제할 수 없는 개인이 풀 시스템 시뮬레이션을 시행하는 3단계 전략을 소개한다. 물론 이렇 게 개인이 실시하는 시스템은 관련자 전체가 푸시 전략을 버려야 한다는 인식을 공유하고 있을 때만큼 효과적일 수는 없다. 그래도 두 손 놓고 사방에서 밀려 들어오는 업무를 잠자코 받아들이고는 업무 과부하에 시달리기 시작할 때 짜증스럽게 한숨을 내쉬는 것 보다는 훨씬 낫다.

풀 시스템 시뮬레이션 1단계
: 보류와 진행

풀 기반 작업 흐름을 시뮬레이션하는 첫 번째 단계는 현재 관여하 고 있는 모든 프로젝트를 '보류'와 '진행' 두 부분으로 나누어 기록 한 목록을 작성해서 추적하는 것이다. (이 목록을 저장하는 양식은 중 요하지 않다. 컴퓨터 문서 파일이든, 종이 노트든 쓰기 편한 방법을 사용하 면 된다.) 앞에서 언급했듯이 내가 말하는 '프로젝트'란 여러 차례에 걸쳐 작업을 해야 완료할 수 있는 상당한 업무를 일컫는다. (좀 더 규모가 작은 업무인 '태스크'를 억제하는 전략은 앞선 제안에서 다뤘다.) 신규 프로젝트가 밀려오면 일단 이를 프로젝트 목록의 보류 칸에 두자. 보류 칸은 크기에 제한이 없다.

반면에 이 목록에서 진행 칸에 들어갈 프로젝트는 최대 세 건으로 제한해야 한다. 시간 계획을 짤 때는 진행 목록에 있는 프로젝트에만 주의를 집중한다. 프로젝트를 완료하면 목록에서 삭제한다. 그렇게 해서 빈칸이 생기면 보류 칸에서 신규 프로젝트를 끌어와 채울 수 있다. 대규모 프로젝트라면 해당 업무 중 일부만을 진행 목록으로 끌어올 수도 있다. 예를 들어 보류 목록에 '책 쓰기'가 있고 진행 목록에 빈칸이 생겼다면 다음에 진행할 프로젝트로 '책의 다음 장 쓰기'를 끌어올 수 있다. 이런 경우 상위 프로젝트인 '책 쓰기'는 집필을 완료할 때까지 보류 목록에 남겨둔다.

보류와 진행 목록을 관리하면서 풀 기반 작업 흐름의 핵심 역동을 시뮬레이션하게 된다. 현재 작업 중인 프로젝트의 개수는 정해진 몇 가지로 제한하므로 정신없이 과부하에 시달리는 느낌에서 벗어나고 이번 장 초반에서 설명한 부가업무를 최소화할 수 있다. 물론 당신에게 프로젝트를 밀어 넘기는 동료나 고객들이 당신이 시뮬레이션하는 멋진 시스템에 대해 모른 채 자신이 요구한 사항이 좀처럼 진척을 보이지 않는 데 짜증을 낼지도 모른다는 문제가 있기는 하다. 재촉이 끊임없이 쏟아지는 사태를 피하려면 목록 관리와 더불어 현명한 접수 절차를 활용해야 한다. 지금부터 이 단계를 살펴보자.

풀 시스템 시뮬레이션 2단계
: 접수 절차

신규 프로젝트를 보류 목록에 추가할 때는 이 새로운 업무를 요청한 측에 진행 예상 정보를 안내해야 한다. 이를 위해서 수행하고자하는 프로젝트를 공식적으로 수신했다고 응답하는 '확인 메시지'를 발송하자. 이때 (1) 프로젝트를 시작하기 전에 상대방에게 추가로 받아야 할 정보 요청, (2) 현재 진행 중인 프로젝트 개수, (3) 신규 업무를 완료할 수 있다고 예상하는 일정도 포함해서 보내도록 한다.

이 메시지를 발신한 다음에는 나중에 잊지 않도록 확인 메시지에 명기한 완료 예상 일정을 프로젝트에 적어두도록 하자. 일정을 예상할 때는 현실적인 예측을 할 수 있도록 기존 프로젝트의 마감 예상 일정을 전부 확인해야 한다.

다음은 확인 메시지의 예시다.

안녕하세요, 하시니 씨,

오늘 오전에 나눴던 대화에 이어서 제가 우리 웹사이트 고객 항목 업데이트를 담당한다는 내용을 알리고자 연락드립니다. 먼저 작업을 시작하기 전에 새로운 항목에 어떤 요소가 필요하다고 생각하시는지 정리한 목록이 필요합니다(적절하다고 생각하는 다른 기업의 사이트를 알려주셔도 좋습니다). 현재 이 업무에 앞서 완료해야 하는 프로젝트가 11건 있습니다. 기존 프로젝트가 진행되는 상황으로 미루어 보건대, 이 요청 건을 완료하기까지는 필요한 정보를 전달받은 후로부터 약 4주가 소요될 예정입니다. 예상 기간이 바뀌는 경우, 곧장 알려드리도록 하겠습니다.

칼 뉴포트 드림

프로젝트가 지연되는 경우 예상 기간을 다시 추산해서 처음에 업무를 맡긴 사람에게 지연 사실을 알리도록 한다. 여기서 관건은 투명성이다. 진행 상황을 확실하게 밝히고, 약속을 변경해야 하는 경우에도 반드시 지키자. 손 놓고 있으면서 그냥 프로젝트가 잊히기를 바라서는 안 된다. 당신이 약속을 지킬 것이라고 신뢰하지 않으면, 동료들과 고객들이 계속해서 귀찮게 굴 것이다. 이 방법으로 성공을 거두고 싶다면 이를 명심해야 한다. 우리는 함께 일하는 사람들이 결과를 최대한 빨리 내는 것만 중요하게 생각한다고 믿곤 한다. 하지만 진실은 그렇지 않다. 대개는 일단 업무를 넘기고 나면 그 일이 제대로 끝날지 여부를 걱정할 필요가 없기를 바란다.

상대방이 당신을 믿는다면 당신이 자기 방식대로 일을 마칠 자유를 줄 것이다. 다시 말해 안정성이 속도를 이긴다.

접수 절차를 적절하게 수행했을 때 요청 철회로 이어지는 경우가 많다는 점도 부차적인 이득이다. 예를 들어 상사는 직원에게 즉흥적으로 아이디어를 던질 때가 많다. 하지만 이런 요청이 공식화되면 상사가 직원에게 더 많은 정보를 제공해야 하는 상황이 발생하고, 현재 당신이 담당하고 있는 업무량이 어느 정도인지 현실적으로 고려해 "다시 생각해보니 이 문제는 나중에 다시 논의하는 게 좋겠네요"라고 대답할지도 모른다. 때로는 아주 작은 마찰만으로도 마구 쏟아져 들어오는 업무 유입을 늦출 수 있다.

풀 시스템 시뮬레이션 3단계
: 목록 정리

일주일에 한 번씩 목록을 업데이트하고 정리해야 한다. 진행 목록에 생긴 빈칸을 새로운 업무를 끌어와 채우면서 다가오는 마감일도 확인해야 한다. 기한이 닥친 일을 우선적으로 처리하고 약속했던 기한까지 끝내지 못할 것 같은 업무가 있다면 그 사실을 알리도록 한다. 이런 정리 작업은 보류 목록에 오래 머무르고 있는 프로젝트를 제거할 좋은 계기가 되기도 한다. 예를 들어 같은 프로젝트를 계속해서 미루고 있다면 이는 당신이 그 일을 처리할 능력이 없거나 그 업무가 안전지대에서 벗어난 영역이라는 신호일 수 있다.

이런 경우라면 처음에 당신에게 프로젝트를 맡겼던 사람에게 그 업무에서 빼달라고 그냥 솔직하게 요청하는 방안을 고려하자.

제가 신규 고객 웹사이트를 맡겠다고 말하기는 했지만, 아시다시피 제가 그 업무를 누누이 미루고 있는 중입니다. 제 생각에는 우리가 이 일로 무엇을 이뤄나가려고 하는지 제가 제대로 몰라서 일이 이렇게 지연되는 것 같습니다. 반대하지 않으신다면 이 일에서 빠지고 싶습니다. 제가 보기에 이 목표를 제대로 진행시켜나가려면 웹개발팀에 협조를 요청해야 할 것 같습니다.

마지막으로, 목록을 정리할 때는 중복되거나 후속 개발로 더는 쓸모가 없어진 프로젝트가 있는지 살펴보자. 예를 들어 상사가 회사를 고용해 기업 웹사이트 전체를 처음부터 다시 설계하기로 결정했다면, 당신이 고객용 웹페이지를 업데이트하기로 한 업무는 할 필요가 없을 것이다. 이런 경우에는 필요가 없어진 프로젝트를 목록에서 삭제하자. 다만 그렇게 하기 전에 원래 업무를 요청했던 사람에게 짤막하게 경위를 알리도록 하자. 투명성을 유지하는 경우에만 풀 기반 업무 흐름을 시뮬레이션할 수 있다는 사실을 명심하자.

업무량을 줄인다

CHAPTER 4

자연스러운 속도로 일한다

슬로우 생산성의
두 번째 원칙

깨달음은 단번에 나타났다. 때는 2021년 여름이었고, 휴가를 맞이
한 나는 메인주 요크 항구에 있는 자그마한 임대 주택 바깥에 앉아
서 존 그리빈이 2002년에 발표한 기념비적인 역사서 『과학을 만
든 사람들』을 읽고 있었다. 이 책은 현대 과학계를 쌓아 올린 위대
한 이론가들과 실험가들의 전기를 압축해서 소개한다. 책을 읽으
면서 서로 모순되는 두 감상이 동시에 진실처럼 느껴졌다. 과거 시
대를 살아간 이 위대한 과학자들은 어떤 의미로 보더라도 분명히
'생산적'이었다. 누군가가 말 그대로 인간이 이해하는 우주를 바꿔

놓았다면 이를 달리 뭐라고 부르겠는가? 하지만 동시에 그들이 이런 중대한 발견을 이루기까지 애써 수고한 '속도'는 현대 기준에서 보면 한결같지 않고, 경우에 따라서는 느긋하게 보이기까지 한다.

예를 들어 행성의 운동에 관한 코페르니쿠스의 혁신적인 아이디어는 1496년에 나온 프톨레마이오스에 관한 새로운 해설에서 시작됐다. 이 책을 읽을 당시 코페르니쿠스는 스물세 살이었다. 하지만 코페르니쿠스는 1510년이 되어서야 자신의 이론을 작업 초안에 적어 지인들에게 돌렸다. 그 후로 더 많은 독자를 대상으로 걸작 『천체 회전에 관하여』를 내놓기까지는 30년이 더 걸렸다. 코페르니쿠스의 이론이 결국 받아들여지는 근거가 된 천체 관측 데이터를 신중하게 수집한 튀코 브라헤Tycho Brahe가 일하는 속도도 느리기는 마찬가지였다. 1577년 유럽의 밤하늘을 가로지른 밝은 혜성을 관측한 결과를 완전히 분석해 발표한 시기는 1588년이었다.

물리학의 출현 역시 느릿느릿했다. 갈릴레오가 1584년 혹은 1585년에 피사 대성당에서 샹들리에가 흔들리는 시간을 맥박으로 쟀다는 이야기는 유명하다. 하지만 진자 운동 법칙을 밝히게 된 후속 실험은 1602년이 되어서야 실시했다. 아이작 뉴턴은 1655년 여름에 케임브리지에 창궐한 흑사병을 피해 조용한 전원지대인 링컨셔로 간 다음에야 중력에 대해서 진지하게 생각하기 시작했다. 또한 1670년이 되어서야 역제곱 법칙을 제대로 이해한다고 느꼈고, 마침내 패러다임을 바꾸는 이론들을 발표하기까지는 그로

부터 15년 정도가 더 걸렸다.[7]

르네상스 시대 사람들만 이런 느긋한 속도로 일한 것은 아니었다. 1896년 여름, 마리 퀴리는 피치블렌드라고 하는 물질에 포함된 '방사능'(그 당시에는 퀴리가 제시한 신조어였다)에 관한 실험에 깊이 몰두하고 있었다. 퀴리는 피치블렌드에 아직 과학으로 밝히지 못한 새롭고 강력한 활성 원소가 들어 있다고 확신했다. 이는 중대한 일이었다. 이런 유형의 새로운 원소를 분리하고 보고하는 일은 경력을 결정짓고, 노벨상을 수상할 법한 발견이었다. 바로 이 순간, 이런 대단한 가능성이 펼쳐지려는 때에 마리 퀴리는 남편 피에르, 갓 태어난 딸과 함께 파리에 있는 검소한 아파트 문을 닫아걸고 프랑스 시골 마을로 갔다. 퀴리 부부의 딸인 이브 퀴리는 전기에서 그곳 생활에 관해 "부모님은 언덕을 오르고 동굴에 가고 강물에 몸을 담갔다"라고 밝혔다.

2021년 여름 메인주에 있는 동안에 나는 이런 감상을 정리해서 '속도와 생산성에 관하여 On Pace and Productivity'라는 제목으로 짧은 글을 썼다. 이 글에서 나는 생산성을 이해하고자 할 때 '기간이 중요'하다는 의견을 내놓았다. 며칠이나 몇 주 같은 단기간으로 보면 코페르니쿠스와 뉴턴처럼 역사적으로 중요한 사상가들이 기울인 노력이 제멋대로에다가 게으르게 보일 수 있다. 하지만 장기간에 걸쳐서 보면 그들의 노력이 문득 부인하기 어려울 만큼 대단한 결실을 내놓은 듯 보인다. 마리 퀴리가 7년 후 스톡홀름에서 첫 번째 노벨상을 받고자 무대 위로 올랐을 때 1896년에 시골에서 보냈던 휴가는 머릿속에서 지워진 지 오래였다.

메인주에서 처음으로 깨달음을 얻었던 때 이후로 나는 일을 하면서 노력을 기울이는 경험에 속도가 영향을 미치는 방식에 관한 이론을 계속해서 다듬어나갔다. 현대의 업무 환경에서 우리는 노력을 단기간으로 평가하는 데 치우쳐 있다. 놀라운 일은 아니다. 이 책의 1부에서 지적했듯이, 20세기에 지식 노동이 주요 경제 부문으로 부상하면서 우리는 이 모든 새로움이 주는 충격에 공업 부문 특유의 서두르는 생산성 개념을 적용해서 대응했다. 하지만 존 그리빈이 지적하듯이 이것이 업무 속도 조정에 대해 생각할 수 있는 유일한 방법은 아니다.

과거의 위대한 과학자들이 보기에 성급한 현대인의 모습은 정신 사납고 오히려 문제를 키우는 것처럼 느껴질 것이다. 그들은 특정한 단기간이 아니라 평생에 걸쳐서 자신이 만들어낸 성과에 관심을 가졌다. 감시하는 상사나 이메일 답변을 독촉하는 고객이 없었던 그들은 매일같이 최대한 바쁘게 보내야 한다는 압박감을 느끼지 않았다. 오히려 프로젝트에 오랜 시간을 들이고 상황에 따라서 좀 더 느긋하게 일하는 속도를 조정할 수 있었다. 여름 내내 시골로 떠나서 깊이 생각하고 충전하겠다는 결정을 내린 사람은 퀴리뿐만이 아니었다. 갈릴레오는 파도바 근처 시골에 있는 친구 소유의 별장에 즐겨 방문했다. 일단 그곳에 가면 언덕을 오랫동안 산책하고 근처 동굴에서 찬 공기를 끌어오는 관로를 설치한 기발한 냉방장치를 갖춘 방에서 잠을 잤다.[8] 뉴턴 역시 유명한 사과나무가 있었던 링컨셔에 오랫동안 머물렀다.

무엇보다도 이런 과거의 과학자들은 자신들이 일에 기울이는 노력을 도구주의 관점이 아니라 철학적 관점에서 보는 경향을 나타냈다. 코페르니쿠스 시대 이래로 진지한 사상가라면 누구나 잘 알고 있을 책인 『니코마코스 윤리학』에서 아리스토텔레스는 관조를 모든 활동 중에서 가장 인간적이며 가치 있는 행위라고 했다. 이 논리에 따르면 과학자의 평소 생활방식은 그 순간에 어떤 업적을 이뤘든지 간에 그 자체로 가치가 있다고 할 수 있다. 일 그 자체가 보상을 제공했으므로 서둘러서 얻을 수 있는 가치는 거의 없다. 이런 사고방식은 일하면서 기울이는 노력을 잠재력을 꽃피우는 존재가 되기 위해 갖춰야 할 여러 요소 중 하나로 꼽는 르네상스식 이해와 상통한다. 그리빈은 "갈릴레오는 이 모든 업적을 이루면서도 풍요로운 사생활을 누렸다. 그는 문학과 시를 배웠고 자주 극장에 갔으며 류트도 수준급으로 연주했다"라고 설명한다.

슬로우 생산성의 두 번째 원칙은 이런 유명 과학자들이 대단한 일을 하고 있었다고 주장한다. 매시간, 매일, 매달 쉴 새 없이 고되게 일하며 기진맥진하는 경향은 사실 우리가 인식하는 것보다 더 자의적이다. 물론 상사나 고객이 요구를 하기는 하지만 그들이 항상 우리에게 일과를 어떻게 보낼지 일일이 지시하지는 않는다. 사실 우리가 스스로 느끼는 불안이 가혹한 업무 지시자 역할을 담당할 때가 많다. 조마조마하게 바빠서 멍할 정도로 기진맥진한 상태에서 벗어나는 데 근본적인 불안을 느끼는 탓에 지나치게 야심 찬 일정과 적절히 관리하지 못한 업무량에 시달린다.

이 과학자들의 예를 보며 우리는 중요한 일에 좀 더 여유를 두면서, 더 오랫동안 진행하고 시간의 경과에 따라 집중하는 수준을 조절하며 일을 해나갈 수 있도록 업무 일정을 정하는 대안적 접근법이 필요하다는 사실을 깨닫는다. 이런 접근법은 지속 가능하고 인도적일 뿐만 아니라 중요한 결과를 내놓기에 더 바람직한 장기 전략이기도 하다. 16세기를 살아간 갈릴레오의 직업 생활은 21세기를 살아가는 평범한 지식 노동자의 직업 생활보다 더 여유롭고 느긋했다. 그런데도 갈릴레오는 인류 지식 역사의 흐름을 바꿔놓았다.

슬로우 생산성의 두 번째 원칙은 이런 아이디어들을 요약해서 담아낸 실용적인 원칙이다.

— **원칙 #2: 자연스러운 속도로 일한다**
가장 중요한 일을 서둘러 하지 말자. 탁월함을 이끌어낼 수 있는 환경에서 집중도를 조절하며 지속 가능한 일정에 따라 추진하도록 하자.

지금부터는 좀 더 차분한 속도로 일하는 방식이 어째서 바람직한지 살펴볼 것이다. 위대한 과학자들이 다들 심사숙고하면서 일하게 된 데는 그럴 만한 이유가 있다. 이런 방식은 현대인의 업무 일과를 규정하는 판에 박은 듯한 분주함보다 훨씬 더 자연스럽다. 그다음에는 이 두 번째 원칙을 직업 생활에서 구체적으로 어떻게 실천할 수 있을지 알려주는 제안들을 소개할 것이다. 이 과정에서 똑똑한 일정 관리 휴리스틱과 과학자들이 보냈던 조용한 시간을 시뮬레이션하는 법을 자세히 살펴본다. 하지만 이런 구체적인 제안보다 중요한 점은 이번 장에서 다루는 좀 더 포괄적인 메시지다. 슬로우 생산성은 항상 바쁘게 일하는 데 따르는 성과 보상을 단호하게 거부한다. 해야 할 일은 언제나 많기 마련이다. 우리는 일이 보람찬 인생을 가로막는 장애물이 아니라 그 일부가 되도록 하는 데 필요한 여유와 존중을 갖춰야 한다.

지식 노동자는 왜
자연스러운 속도를 되찾아야 할까?

1963년 가을, 리처드 리^{Richard Lee}라는 진취적인 젊은 인류학자는 남아프리카에 있는 칼라하리사막 북서부의 도베 지역으로 갔다. 방문 목적은 주호안시^{Ju/'hoansi}라는 부족 공동체에서 생활하는 것이었다. 주호안시족은 약 460명으로 이뤄져 있었고 서로 독립된 집단 14개로 나뉘어 살았다. 칼라하리사막 중 이 지역은 반건조 기후로 2년에서 3년마다 가뭄에 시달렸던 터라 리는 이 지역을 가리켜 "인간이 거주할 수 있는 최저한의 환경"이라고 표현했다. 거주조건이 가혹했으므로 주호안시족이 사는 영역은 농업과 목축업에 바람직하지 않았고, 주호안시 공동체는 20세기까지도 비교적 고립된 상태로 살아갈 수 있었다.

나중에 리가 설명했듯이 주호안시족이 세상과 완전히 단절된 채 살아간 것은 아니었다. 예를 들어 리가 그곳에 갔을 때 주호안시족은 이웃인 츠와나의 목축업자들과 거래를 하고 있었고 식민지를 순찰 중인 유럽인들과 마주치기도 했다. 하지만 지역 경제와 광범위하게 접촉하는 일은 없었으므로 주호안시족은 여전히 주로 수렵과 채집에 의존해 생활을 꾸려나갔다. 당시에는 농업이 주는 안정성과 풍요로움에 의존하지 않고 식량을 구한다는 것은 위험하고 혹독한 일이라는 의견이 일반적이었다. 리는 이 믿음이 사실인지 밝히고 싶었다.

현대인과 대체로 비슷한 모습을 갖춘 인류는 대략 30만 년 전에 지구상에 출현했다. 이토록 기나긴 세월 중 마지막 1만 년 정도를 제외하면 인류는 계속해서 반유목 생활을 하는 수렵채집인으로 살았다. 이 기간은 자연선택이라는 끈질긴 논리가 인간의 신체와 뇌를 수렵채집을 중심으로 '노동'하는 생존 방식에 맞출 정도로 오랜 시간이었다. 따라서 현대 사무실 생활의 문제점이 무엇인지 찾고자 한다면, 현대인의 노동 일과가 선사시대 조상들이 진화하면서 기대했던 바와 어떤 부분에서 가장 다른지 파악하는 데서 시작할 필요가 있다.

이 접근법의 문제는 당연하게도 살아남아 있는 선사시대 인류가 없고 고고학적 발굴로 밝힌 내용으로는 이 과거 시대 현실을 단편적으로 어렴풋하게 들여다볼 수 있을 뿐이라는 점이다. 다행히도 리처드 리의 선구적인 연구를 바탕으로 발전한 현대 인류학은 이 문제를 다소나마 해결할 수 있는 대책을 밝혔다. 바로 점점 줄어들고 있기는 하지만 지금도 주로 수렵채집에 의존해 식량을 구하는 현존 공동체를 주의 깊게 연구하는 방법이다. 리 같은 연구자들이 강조하듯이 이렇게 현존하는 수렵채집 공동체는 고대 시대부터 살아남은 종족이 아니라 현대 세계를 살아가고 현대 세계와 이어진 현대인들이다. 하지만 이런 사례를 통해서 우리는 수렵채집을 생존의 주요 수단으로 삼는 일상 현실을 좀 더 온전하게 이해할 수 있다. 다시 말해 인류가 지구상에 출현한 이래로 대부분의 기간 동안 '노동'이 무엇을 의미했는지 좀 더 자세하게 들여다볼 수 있다.

1963년 가을부터 1965년 초겨울에 걸쳐 15개월 동안 현장 연구를 실시한 후 리는 결과를 세상에 공개할 준비를 마쳤다. 오랫동안 함께 일한 협력자 어빈 드보어^{Irven DeVore}와 같이 연구한 끝에 리는 이듬해 봄 시카고에서 주목을 끄는 학회를 기획했다. '사냥꾼 인간^{Man the Hunter}'이라는 제목으로 열린 이 학회는 인류학계에 '인류 발달에 있어 대단히 중요한 단계, 한때 인류의 보편적인 생활양식인 수렵을 집중적으로 다룬 최초의 연구'를 내놓겠다고 공언했다. 이런 행사가 열린다는 소문이 어찌나 떠들썩했던지, 저명한 프랑스 인류학자 클로드 레비스트로스^{Claude Lévi-Strauss}가 여기에 참석하고자 미국을 찾았을 정도였다.

리는 주호안시족과 함께 시간을 보낸 결과를 담은 논문으로 관심을 독차지했다. 논문은 수렵채집 생활이 "일반적으로 생존하기 위한 불안정하고 고된 싸움"이라는 일반적 가정으로 시작한 다음, 이 생각을 반박할 데이터를 체계적으로 제시한다. 리가 연구했던 공동체는 보츠와나에서 역사상 손꼽히는 최악의 가뭄이 발행한 시기에도 하루에 2,000칼로리 이상을 섭취하는 등 충분한 영양을 공급받았다. 마찬가지로 주호안시족이 주변 지역 농업인보다 더 적게 일하는 것처럼 보인다는 관찰도 흥미로웠다. 리가 수집한 데이터에 따르면, 그가 연구한 성인들은 식량을 조달하는 데 평균적으로 일주일에 스무 시간 정도를 썼고, 다른 자질구레한 일을 하는 데 추가로 스무 시간을 사용했다. 따라서 여가 시간이 충분했다.

리가 요약하듯이, 이런 현대 수렵채집인을 관찰한 결과를 바탕으로 고대 인류가 노동과 어떤 관계를 맺었는지 충분히 추측할 수 있다.

도베 지역에 거주하는 부시먼족은 예전에 부시먼 종족이 살았던 범위 중에서 가장 생산성이 낮은 지역에서 살아가고 있지만 현재 야생 식물과 육류를 먹으면서 건강하게 살고 있다. 과거에 이런 수렵채집인들은 이보다 더 충실한 생활 기반을 누렸을 가능성도 있다.

예상했던 대로 수렵채집 생활양식을 다룬 이 초기 연구는 나중에 상당한 비판을 받았다. 예를 들어 리가 사용한 시간일지 데이터 수집 방법은 지나치게 부정확했고, 그가 관련 활동을 전부 '노동'으로 정확하게 처리했는지를 두고 논의가 있었다. 하지만 현대 수렵채집 공동체를 연구함으로써 고대 경제에 대해 배울 수 있다는 발상 자체는 대단한 영향력을 발휘했다.

현재 케임브리지대학교 진화인류학과 조교수로 재임 중인 마크 다이블Mark Dyble이 이끄는 연구팀에서 훨씬 더 최근에 내놓은 연구에서는 리가 수집하고자 했던 유형의 데이터를 좀 더 세련된 형태로 찾아볼 수 있다. 2019년 학술지《네이처 인간행동Nature Human Behaviour》에 실린 획기적인 논문에서 밝혔듯이, 다이블 연구팀은 리가 실시한 일반 연구를 재현하되, 한층 발전한 방법을 사용했다. 연구팀은 필리핀 북부에 거주하는 아이타Agta라는 부족을 관찰했다. 이 부족은 일부는 여전히 수렵채취에 주로 의존하고 있으나 일부는 최근에 벼농사로 옮겨 가서 서로 다른 식량 획득 방식을 비교하기에 아주 적합한 공동체였다. 두 집단은 같은 문화와 환경을 공유하고 있어서 두 식량 획득 전략이 서로 어떻게 다른지 명확하게 비교할 수 있었다. 다이블 연구팀은 리가 사용했던 시간일지 접근법을 변경했다. 리는 관찰 대상들이 하는 모든 활동을 포착하고자 했다(이는 대단히 어려운 일이었다). 반면에 다이블 연구팀은 연구자들이 임의로 생성한 간격으로 관찰 대상이 정확히 그 순간에 무엇을 하고 있는지 기록하는 좀 더 현대적인 경험 표본 추출 방식을 사용했다. 목표는 농업인과 수렵채취인 집단 각각이 여가와 노동 활동에 할애하는 표본의 상대적 비율을 계산하는 것이었다.

내가 연구 결과를 요약해달라고 요청했을 때 다이블은 "수렵채집 활동만 하는 집단은 낮 시간 중 40퍼센트에서 50퍼센트를 여가로 보낸 반면에 농업에만 종사하는 집단은 30퍼센트 정도만 여가로 보냈습니다"라고 말했다. 다이블 연구팀이 수집한 데이터는 수렵채집인들이 농업인보다 더 많은 여가 시간을 누린다는 리의 주장을 뒷받침하지만, 리가 주장했던 것만큼 극단적이지는 않았다. 하지만 이와 더불어 높은 수준의 숫자만으로는 알 수 없는 중요한 관찰 내용이 있었다. 바로 하루 중 여가 시간이 '분포'된 방식이다. 다이블이 설명했듯이 농업인은 '단조롭고 지속적인 노동'에 종사했던 반면, 수렵채집인의 일정은 일하는 틈틈이 길게 휴식할 수 있는 좀 더 다양한 형태로 나타났다. 다이블은 "사냥을 떠나면 숲을 가로질러서 오랫동안 걸어야 하니까 온종일 밖에 있게 되지만, 휴식은 취합니다. 낚시 같은 활동을 하면 짧은 시간 집중해야 하는 때가 있고, 긴장이 고조되다가 풀리다가 하죠. 전체 시간 중에서 실제로 낚시에 쓰는 시간은 아주 적습니다"라고 말했다.

이 책의 목적과 관련해 다이블 연구에서 얻은 중요한 관찰점은 수렵채집인의 노동이 들쑥날쑥한 속성을 지닌다는 점이다. 서둘러 낚시 여행에 나선 와중에도 한낮에 입질이 잠잠하면 배 위에서 길게 낮잠을 즐길 수 있다. 고된 사냥 여행이 끝난 다음에는 거의 아무 일도 하지 않으면서 비가 그치기를 기다려야 할 수도 있다. 반면에 쌀농사를 짓는 아이타족은 모내기철이나 추수철이면 해가 뜰 무렵부터 해 질 녘까지 쉬지 않고 일했다. 다이블은 이런 농사일이 수렵채집을 하는 동족의 활동과 비교했을 때 '단조롭다'라고 느꼈다. 수렵채집과 농경을 나란히 비교한 이 연구는 비교적 최근에 인류가 경험하는 노동이 얼마나 급격하게 바뀌었는지 분명히 보여준다. 수렵채집에서 농경으로 이행한 신석기 혁명은 대략 1만 2,000년 전 무렵이 되어서야 속도를 내기 시작했다. 로마제국 시대에 이르렀을 때 수렵채집은 인류 역사에서 거의 다 사라졌다. 이처럼 농경으로 방향을 전환하면서 인류 대부분은 쌀농사를 짓는 아이타족과 비슷한 상태에 빠져 새로운 일을 붙들고 씨름하게 됐다. 바로 매일같이 온종일 비슷비슷한 노동을 계속해서 하는 단조로운 일이었다.

　이런 전환 과정에서 그나마 다행한 한 가지가 농경이 1년 내내 똑같은 수준으로 고생해야 하는 일은 아니라는 사실이었다. 작물 파종과 추수로 바쁜 시절이 지나고 나면 한가한 겨울철이 찾아왔다. 인류는 곧 이런 농번기와 농한기가 반복되는 흐름을 구조화하고 이해하는 의식을 만들어냈다. 추수제는 매년 가을에 작물을 수확하느라 쏟아부어야 하는 중노동을 격려하는 의식이고, 공들인 겨울 축제는 가을에 이어 찾아오는 할 일 없는 음울한 계절에 의미를 부여할 수 있도록 도와준다. 예를 들어 고대 게르만족은 크리스마스 무렵에 여러 날에 걸쳐 축제를 열어 밝게 타오르는 모닥불 주변에 제물을 마련하고 죽은 조상을 기리면서 1년 중 낮이 가장 짧은 날들을 그저 견뎌야 하는 시기 이상의 시간으로 바꿔놓았다.

　산업혁명은 이처럼 우리가 노동을 하면서 누릴 수 있었던 변화의 마지막 흔적까지 없앴다. 동력을 이용하는 제분소에 이어 공장이 등장하면서 매일이 수확하는 날이 됐고, 결코 변하지 않는 단조로운 노동이 끊임없이 이어졌다. 계절 변화와 의미를 부여하는 의식은 사라졌다. 카를 마르크스는 결점도 있고 도를 넘은 부분도 있었지만 '소외 Entfremdung' 이론으로 심오한 발견을 했다. 소외 이론은 산업 체제 탓에 인간들이 고유한 본성에서 멀어진다고 주장했다. 노동자들은 결국 필연적으로 이런 음울한 상황에 맞서 반격했다. 그들은 미국 의회가 1938년에 의결한 공정노동기준법 같은 개혁 법안을 추진했다. 이 법안은 주 40시간 노동을 기준 시간으로 설정해, 수당을 지불하지 않고 단조로운 노동에 종사하도록 강제할 수 있는 일과 시간을 제한했다. 또한 산업화에 따른 비인간적인 측면에 대항하고자 노동조합을 결성할 수 있도록 했다. 인간의 본성에서 멀어지는 활동으로 하루하루를 보낸다면 가능한 한 자신이 정한 방식대로 해야 한다고 주장했다.

그 이후로 지식 노동이 주요 경제 부문으로 등장했다. 1부에서 살펴봤듯이 관리자 계급은 지식 노동 업무의 자율성과 다양성을 어떻게 다뤄야 할지 잘 몰랐다. 이에 임시방편으로 내놓은 대책이 눈에 보이는 활동을 유용성을 가늠하는 대용물로 사용하는 유사 생산성이었다. 이런 새로운 환경에서 우리는 또다시 뒷걸음질 쳤다. 공업 부문에 종사할 때와 마찬가지로 계절이 바뀌어도 매일같이 온종일 계속해서 일했고, 조금이라도 차이가 생기면 비생산적으로 받아들여졌다. 하지만 공업 부문과 달리, 우리가 스스로 건설한 이 '보이지 않는 공장'에서는 이런 구조에서 가장 진이 빠지는 측면을 찾아내고 이를 제한하고자 투쟁할 개혁 법률이나 노동조합이 없었다. 지식 노동은 제멋대로 우리 존재를 억압했다. 퇴근 후 시간부터 주말, 휴가에 이르기까지 우리가 감당할 수 있는 최대한의 시간을 착취했고, 결국 감당할 수 없게 됐을 때 남은 선택지는 소진 증후군, 좌천, 사직 정도였다. 이제 우리는 인류가 탄생한 이래로 28만 년간 지배적이었던 노동 리듬에서 완전히 소외됐다.

하지만 이렇게 기진맥진한 상태 이면에 더 나은 미래가 다가올 조짐이 숨어 있다. 작물을 수확할 때나 조립라인에서 일할 때는 온종일 단조로운 노동을 피할 수 없다. 기껏해야 그런 힘든 노동의 영향을 의식이나 법률로 달랠 수 있을 뿐이다. 하지만 지식 노동에서도 이런 끊임없는 중노동을 정말로 피할 수 없는지는 확실하지 않다. 우리가 매일 온종일 유사생산성 요구를 충족하고자 고되게 일하는 이유는 숙련된 인지 노동에 그런 끊임없는 주의력이 필요하기 때문이 아니다. 오히려 이런 고된 업무 리듬이 효율성을 떨어뜨린다는 믿을 만한 증거가 있다. 이번 장 첫머리에서 소개했던 과학자들은 그들의 독특한 지위에 따르는 자유를 누리며 현대 사무직 노동자들보다 수렵채집을 하는 아이타족과 더 비슷한 들쑥날쑥한 리듬으로 일했다. 원하는 방식대로 자유롭게 일했던 이 전통적 지식 노동자들은 당연하게도 인간 본연의 모습에 가까운 좀 더 불규칙적인 노동 리듬으로 돌아왔다.

이런 측면에서 보면 슬로우 생산성의 두 번째 원칙이 타당한 이유를 알 수 있다. 쉴 새 없이 집중해서 일하기란 인위적이고 지속 불가능하다. 그 순간에는 얼핏 유용하다는 느낌이 들 수도 있겠지만, 오랜 시간 지속하다 보면 우리가 타고난 본성에서 멀어지고 비참함에 빠진다. 철저히 경제적인 관점에서만 보더라도 우리가 지닌 능력을 최대한 발휘하는 데 방해가 된다. 좀 더 자연스럽고 천천히, 리듬을 바꿔가면서 일하는 방식이야말로 장기적으로 진짜 생산성을 발휘하는 기반이다. 지금부터는 현재 우리가 처한 업무 상황에 그런 변화를 불어넣을 수 있는 방법을 알려줄 제안을 살펴볼 것이다. 현대인은 대부분 마리 퀴리처럼 머리를 비우겠다고 몇 달 동안 휴가를 떠나기가 어렵다. 하지만 현대 지식산업 부문에 속한 업무 대부분에 따르는 자율성과 모호함을 주의 깊게 활용한다면, 자신에게 업무 속도를 훨씬 더 인간답게 바꿀 수 있는 힘이 있다는 사실에 아마 깜짝 놀라게 될 것이다.

여유를
가지자

린마누엘 미란다^{Lin-Manuel Miranda}는 웨슬리언대학교 2학년일 때 뮤지컬 〈인 더 하이츠^{In the Heights}〉의 초고를 썼다. 나중에 토니상에서 여러 부문에 걸쳐 수상을 하게 되는 이 뮤지컬의 초연은 2000년 봄, 캠퍼스 극장에서 있었다. 그때 미란다는 스무 살이었다. 이렇게 아주 이른 나이에 재능을 발휘한 미란다의 이야기는 전설로 전해져, 세대를 초월한 재능이 어떤 식으로 처음 세상에 드러났는지 보여준다. 하지만 이 이야기에는 이 작품이 초연된 이후부터 브로드웨이에서 당당하게 데뷔하기까지 8년 동안 어떤 일이 일어났는지가 빠져 있다.

미란다가 2000년에 무대에 올렸던 1막짜리 뮤지컬은 리처드 로저스 시어터에서 두 시간 반에 걸쳐 활기찬 음악과 안무를 선보인 최종 결과물과는 완전히 달랐다. 2015년 리베카 미드^{Rebecca Mead}가《뉴요커》프로파일 기사에서 언급했듯이, 미란다가 학부 시절에 무대에 올린〈인 더 하이츠〉는 뻔한 삼각관계 사랑에 초점을 맞춘 '진부한' 이야기였다. 또래 관객들은 스무 살짜리가 내놓은 무대에 별다른 호응을 하지 않았다. 나중에 미란다가 마크 마론^{Marc Maron}과 나눴던 인터뷰에서 밝혔듯이 웨슬리언대학교는 실험적인 연극에 좀 더 관심을 보이는 분위기였다. 전통 뮤지컬 제작에 관심을 가졌던 미란다는 친구들과 종종 대립하곤 했다. 그는 "웨슬리언에서 뮤지컬을 무대에 올리기란 아주 힘겨운 일이었습니다"라고 말했다. 미란다는 힙합 뮤지컬을 제쳐두고 그 대신에 졸업 작품인〈온 바로드 타임^{On Borrowed Time}〉으로 관심을 돌렸지만 이 작품은 결국 관심을 받지 못했다. 졸업 후 미란다는 임시 교사로 취직했고, 아버지는 그에게 법학대학원에 진학하라고 권했다.

하지만 모두가〈인 더 하이츠〉를 무시한 것은 아니었다. 대본은 대학교 2학년생이 쓸 법한 미적지근한 내용이었지만 음악은 특별했다. 미란다는 "라틴 음악과 힙합을 섞은 조합은 강력했죠. 그 리듬은 뭔가 특별했어요"라며 당시를 회상했다. 웨슬리언대학교에서 미란다보다 2학년 선배였던 토머스 카일^{Thomas Kail}은〈인 더 하이츠〉를 기억했다. 미란다가 졸업한 직후에 두 사람은 이 뮤지컬의 잠재력에 대해 논의하기 시작했다. 미란다는 카일과 함께 음악과 대본을 고쳐 쓰기 시작했고, 카일은 제작 초기에 비공식적으로 연출을 맡았다. 이 두 사람은 곧 뉴욕시에서 백하우스 프로덕션이라는 극단을 공동으로 설립한 웨슬리언 동문 존 버펄로 메일러[John Buffalo Mailer], 닐 스튜어트[Neil Stewart]와 연이 닿았다. 그들은 미란다가 고쳐 쓰고 있는 뮤지컬 리딩 공연(정식 공연을 무대에 올리기 전에 최소한의 연출로 대본을 읽는 공연.—옮긴이)을 개최하기 시작했다.

이렇게 소소한 리딩 공연을 반복하며 재빠르게 피드백을 받고 이를 반영하는 과정에서 미란다는 고유한 음악 색채를 찾아나갔다. 하지만 대본은 여전히 평범하게 느껴졌다. 미란다와 카일은 이 문제를 해결하고자 재능 있는 젊은 극작가 키아라 알레그리아 후디스[Quiara Alegría Hudes]를 프로젝트에 합류시켰다. 후디스는 2012년에 퓰리처상을 수상하게 된다. 2004년 가을, 그들은 코네티컷주 워터포드에 있는 유진 오닐 시어터 센터에서 운영하는 프로그램인 미국음악극학회[National Music Theater Conference]에 〈인 더 하이츠〉를 출품했다. 미국음악극학회는 새로운 뮤지컬 제작을 지원하는 프로그램이었다. 〈인 더 하이츠〉가 여기에 선발되면서 음악 감독으로 알렉스 라카모어[Alex Lacamoire]가 합류했고, 제작팀은 코네티컷으로 옮겨 와 좀 더 발전된 작품을 만들어내는 데 전념했다.

이 무렵부터 상황이 〈인 더 하이츠〉에 유리하게 맞아 들어가기 시작했다. 후디스는 등장인물 구상을 단순화하고, 강조점을 극의 무대가 된 워싱턴하이츠 지역의 음악 행사로 옮겼다. 카일은 "오닐 시어터에서 공연을 본 후에 이 사랑 이야기의 중심이 동네라는 사실을 깨달았습니다"라고 설명했다. 코네티컷에서 열린 이 공연은 거물 브로드웨이 프로듀서들의 주목을 끌었고, 이와 더불어 실질적인 재정 지원도 따랐다. 하지만 무대를 유료 관객에게 선보일 준비를 마치기까지는 아직 할 일이 많이 남아 있었다. 〈인 더 하이츠〉는 2007년에야 프로 무대에 데뷔했다. 이는 미란다가 카일과 함께 이 뮤지컬 창작에 진지하게 착수한 지 5년 만이고, 웨슬리언대학교에서 초연한 지 7년 만이었다. 브로드웨이로 진출하고 미란다가 토니상을 수상하기까지는 1년이 더 걸렸다.[9]

린마누엘 미란다의 이야기를 보면 앞에서 살펴봤던 위대한 과학자들의 삶에서 발견한 일반적인 패턴이 명확하게 드러난다. 바로 미란다가 여유를 가졌다는 점이다. 그는 〈인 더 하이츠〉를 초연한 이후로 7년에 걸쳐 천천히 이 작품을 발전시켜나갔다. 이 기간을 거치는 동안에 미란다가 〈인 더 하이츠〉에 온전히 집중했던 시기도 분명히 있었다. 하지만 다른 일을 하면서 보낸 때도 많았다. 7년 동안 미란다는 임시 교사로 일하면서 《맨해튼 타임스Manhattan Times》에 칼럼과 음식점 후기를 썼다. '프리스타일 러브 슈프림'이라는 음악 그룹을 만들어서 즉흥 코미디와 랩을 하는 멤버들과 함께 세계 투어를 돌았다. 웨슬리언대학교에서 만났던 스티븐 손드하임Stephen Sondheim을 도와 브로드웨이에서 재공연하는 〈웨스트 사이드 스토리West Side Story〉의 가사를 스페인어로 번역하기도 했다.

　유사생산성을 중요하게 여기는 사고방식은 가장 중요한 목표를 달성하는 데 쓰지 않은 시간은 낭비한 시간으로 보기 때문에 다른 중요한 프로젝트에 쓰는 노력을 마뜩잖아한다. 이렇게 조급한 철학을 진심으로 신봉하는 사람은 2000년대 초반에 미란다가 프리스타일 러브 슈프림과 함께 프리스타일 랩을 하고 작은 신문에 칼럼을 쓰는 일을 하며 에너지를 불태우는 모습을 보면서 뛰어난 재능을 낭비한다고 불만을 느꼈을 것이다. 반면에 슬로우 생산성을 중요하게 여기는 사고방식은 느긋한 속도에서 장점을 찾아낸다. 자주 처음부터 다시 시작하다 보면 작업에 창의성을 더하는 데 도움이 된다. 이는 미란다가 〈인 더 하이츠〉를 들쭉날쭉하지만 끈질기게 발전시켜나가는 과정에서 활용한 효과이기도 하다. 또한 창작가로서나 인간으로서나 탐구하고 성장할 수 있는 계기가 되기도 했다. 대학교 2학년생 미란다는 뮤지컬을 브로드웨이 수준으로 제작해내는 데 필요한 자신감이나 경험, 흥미를 갖추지 못했다. 위대한 재능을 완전히 드러낼 수 있기까지는 충분한 시간이 필요했다.

　슬로우 생산성의 두 번째 원칙은 좀 더 자연스러운 속도로 일에 접근하라고 말한다. 여유를 가지라는 제안은 이 목표를 달성하기 위한 아이디어 세 가지 중 첫 번째에 해당한다. 린마누엘 미란다가 이끄는 대로 따라가면서 중요한 프로젝트를 마음 편히 여유롭게 진행하자. 물론 이 요청에는 우려가 따른다. 미란다가 보여준 느리지만 꾸준한 창작 활동과 마냥 미루는 습관 사이의 격차는 걱정스러울 정도로 좁다. 나노라이모^{National Novel Writing Month}(매년 11월 한 달 동안 5만 단어의 원고를 쓰는 창작 집필 행사.—옮긴이)라는 행사가 추구하는 정신없이 빠른 속도가 그토록 인기 있는 비결이 여기에 있다. 처음에 느꼈던 열의가 사라지고 나서도 자신이 힘든 프로젝트를 계속해서 이어나갈 것이라고 장담하는 사람은 별로 없기 때문이다. 다음에 이어지는 구체적인 조언들은 이런 우려를 보완하기 위해 구상한 것이다. 이 조언들은 지금 당장 해야 할 일이 항상 더 있다는 정신없는 느낌을 피하면서도 중요한 일을 해내려는 추진력을 유지하도록 이끌어 여유를 확보하려는 시도에 체계를 잡아줄 것이다.

5년짜리
계획을 세우자

사람들은 대부분 장기 계획을 세울 때 앞으로 몇 개월 정도를 염두에 둔다. 예를 들어 가을이 끝나기 전에 학술 논문을 써서 제출한다거나 여름 동안에 신제품을 발표하는 목표를 세운다. 이런 규모의 계획을 세우지 않으면 사소한 요구들에 빠져 지내다가 중요한 일은 하나도 제대로 진행할 수 없게 되므로 이 역시 분명히 필요하다. 하지만 이보다 더 큰 규모, 즉 앞으로 5년 정도의 기간 동안 성취하려는 일을 대상으로 하는 계획 역시 세우는 것이 바람직하다. 5년이라는 구체적인 기간은 다소 임의적인 선택이다. 자신이 처한 현재 상황에 맞게 이 기간을 조정할 수 있다. 예를 들어 4년짜리 학위 과정을 막 시작한 경우라면 4년짜리 계획이 더 합리적일 수도 있다. 다만 이 제안의 핵심은 적어도 그 기간이 몇 년은 되어야 한다는 점이다.

좀 더 와닿기 쉽게 설명하기 위해 내가 세웠던 계획을 예로 들어보자. MIT에서 컴퓨터공학 박사과정을 시작하기 직전에 나는 랜덤하우스 출판사에 내가 쓴 첫 번째 책의 원고를 보냈다. 나는 학계에서 경력을 쌓으면서 책도 쓰고 싶었지만, 당장 MIT에 다니면서 받을 압박감을 그냥 방치하면 이 목표에서 멀어질 것이라고 생각했다. 이런 사태에 대비해 앞으로 5년을 어떻게 살아가고 싶은지 구체적으로 그려봤다. 나는 대학원에 다니면서 계속해서 책을 출간할 방법을 찾아보기로 했다. 스트레스와 불확실한 상황에 시달리더라도 책을 여러 권 발표하고 자리를 잡은 작가로서 MIT를 졸업하고 싶었다.

이렇게 장기 계획을 세운 덕분에 나는 책을 쓰겠다는 목표로 계속해서 돌아갈 수 있었다. 동시에 이 계획은 당장 눈에 보이는 진척이 없을 때에도 편안한 기분을 느끼는 데 필요한 숨 돌릴 공간도 제공했다. 다년간에 걸쳐서 계획을 세웠기 때문에 학업에 치여서 글을 쓸 여유가 거의 없는 바쁜 시기도 견딜 수 있었다. 또한 책을 한 권 쓰고 나서 다음번에는 무엇을 쓰고 싶은지 생각하는 긴 중간 휴식 기간도 견디게 해주었다. 예를 들어 두 번째 책을 쓰고 세 번째 책을 쓰기까지 4년 동안에 나는 블로그를 운영하고 프리랜서 기고 일을 하면서 새로운 스타일을 실험했다. 학생들을 대상으로 조언하는 안내서를 성공적으로 써낸 나는 지금까지 해보지 않았던 좀 더 진지한 아이디어를 담은 책을 집필할 기초를 마련하고자 천천히 신중하게 노력하고 있었다. 나는 장기 계획을 세운 덕분에 작가로서 천천히 성장해나가는 이 과정을 받아들일 수 있었다. 포기했다는 기분을 느끼지 않고 탐색할 수 있었다. 졸업하기 전에 책을 여러 권 쓰고 싶었지만 이 목적지에 도달하기까지는 구불구불한 길을 많이 지나야 했다.

계획을 '더 많이' 세울수록 속도를 늦추는 데 도움이 된다는 생각은 역설적으로 느껴질 수도 있다. 그 비법은 바로 이 전략이 생산성을 평가하는 시간 단위를 확장한다는 데 있다. 린마누엘 미란다는 웨슬리언대학교를 졸업한 직후 몇 년 동안 〈인 더 하이츠〉를 고쳐나가는 데 끊임없는 노력을 기울이지는 않았다. 하지만 그 작품이 주목을 받을 만한 뮤지컬로 탈바꿈할 때까지 몇 번이고 계속해서 작업을 거듭했다. 이처럼 느리지만 꾸준한 속도는 장기적인 안목으로 바라봤을 때만 가능했다.

프로젝트 일정을
두 배로 늘리자

이제 몇 년 단위 장기 계획에서 돌아와 앞으로 몇 달 동안 업무를 계획하는 방식을 다시 생각해보자. 이런 분기별 단위 계획을 세울 때는 일반적으로 신규 웹사이트 개시 같은 온전한 프로젝트나 책 한 권 중 처음 세 장을 쓰는 경우처럼 대규모 프로젝트 중 중요한 단계를 계획한다. 이런 규모의 목표는 일하는 속도에 상당한 영향을 미친다. 야심이 지나치면 목표를 달성하려고 서두르면서 업무 강도가 높은 수준으로 고정된다. 그 대신에 목표를 달성하기에 아주 충분한 시간을 자기 자신에게 부여하면, 좀 더 자연스러운 리듬으로 일하는 속도가 정해질 수 있다. 이런 후자의 상태를 달성하는 간단한 휴리스틱은 이렇다. 앞으로 실행할 프로젝트에 적당하다고 생각되는 일정을 정한 다음, 그 일정을 '두 배'로 늘리자. 예를 들어, 웹사이트를 새로 만드는 데 2주가 걸린다고 처음에 계획을 세웠다면 이 목표를 한 달이 고스란히 걸릴 것으로 수정하자. 마찬가지로 9월부터 12월까지 책의 네 장을 쓸 수 있을 것 같다고 생각한다면 두 장을 완성하는 것으로 계획을 바꾸자.

　사실 인간은 인지능력을 사용하는 일에 필요한 시간을 추정하는 데 그리 뛰어나지 않다. 우리는 손도끼를 만들거나 식용 식물을 채집하는 일처럼 눈에 보이는 일을 하는 데 필요한 시간은 타고난 듯 자연스럽게 이해한다. 하지만 몸으로 곧장 느낄 수 없는 일을 계획할 때는 스스로 알아차리는 것 이상으로 추측을 거듭하다가 최선의 시나리오를 기준으로 일이 걸리는 시간을 예상하게 된다. 아마도 계획을 세우다가 극도로 야심찬 일정을 상상하는 데서 비롯되는 스릴을 즐기는 모양이다. "우와, 이번 가을에 네 장을 쓸 수 있다면 예정보다 앞서 갈 텐데!" 그 순간에는 기분이 좋지만 이후로는 혼란과 실망으로 하루하루를 보내게 된다.

처음에 추정한 일정을 두 배로 늘리는 여유로운 방침을 적용하면 근거 없는 낙관주의로 흘러가는 이런 본능에 맞설 수 있다. 그 결과, 좀 더 여유로운 속도로 계획을 완료할 수 있다. 물론 일정을 두 배로 늘리다 보면 성과가 급격히 줄어들까 걱정스러울 것이다. 하지만 처음에 세운 계획은 애초에 전혀 현실적이지도 지속 가능하지도 않았다. 슬로우 생산성의 핵심 원칙은 바로 뛰어난 성과는 시간을 들여서 소소한 결과를 꾸준히 축적함으로써 이룩할 수 있다는 것이다. 갈 길이 멀다. 속도를 조절하자.

하루 일정을
간소화하자

마지막으로 여유를 가지자는 제안과 관련된 가장 작은 시간 단위,

즉 하루 일정에 도달했다. 업무 속도를 늦추는 데 따르는 중요한 기쁨 중 하나가 바로 정신없이 필사적으로 하루하루를 공략해야 한다는 부담에서 벗어나는 것이다. 단, 이 장점을 누리려면 하루 일정을 간소화해야 한다. 당장 오늘 완료하고 싶은 것보다 많은 업무를 계속해서 매시간 일정에 채워 넣는다면 분기 및 장기 계획을 여유롭게 조정한다고 해도 아무런 소용이 없다. 이 세 가지 일정을 함께 조절해야 한다. 좀 더 합리적인 하루 일정을 만들어나가는 방법으로 두 가지를 제안한다. 첫째는 일정에 채우는 태스크 개수를 줄이는 것이고, 둘째는 업무 약속 개수를 줄이는 것이다. 다시 말해, 달성하려고 계획하는 것을 줄여서 실제로 달성하는 데 필요한 자유 시간을 확보하자.

첫 번째 제안은 간단히 실천할 수 있다. 하루 동안 하겠다고 정한 태스크 목록을 25퍼센트에서 50퍼센트 사이로 줄이는 휴리스틱을 적용하자. 앞에서도 언급했듯이 우리 인간은 인지 작업을 완료하는 데 필요한 시간을 추정할 때 대단히 낙관적이다. 처음에 계획한 태스크 목록을 4분의 1로 줄이는 식의 대폭 삭감 규칙으로 이런 편향에 대응할 수 있다. 업무 약속을 줄일 때 적당한 목표는 하루 근무시간의 절반 이상을 회의나 전화 통화로 소비하지 않도록 유의하는 것이다. 이 목표를 달성하는 가장 간단한 방법은 특정한 시간대를 개인 업무에 사용하겠다고 선언하는 것(예: 점심시간 이전에는 회의를 잡지 않겠다)이다. 물론 회사 사정에 따라서 이런 유형의 규칙을 고수하기가 어려울 수도 있다. ("점심시간 전에는 회의를 잡지 않겠다니, 그게 무슨 뜻이죠? 저는 그때 시간이 나는데요!") 좀 더 교묘한 대안은 '나 하나, 너 하나' 전략을 실행하는 것이다. 특정일에 회의가 잡힐 때마다 회의에 걸리는 시간만큼을 따로 개인 업무 시간으로 잡아놓자. 화요일에 전화 통화를 30분 동안 할 예정이라면 그날 다른 시간대에 30분을 개인 업무 시간으로 비워놓는다. 이렇게 하면 특정일에 업무 약속이 채워지기 시작할 때 개인 업무 시간 역시 채워지므로 새로운 일정을 추가하기가 점점 어려워진다. 회의나 전화 통화에 쓰는 시간이 전체 근무시간의 절반 이상을 차지해서는 안 된다. 하지만 동시에 이 접근법은 특정한 시간대를 항상 침범할 수 없는 시간대로 그냥 정해놓는 것보다는 유연하다. 따라서 동료들에게 대놓고 비협조적으로 보이는 일은 없을 것이다.

물론 이런 전략들을 매일 예외 없이 적용할 수는 없다. 나중에 다시 살펴보겠지만 자연스러운 속도로 일하더라도 아주 바쁘고 노력을 집중해야 하는 시기는 있기 마련이다. 다시 말해 중요한 거래를 마무리 지으려고 할 때나 예상하지 못한 위기 상황을 수습하려고 회의를 연달아하고 또 해야 하는 날도 있을 것이다. 어쩌면 온종일 매 순간을 막바지 태스크들로 채워야 하는 날도 있을 수 있다. 하지만 이런 일일 일정 휴리스틱을 가능할 때마다 적용하는 기본 접근법으로 생각한다면, 피할 수 없는 강도 높은 일정이 휘몰아친 다음에는 좀 더 느긋한 시기가 찾아오게끔 할 수 있다.

리베카 미드는 린마누엘 미란다를 다룬 프로파일 기사에서 미란다가 뮤지컬 〈해밀턴^{Hamilton}〉이 오프브로드웨이 무대에 데뷔하기 직전 몇 주 동안 '넋이 나간 듯한 분위기'를 풍기며 '피로에 찌든 눈'을 하고 있었다고 설명한다. 하지만 이렇게 막바지 준비에 돌입하기 전, 미란다가 뮤지컬 음악을 여러 곡 작곡하고 있던 시기에 대해서도 이야기한다. 미드는 미란다가 반려견과 함께 목적지를 정해놓지 않고 오랫동안 뉴욕시 거리를 산책하던 모습을 그려냈다. 산책 중에 미란다는 신곡에 쓸 배경음악을 헤드폰으로 반복해서 들으며 멜로디를 쓸 영감이 떠오르기를 기다렸다. 이때가 바로 미란다가 여유를 가졌던 시기였다.

자기 자신을
용서하자

마지막으로 여유를 가지자는 제안에서 중요한 부분을 꼽자면 여기에 따르는 심리적 위험성을 인식하는 것이다. 시간 계획은 까다롭다. 특히 복잡한 프로젝트의 경우라면 더욱 그렇다. 때로는 어떤 일을 그냥 지지부진한 채로 내버려두다가 마감일이나 기회를 놓친다. 자기가 생각했던 비전에 뒤처졌음을 깨닫기도 한다. 자기 자신이 걸작을 천천히 만들어나가는 린마누엘 미란다 같은 사람이라고 상상하다가, 어느 날 갑자기 그냥 할 일을 미루고 있을 뿐이라는 현실을 깨닫는다. 이렇게 생산성이 떨어지는 시기를 지나오면 미치도록 바쁘게 일해서 만회해야 한다고 느끼기 쉽다. 기진맥진하더라도 게으르다는 소리를 들을 수는 없다고 자기 자신을 타이른다.

나는 이런 반응에 반박하고 싶다. 이런 방법은 지속 불가능할 뿐만 아니라 장기적으로 봤을 때 중요한 일을 해내는 데 전혀 도움이 되지 않는다. 여유를 가지려고 노력하는 과정에서 잠시 선택한 경로를 벗어나더라도 괜찮다. 중요한 성취를 이뤄내려고 노력한 적이 있는 사람이라면 누구나 이런 일을 겪는다. 린마누엘 미란다도 가끔은 겪는다. (우리는 미란다가 거둔 대성공을 알고 있지만, 미란다가 창작 에너지에 불타서 시작했다가 결국에는 사라져간 방대한 프로젝트들에 대해서는 상상만 할 뿐 그다지 들은 적이 없다.) 자연스러운 속도로 일하는 데 따르는 이런 측면은 제대로 이해하기가 어렵고, 가끔씩은 실망도 하게 되기 마련이다. 하지만 이런 현실에 인도적으로 대응하는 법은 알기 쉽다. 바로 자기 자신을 용서하는 것이다. 그런 다음에 "이제 무엇을 하지?"라고 자문하자. 의미 있는 일을 하고 싶다면 관건은 매번 모든 일을 제대로 해내는 것이 아니라, 중요하다고 생각하는 일로 계속해서 되돌아오는 결단을 내리는 데 있다.

계절성을
받아들이자

조지아 오키프^{Georgia O'Keeffe}는 일하기 시작했을 때부터 줄곧 바빴다. 1908년 스물한 살의 나이로 시카고미술관과 뉴욕예술학교연맹 양쪽 모두에서 수상 경력을 쌓으며 공부했지만 돈이 떨어지는 바람에 시카고에서 상업미술가로 취직하게 됐다. 1910년에는 가족과 함께 버지니아주로 이주해 여러 학교에서 미술을 가르치기 시작했다. 1912년에서 1914년까지는 미국 서부로 가 모래 먼지가 날리는 텍사스 팬핸들 지역에 속한 도시 애머릴로의 공립학교에서 미술을 가르쳤다. 여름철에는 동부로 돌아와 컬럼비아대학교 교육대학원에서 조교로 일하면서 버지니아대학교에서 강의를 들었다. 1915년 무렵에는 사우스캐롤라이나주에 있는 컬럼비아칼리지에서 강사로 근무했다. 그다음에는 뉴욕으로 돌아와 다시 컬럼비아대학교 교육대학원에서 일했다. 1916년에는 텍사스주 캐년에 있는 웨스트텍사스주립사범대학교 미술학과장이 됐다.

이 시기 오키프의 이력은 그저 열거하기만 해도 진이 빠진다. 그러니 직접 그런 시기를 살아냈던 오키프는 지독하게 피곤했을 것이다. 여러 해 동안 이리 뛰고 저리 뛰며 살았던 오키프는 그 와중에도 새로 생겨난 추상화풍을 계속해서 공부하고 발전시켜나갔지만, 그런 노력이 쉽지는 않았다. 오키프는 종종 미술에서 벗어나

오랫동안 쉬곤 했는데, 경력 초기에는 4년 가까이 쉰 적도 있었다. 오키프가 지닌 놀라운 미술 재능을 발휘하려면 이처럼 과부하가 걸린 생활양식을 바꿔야 했다. 다행히도 1918년에 그 변화는 조지호 서쪽 기슭에 접한 애디론댁산맥 남단에 펼쳐진 광활한 전원지대라는 형태로 찾아왔다.

그 땅은 저명한 사진작가이자 뉴욕시에서 상당한 영향력을 발휘하는 갤러리 291의 소유주인 앨프리드 스티글리츠^{Alfred Stieglitz} 일가가 소유하고 있었다. 스티글리츠는 오키프가 그린 독특한 목탄화 작품들을 갤러리 291에 전시한 인연으로 그녀를 알게 됐다. 두 사람 사이에는 우정이 싹텄고, 나중에는 연인 관계로 발전해 결국 결혼에 이르렀다. 스티글리츠 일가는 1880년대에 조지호 일대 토지를 구입했고, 이곳을 오크론이라고 불렀다. 앨프리드 스티글리츠는 여름을 오크론에서 보내면서 자랐다. 그는 "조지호는 아마도 내게 가장 오래된 친구일 것입니다. 얼마나 많은 낮과 밤을 함께 보냈는지! 고요하고 아름다운 시간들이었습니다. 미친 듯이 고요한 시간, 꿈의 시간이었죠. 평온한 기적이 몇 시간, 며칠 동안 이어졌습니다"라고 쓰기도 했다.

스티글리츠는 이런 "평온한 기적의 나날들"을 오키프에게 소개하고 싶어 안달이었다. 1918년부터 스티글리츠는 여름철이면 오크론에 오키프를 데리고 가기 시작했다. 처음 2년 동안은 이 부지에 있는 대저택에 머물렀지만, 스티글리츠 일가가 저택이 있는 구역을 매각한 이후로는 근처 언덕 위에 있는 소박한 농가에 머물렀다. 오키프는 이곳에서 창의력을 온전히 발휘할 수 있는 공간을 찾았다. 그녀는 아침마다 레이크조지 마을로 우편물을 가지러 걸어가는 일과를 만들어 전원 풍경을 즐겼다. 때로는 프로스펙트산까지 이어지는 오솔길을 따라 3킬로미터 정도 걸으며 더 오래 산책을 하기도 했다. 그 길에서는 기선들이 긴 호수를 오르내리는 멋진 광경을 구경할 수 있었다.

무엇보다도 이곳에서 오키프는 그림을 그렸다. 1918년부터 1934년 사이에 오키프는 농장 별채를 스튜디오로 개조한 '오두막'에서 주로 작업하면서 200점이 넘는 그림을 그렸고, 그 외에도 수많은 스케치와 파스텔화를 남겼다. 오키프는 조지호와 이를 둘러싼 산들의 웅장한 풍경은 물론, 나무와 꽃을 자세히 들여다본 관찰 결과를 포착하면서 주변 자연환경으로부터 영감을 얻었다. 가을이 되면 오크론에서 그린 캔버스들을 가지고 도시로 돌아가 마무리 작업을 하고 전시했다. 자연에서 영감을 얻어 그린 추상화들은 높은 평가를 받았고, 오키프는 미술계에서 유명인사가 됐다. 조지호 시기는 오키프의 경력 중에서 가장 많은 작품을 내놓은 기간이었다.

이처럼 1년 동안 기울이는 노력의 강도와 초점을 계절에 따라 바꿔나가는 '계절' 접근법은 직접 체험해본 많은 이들의 공감을 얻었다. 여름에는 조지호에 틀어박혀 느긋하게 창의력을 발휘하다가 가을이면 분주한 도시 생활로 돌아가는 오키프의 패턴은 자연스럽게 느껴진다. 앞에서 살펴봤던 위대한 과학자들도 계절에 따라서 일하는 패턴을 바꿨다. 아이작 뉴턴은 시골인 링컨셔에서 중력에 골몰했고, 마리 퀴리는 프랑스 시골 마을에서 재충전했다. 현시점에서는 이런 식으로 계절에 따라 업무 패턴을 바꾸는 경우는 드물다. 특히 지식 노동 분야에서는 더욱 찾아보기 힘들다. 오키프처럼 여름철 내내 휴가를 떠나 창조성을 키울 수 있는 전업 예술가 및 작가, 학업 일정에 따라서 근무하는 교육자를 제외하면 컴퓨터 화면을 열심히 들여다보며 생계를 꾸려가는 사람들은 대부분 1년 열두 달 한결같이 비슷한 업무 강도를 유지하면서 일한다.

하지만 현시점에서 보기에 오키프가 작업했던 일정이 낯설게 느껴진다고 해서 '우리'가 늘 똑같이 업무에 접근하는 방식이 실은 비정상이라는 사실이 사라지지는 않는다. 앞에서도 언급했지만, 인류 역사상 대부분의 세월 동안 지구상에서 살아온 사람들 대부분의 노동 생활은 말 그대로 계절에 따른 활동인 농경과 밀접한 관련을 맺고 있었다. 우리 조상들이 보기에 1년 내내 아무런 변화도 휴식 기간도 없이 일하는 양상은 특이하게 여겨질 것이다. 계절성은 인간 경험에 깊이 새겨져 있다.

이 제안은 노동 환경이 꼭 이런 식이어야 할 필요는 없다고 주장한다. 공업 제조업 환경에서는 계절성을 염두에 두기가 불가능할 수도 있지만, 지식 노동 환경은 훨씬 더 유연하다. 공장이 아니라 사무실에서 일하는 노동자라면 계절에 따라서 업무와의 관계를 바꿀 기회가 언뜻 떠올릴 수 있는 정도보다 훨씬 더 많다. 관건은 유용한 계절성을 개발하기 위해서 시골 호숫가에 펼쳐진 광대한 토지가 필요하지는 않다는 점을 인식하는 것이다. 이어서 소개하는 구체적인 전략들은 평범한 일자리에 종사하는 현대인들이 업무를 하면서 적어도 어느 정도는 계절 변화의 영향을 누리는 데 도움을 받을 수 있도록 고안한 방법이다.

슬로우 시즌을 계획하자

내가 이 책을 집필하는 초기 단계에 몰두하고 있던 2022년 7월, 책의 주제와 관련된 트렌드가 온라인상에서 유행했다. 그 흐름은 @ZKChillen이라는 틱톡 사용자가 17초짜리 동영상을 올리면서 시작됐다. 영상 속에서는 뉴욕시 풍경을 배경으로 부드러운 피아노 선율이 흐른다. 지하철과 시내 거리, 주택가가 보이더니 무슨 이유에서인지 아이들이 비눗방울을 부는 기계가 등장한다. 화자는 "최근에 조용한 퇴사라는 풍조를 알게 됐습니다. 진짜로 직장을 그만두는 것은 아니지만, 업무 범위를 넘어서는 일을 더는 하지 않는 방식이죠"라고 말문을 연다. 그는 일이 곧 인생이라고 믿는 '열정 문화hustle culture'를 거부한다. 그는 '사실 일은 인생이 아닙니다. 한 인간으로서 당신의 가치는 노동으로 결정되는 것이 아닙니다'라고 결론짓는다.

@ZKChillen 계정에 올라왔던 최초의 영상이 주목을 받으면서 더 많은 동영상이 틱톡에 잇따라 올라왔다. 대체로 젊은 화자들이 저마다 어떻게 조용한 퇴사를 받아들이고 있는지 진지하게 선언하는 내용이었다. 예견하던 대로 기존 언론사들은 금세 이런 트렌드를 알아차렸다. 8월 초,《가디언》이 '이 시대 노동의 무의미함과 팬데믹으로 인해 많은 사람이 일하는 방식에 의문을 품게 됐다'라는 무심한 허무주의가 잘 드러나는 부제를 단 기사를 냈다. 몇 주 후에는《뉴욕타임스》와 NPR도 비슷한 기사를 내보냈다. 심지어 〈샤크 탱크Shark Tank〉(미국 ABC에서 방송하는 사업 오디션 프로그램.—옮긴이) 출연자인 케빈 오리어리Kevin O'Leary까지 가세했다. (참고로 오리어리는 조용한 퇴사가 '대단히 터무니없는 생각'이라고 여긴다.)

인터넷 트렌드가 대개 그렇듯이, 조용한 퇴사 운동은 결국에는 우월 의식과 보수적인 비판을 대거 양산했다. '요즘 애들'을 운운하는 무리는 틱톡에서 수수하게 이뤄진 선언을 비웃었다. 그들은 인간으로서의 가치는 노동으로 결정되지 않을지 몰라도 직원으로서 받는 급여는 확실히 노동으로 결정된다고 지적했다. 조용한 퇴사라는 생각이 불필요할 정도로 수동 공격적 성격을 띤다고 말하는 사람들도 있었다. 이들은 업무에 불만이 있다면 고용주에게 상담하라고 말했다. 조용한 퇴사는 제대로 돌아가지 않는 회사를 경영해야 할 책임에서 고용주를 자유롭게 해줄 뿐이라고 주장했다. 곧 온라인 활동가 유형의 사람들이 설전에 끼어들어 처음에 게시물을 올린 이들이 조용한 퇴사를 시행하기가 어려운 부류도 있다는 사실을 제대로 인식하지 못했다고 비난했다. 뻔한 전개지만 기존 극좌파들은 이런 주제가 '조금이라도' 논의된다는 자체가 부르주아의 헛짓거리이고, 이 문제를 제대로 해결할 수 있는 유일한 대책은 자본주의 해체라고 주장하면서 논의 전체를 무너뜨리려고 했다.

온라인에서 떠들어대는 온갖 입장을 일단 전부 제쳐두고 나면, 조용한 퇴사의 중심에서 실용적인 사항을 관찰할 수 있다. 바로 우리가 생각하는 것 이상으로 우리는 업무 강도를 스스로 조정할 수 있다는 사실이다. 조용한 퇴사족들이 사용하는 전술은 간단하다. 예를 들어 그들은 추가 업무를 자진해서 맡지 않고, 퇴근 시간에 맞춰 칼같이 일을 마치며, 스스럼없이 거절하고, 이메일과 채팅으로 언제든지 연락을 주고받을 수 있다는 기대를 낮춰놓으라고 제안한다. 수많은 조용한 퇴사족이 말하듯이, 이런 사소한 변화가 업무량이 유발하는 심리적 영향에 커다란 차이를 가져올 수 있다. 이런 맥락에서 나는 생각에 잠겼다. 조용한 퇴사를 '노동의 무의미함'에 대한 일반적인 대응으로 보는 대신에 계절성을 누리는 좀 더 구체적인 전술로 본다면 어떨까? 예를 들어 7월과 8월이라든가, 추수감사절부터 연말에 이르는 어수선한 시기 등 매년 '한 계절'에 해당하는 기간 동안 조용한 퇴사를 실천하기로 한다면 어떨까? 이런 결정을 군이 떠벌리고 다닐 필요는 없다. 그냥 '조용히' 이 방식을 시행하다 아무 일도 없었다는 듯이 평소 리듬으로 돌아오면 된다.

이 계획이 제대로 작동하려면 가능한 한 조용한 퇴사 기간에 들어가기 전에 주요 프로젝트들을 마무리해두고, 주요 신규 프로젝트들은 이 기간이 끝날 때까지 기다렸다가 시작해야 한다. 좀 더 고급 전술을 소개하자면 이 기간 동안에 눈에 잘 띄면서도 영향은 적은 프로젝트를 진행하면서 이를 방패로 삼아 날아 들어오는 새로운 업무를 임시로 피하는 방법이 있다. "그 내부 검토 프로젝트를 기꺼이 맡고 싶지만 이번 달에는 새로운 마케팅 소프트웨어를 숙지하는 데 집중하고 있습니다. 그러니 새해까지 기다렸다가 시작하죠." 핵심은 협업이나 회의, 긴급 연락이 많이 필요하지 않은 프로젝트를 방패용으로 선택하는 것이다. 혼자서 진행하는 보고서나 연구 프로젝트가 알맞다.

물론 독립적으로 일하는 사람이라면 재량에 따라서 업무량을 조정할 수 있으므로 훨씬 수월하게 슬로우 시즌을 계획할 수 있다. 나중에 다시 설명하겠지만, 자영업자는 계절성을 좀 더 본격적으로 고려해도 좋다. 하지만 지금 이 조언을 뒷받침하는 핵심 관찰 사항은 대부분의 지식 노동 고용 환경에서 매년 몇 달 정도는 별다른 영향을 주지 않으면서 은근슬쩍 업무 강도를 낮출 수 있다는 점이다. '항상' 프로젝트를 맡지 않으면 상사가 알아차릴 수 있고, '좀처럼' 새로운 일을 맡지 않으면 고객이 걱정할 수도 있지만, 한두 달 정도는 다소 느긋하게 일하더라도 누군가가 알아차릴 가능성이 낮다. 이 전략이 조지아 오키프가 조지호 근처에서 보냈던 느긋한 여름날처럼 확실한 효과를 내지는 못할 수는 있다. 하지만 한동안 이런 식으로 은근슬쩍 긴장을 푸는 방법은 직업 생활의 지속 가능성을 높이는 데 큰 도움이 될 수 있다.

연간 노동 기간을 줄이자

제임스 본드가 주인공으로 등장하는 첩보 스릴러를 쓴 소설가 이언 플레밍Ian Fleming은 제2차 세계대전이 끝난 후《선데이타임스》를 소유한 영국 미디어 기업 켐슬리 신문사에 취직했다. 외신부장으로 고용된 플레밍은 켐슬리 그룹 소속 해외 특파원 네트워크를 담당하게 됐다. 영국 해군 정보부에 재직하면서 전쟁 중에 세계 곳곳을 돌아다녔던 경력을 고려할 때 플레밍은 이 일에 적격이었다. 하지만 지금 우리가 자세히 살펴볼 사항은 플레밍이 새로 맡은 업무의 세부 사항이 아니라 그 일자리를 수락하면서 서명했던 계약서 내용이다. 플레밍은 1년 중 10개월만 일하기로 켐슬리와 계약했다. 나머지 두 달은 연례 휴가였다.

이렇게 특이한 계약을 하게 된 계기는 1942년 당시 34세 중령이었던 플레밍이 골든아이 작전에 참여하면서 자메이카에 파견됐을 때였다. 골든아이 작전은 카리브해 유역에서 독일군 잠수함 U보트의 잠재적 활동을 조사하는 임무였다. 플레밍은 고요하고 아름다운 자메이카에 푹 빠졌고, 전쟁이 끝나면 다시 이곳을 찾겠다고 결심했다. 이 결심을 실현할 기회는 1946년 작은 항구 마을인 오라카베사 근처에 6만 제곱미터 규모의 토지가 매물로 나왔다는 사실을 알게 되면서 찾아왔다. 딱히 멋진 곳은 아니었다. 원래 당나귀 경마장이었던 이 토지는 열대 관목으로 뒤덮인 야트막한 곳에 있었다. 하지만 플레밍은 여기서 가능성을 발견했다. 그는 부동산 대리인에게 토지를 구매하도록 전보를 보냈고, 땅을 싹 정리한 다음에 콘크리트 바닥과 가까스로 기능하는 배관만을 갖춘 검소한 단층 주택을 지었다. 완공 직후에 플레밍의 새 집을 방문했던 여행 작가 패트릭 리 퍼머^{Patrick Leigh Fermor}는 "바다를 향한 창문에는 유리가 없지만 비를 막을 외부 덧문이 달려 있었다. 거대한 사각형 창문들이… 폭풍우를 길들여서 결코 질리지 않을 변화무쌍한 프레스코화를 그려냈다"라고 설명했다. 플레밍은 이곳과 인연을 맺게 된 작전의 이름을 따서 이 수수한 별장에 '골든아이'라는 이름을 붙였다.

이 별장이 플레밍이 고용 계약에서 연간 2개월의 휴가를 요구한 이유였다. 플레밍은 매년 전쟁 당시 자기 자신과 했던 약속을 지키면서 혹독한 런던의 겨울을 피해 골든아이에서 느긋한 생활을 즐길 수 있게 됐다. 처음에 플레밍은 은둔 기간을 향락만 즐기면서 보냈다. 자메이카에 있을 때 플레밍은 오전에는 집 아래 작은 만에서 스노클링을 즐겼다. 그다음에는 영국 상류층 특유의 활기로 전쟁을 겪으면서 생긴 어둠을 지울 기세로 흥청망청 술을 마셨다. 그러다가 1952년에는 갓 결혼한 아내 앤 차터리스Ann Charteris의 권유로 자메이카에서 휴가를 보내는 동안에 글을 쓰기 시작했다. 아내는 플레밍이 사생활에서 받은 스트레스를 집필 활동으로 떨칠 수 있을 것이라고 생각했다.[10] 그 겨울에 플레밍은 제임스 본드 시리즈 소설 중 첫 번째인 『카지노 로얄』의 초고를 썼다. 이후로 그는 항상 똑같은 루틴을 따라서 시리즈 소설을 열두 편 더 썼다. 가을에 런던에서 신작의 플롯을 구상하고, 골든아이에서 자메이카 아침 해가 내리쬐는 자연광을 받으며 초고를 완성한 다음, 봄이 되면 런던으로 돌아와 최종 편집을 마치고 출판을 했다.

특정 계절에 휴가를 떠나는 이런 이야기들에는 무척이나 매력적이면서도 선뜻 따라 할 수는 없는 낭만이 있다. 조지아 오키프는 애디론댁산맥 남단 시골 마을에서 자신만의 고유한 화풍을 발견했다. 이와 마찬가지로 이언 플레밍은 열대지방인 카리브해에서 겨울을 보내며 햇볕을 쬐는 동안 현대 장르문학에서 가장 오랫동안 사랑받은 캐릭터 중 한 명을 창조할 영감을 얻었다. 우리도 매년 한동안 평소 업무 루틴에서 벗어나 시간을 보낼 수 있는 방법을 발견할 수만 있다면 이와 비슷한 휴식과 창의력을 얻을 수 있을 것이다. 하지만 전후 영국에 살았던 플레밍 같은 사람에게는 수월했던 일이 21세기 지식 노동에 종사하면서 살아가는 사람들 대부분에게는 불가능할 정도로 비현실적인 일로 보인다. 앞서 소개한 전략에서 설명했듯이 계절성을 흉내 내는 슬로우 시즌 전략이 유일한 선택지인 듯하다. 물론 이 방법도 아무것도 하지 않는 것보다는 낫지만 바다로 떠나는 휴가만큼 효과적이지는 않다.

하지만 정말로 오늘날에는 플레밍의 방식을 실현할 수 없을까? 3장에서 소개했던 제니 블레이크의 사례를 떠올려보자. 플레밍처럼 블레이크도 매년 2개월은 통상 업무를 쉰다. 하지만 플레밍과 달리 블레이크는 엘리트라는 사회적 지위를 이용해서 고용주에게 환심을 살 필요가 없었다. 그녀는 소규모 기업 훈련 사업체를 직접 경영하고 있고, 계약할 때 매년 2개월은 비워둘 뿐이다. 물론 이로 인해 수입은 줄어들지만, 이런 계획을 논의하면서 블레이크가 설명했듯이 그녀의 목표는 수익 극대화가 아니라 삶의 질을 극대화하는 것이다. 매년 장기간 휴가를 누릴 수 있는 혜택과 맞바꾸기에 20퍼센트 줄어든 연 수입에 맞게 예산을 조정하는 것은 충분히 공평한 거래였다.

작가 앤드루 설리번^{Andrew Sullivan}도 이와 비슷한 방식을 따른다. 매년 8월이면 설리번은 무더운 워싱턴 DC에서 벗어나 케이프코드 북단의 프로빈스타운 해변 근처에 있는 고풍스러운 퀸 앤 양식(18세기 초 영국의 건축 양식.—옮긴이) 집에 거주한다.《뉴리퍼블릭^{The New} ^{Republic}》편집장 출신인 설리번은 현재 서브스택^{Substack}(뉴스레터 구독을 지원하는 미국의 온라인 플랫폼.—옮긴이)에서 주로 활동하면서 유료 이메일 뉴스레터 구독료로 생계를 꾸리고 있다. 이론상으로는 뉴스레터로 글을 보내주고 독자들에게 매달 요금을 청구하는 사람이 매년 여름 몇 주 동안 아무 소식도 보내지 않는 것은 최선이 아니겠지만, 구독자들은 신경 쓰지 않는 듯하다. 설리번은 보통 다가오는 휴가에 대한 열렬한 기대가 넘치는 한여름 에세이를 올린다. 몇 주 후에는 새로운 에너지를 가득 채워서 돌아와 자기 자신은 물론 독자들도 만족시킨다.

블레이크나 설리번만큼 꾸준하지는 않지만 플레밍 방식을 효율적으로 활용하는 이들도 있다. 예를 들어 내가 2012년에 발표한 책『열정의 배신』에서 소개했던 프리랜서 데이터베이스 개발자 룰루 영^{Lulu Young}은 좀 더 즉흥적으로 휴식을 취한다. 영은 큰 프로젝트들을 진행하는 사이에 몇 주 동안 시간을 내서 여행을 다녀오거나 새로운 취미를 개발하곤 한다.『열정의 배신』을 준비하는 과정에서 영과 이야기를 나눴을 때 그녀는 최근에 이런 공백 기간을 활용해서 스쿠버다이빙을 익히고, 조종사 면허를 따고, 태국에 사는 대가족을 방문하려고 6주 동안 여행을 다녀왔다고 했다. 또한 이렇게 시간이 오래 걸리는 모험을 즐기는 틈틈이 기분이 내킬 때마다 하루나 이틀 시간을 내서 기분 전환을 즐기기도 했다. 영은 "그런 날에는 주로 조카를 데리고 나가서 재미있게 놀아요. 아마 이 도시에 사는 그 누구보다도 어린이 박물관과 동물원에 많이 가봤을 거예요"라고 말했다.

상사가 있고 통상적인 근무시간을 지켜야 하는 일반 사무직에 종사하는 사람은 한 번에 몇 주나 몇 달 동안 온전히 휴가를 내고 싶다는 꿈을 이루기가 어렵다. 하지만 자영업 종사자가 1년 내내 노동에 내몰리게 되는 주요 요인은 문화 관습일 가능성이 높다. 플레밍과 블레이크, 설리번, 영이 장기간 통상 업무에서 벗어나기로 결정했을 때 끔찍한 일은 하나도 일어나지 않았다. 단기적으로 봤을 때 수입이 다소 줄어들기는 했겠지만, 그들에게 이 정도 희생은 충분히 그만한 가치가 있는 일이었을 것이라고 장담한다.

'소소한 계절성'을 실천하자

계절성 실천이란 한 계절 내내 노동강도를 낮추는 경우만을 가리키지는 않는다. 좀 더 짧은 시간 동안 강도를 조절하는 방법도 좀 더 자연스러운 노동 리듬을 달성하는 데 효과가 있다. 이 제안으로 달성하려는 일반적인 목표는 1년 내내 거의 변함없이 항상 불안 수준이 높은 상태로 일하는 상황을 피할 수 있도록 돕는 것이다. 조지호에서 여름 한 철을 보내고 나면 확실히 이런 부자연스러운 리듬을 깰 수 있겠지만, 한 달에 한두 차례 평일에 쉬기만 하더라도 비슷한 효과를 기대할 수 있다. 이처럼 규모가 좀 더 작은 실천법을 가리켜 나는 '소소한 계절성'이라고 부른다. 지금부터 소소한 계절성을 실천하는 구체적인 방법 네 가지를 자세히 설명할 것이다. 이런 예시들을 보면서 자신의 리듬에 꼭 필요한 다양성을 불어넣을 수 있는 다채로운 아이디어들을 스스로 손쉽게 떠올릴 수 있기를 바란다.

• 월요일은 회의 없는 날로

월요일에는 일정을 잡지 말자. 이 결정을 공공연하게 발표할 필요는 없다. 언제 회의할 시간이 나는지 물어보는 사람이 있을 때 그냥 월요일을 빼고 알려주면 된다. 월요일은 총 업무 시간 중 20퍼센트에 불과하므로, 상대방에게 지나치게 약속을 잡기가 어렵다는 느낌을 주지 않는 범위 내에서 이런 식의 회의 거부 방식을 적용할 수 있다. 하지만 이런 소소한 방법으로 얻을 수 있는 이득은 상당히 크다. 월요일에 일정을 잡지 않으면 주말에서 근무일로 좀 더 원만하게 넘어갈 수 있기 때문이다. 월요일 일정이 기분 좋을 정도로 깔끔하다면 일요일 밤에 느끼는 부담이 줄어든다. 또한 이처럼 주의를 집중할 수 있는 시간을 매주 일정하게 확보해두면 일하는 보람을 느껴지는 어렵지만 중요한 프로젝트를 진행하는 데 도움이 된다. 물론 다른 요일을 비워도 괜찮다. 맡은 업무에 따라서 금요일에 회의를 잡지 않는 편이 더 바람직할 수도 있고, 수요일을 비워둘 때 더 도움이 된다고 느낄 수도 있다. 관건은 빽빽하게 잡혀 있는 일정들 사이에서 어느 정도 평화를 누릴 수 있는 최후의 보루를 확보하는 것이다.

• 한 달에 한 번은 낮 시간대에 문화생활을 하자

평일 오후에 영화관에 들어가면 왠지 모르게 마음이 상쾌해진다. '다들 지금 일하고 있어!'라는 생각에 평소에 느끼는 불안 반응에서 벗어나게 된다. 이런 식의 기분 전환은 정화 효과를 발휘하므로 정기적으로 하는 것이 좋다. 나는 한 달에 한 번은 평일 오후 시간을 비워서 영화를 보러 가라고 권한다. 막판에 약속이 잡혀서 발목이 잡히는 일이 없도록 미리 시간을 비워두자. 일반적인 사무직이라면 한 달에 한 번 정도는 오후에 자리를 비워도 아무도 알아차리지 못할 것이다. 누가 어디에 갔었냐고 물으면 그냥 '개인 일정'이었다고 말하면 된다. 사실이 그러니까. 물론 중요한 업무를 놓치는 일이 없도록 주의를 기울여야 한다. 긴급 상황이 생기거나 급한 업무가 많은 주일이라면 이 미니 휴식 일정을 다른 날로 옮길 수도 있다. 이 결정에 죄책감이 들 때는 퇴근 후에 이메일을 확인하거나 주말 동안 노트북을 붙잡고 일했던 추가 근무시간들을 떠올려보면 도움이 될 것이다. 어쩌다가 한번씩은 평일 오후 시간에 자리를 비워야 이런 추가 근무시간을 상쇄할 수 있다. 꼭 영화를 볼 필요는 없다. 다른 활동으로도 같은 효과를 얻을 수 있다. 예를 들어 내 경우에는 미술관에 가거나 하이킹을 할 때도 비슷한 혜택을 누릴수 있었다. 핵심은 이렇게 평일에 소소하게 하는 일탈만으로도 째깍째깍 쉴 틈 없이 돌아가는 일상 속에서 느끼는 피로를 충분히 줄일 수 있다는 사실이다.

• 휴식 프로젝트를 계획하자

중요한 신규 프로젝트를 진행하고자 일정을 비워두기 시작할 무렵에는 스트레스가 생기기 쉽다. 새로운 일정이 하나씩 추가될 때마다 융통성은 줄어들고 업무 강도는 세지기 때문이다. 한창 바쁜 시기에 일정이 속속들이 채워지면 가벼운 절망감이 피어오를 수 있다. '대체 이 많은 일을 언제 다 하지?' 이런 스트레스를 상쇄하는 현명한 방법이 바로 중요한 '업무' 프로젝트와 이에 대응하는 '휴식' 프로젝트를 짝지어 결합하는 것이다. 원리는 간단하다. 중요한 업무 프로젝트를 진행할 시간을 확보한 다음에 그 업무의 종료 예정일 직후 며칠 혹은 몇 주 동안은 업무와 무관하고 여유로운 일을 할 계획을 세우자. 예를 들어 어떤 교수가 내년 봄에 교수 채용위원회 회장을 맡게 됐다고 하자. 아마도 5월 초까지는 채용 관련 업무로 계속 바쁠 것이다. 이를 보상하기 위해 5월 말에는 오후 시간대를 비워서 프랜시스 포드 코폴라[Francis Ford Coppola] 감독이 1970년대에 찍은 영화들을 전부 보기로 한다든가, 새로운 언어를 배워본다든가, 뒷마당 작업장을 정비해서 다시 가동해보자. 핵심은 힘들었던 만큼 보상해서 균형을 맞추는 것이다. 말하자면 고진감래다. 힘든 일이 많을수록 나중에 맞이할 즐거움도 커질 것이다. 휴식 프로젝트가 직전에 했던 중요 프로젝트와 비교했을 때 상대적으로 소소하더라도 이렇게 오락가락하는 리듬만으로도 변화를 지속하는 경험을 할 수 있다.

● 주기적으로 일하자

소프트웨어 개발 회사인 베이스캠프는 혁신적인 관리 기법을 실험하는 기업으로 유명하다. 베이스캠프의 공동설립자이자 현 CEO인 제이슨 프라이드가 『일을 버려라』라는 책을 낸 적이 있다는 사실을 감안하면 별로 놀라운 일은 아닐 것이다. 베이스캠프가 실시하는 아주 놀라운 정책 중 하나로 업무 '주기화'를 들 수 있다. 각 주기는 6주에서 8주 동안 이어진다. 이 동안에 팀들은 명확하고 긴급한 목표를 달성하는 데 집중한다. 중요한 점은 이런 주기가 끝나고 나면 직원들이 사소한 문제들을 해결하고 다음에 무슨 일을 할지 결정하는 '냉각' 기간이 2주 동안 이어진다는 사실이다. 베이스캠프 직원 안내서에는 "때로는 집중 업무 주기를 냉각 기간까지

연장해서 더 많은 일을 하고 싶다고 느끼기 쉽다. 하지만 이런 유혹에 저항하는 것을 목표로 한다"라는 설명이 있다.

이 전략은 인간이 자연스럽게 노력을 기울일 수 있는 계절성을 수용한다. 베이스캠프가 직원들에게 쉴 새 없이 집중하고 긴급하게 일하도록 요구한다면, 피로를 느끼기 시작하는 순간 전체적인 집중력이 떨어질 것이다. 업무 주기 사이사이에 정기적으로 휴식할 수 있는 기간을 가지면 주기 내에 완료되는 업무의 퀄리티가 높아진다. 전자보다 후자의 경우에 전반적으로 더 바람직한 결과를 내놓을 가능성이 높다. 또한 후자가 업무를 담당하는 직원들이 더 오랫동안 일을 할 수 있는 방식이기도 하다.

업무에 주기 개념을 도입하는 방식은 앞에서 설명했던 휴식 프로젝트와 계절성 조용한 퇴사 전략을 좀 더 구조화해서 함께 실행하는 방법이라고 할 수 있다. 베이스캠프 안내서를 근거로 제시하면서 이런 주기화를 공식적인 방침으로 제안할 수 있다. 이런 제안이 어떻게 받아들여질지 우려가 된다면 아무도 모르게 조용히 업무 주기화를 시행할 수도 있다. 2주는 그리 길지 않은 기간이므로 그 정도는 냉각기를 갖는다고 해도 업무를 회피한다는 평판이 생기지는 않는다. 오히려 주기 동안에 보여주는 높은 집중력이 더 눈에 띄어서 당신에 대한 고용주의 의견이 긍정적인 방향으로 바뀔 것이다.

빠르고 정신없이
일해야 하는 사람들

1959년 잭 케루악$^{Jack Kerouac}$은 〈스티브 앨런 쇼$^{The Steve Allen Show}$〉에 출연했다. 당시는 앨런이 연주한 피아노 반주에 케루악이 시를 낭송한 앨범을 발매한 직후였고, 이 앨범을 홍보하고자 마련한 자리였다. 하지만 대화의 시작은 케루악이 2년 전에 출판해서 이름을 알리게 된 책 『길 위에서』에 초점을 맞춰져 있었다. 감상적인 여행기와 비트 세대 철학에 관한 명상을 함께 담은 케루악의 베스트셀러 『길 위에서』는 재즈에서 영감을 얻은 유려한 의식의 흐름 기법으로 쓴 소설이었다. 이 책의 초반에서 서술자인 샐 파라다이스는 이렇게 선언한다.

> 내 주변에는 미친 사람들만 있었다. 미친 듯이 살고, 미친 듯이 말하고, 미친 듯이 구원받으려고 하면서 모든 것을 한꺼번에 갈망하는 사람들, 절대 하품이나 진부한 말 따위는 하지 않고 화려한 금빛 로만 캔들 불꽃놀이처럼 타고, 타고, 또 타오르는 사람들만 있었다.

이 글은 마치 생각이 케루악의 머리에서 드르륵드르륵 돌아가는 타자기 용지로 굴러떨어지는 양 술술 읽힌다. 케루악은 〈스티브 앨런 쇼〉에 나왔을 때 이런 인상을 굳혔다.

앨런은 "케루악 씨, 간단한 질문 몇 가지 드릴게요. 그래도 답변은 흥미로울 것 같습니다. 『길 위에서』를 쓰는 데 얼마나 걸렸나요?"라고 물었다.

케루악은 "3주 걸렸습니다"라고 대답했다.

"몇 주라고요?"

"3주요."

이어서 케루악은 이 책을 열광적인 에너지를 터트리며 3주만에 썼고, 원고를 타자로 칠 때 타자기 용지를 교체하느라 멈추는 일 없이 글을 써낼 수 있도록 한 장으로 쭉 이어진 긴 용지를 사용했다고 자세히 말했다. 훗날 처남인 존 샘파스^{John Sampas}는 "그렇게 그는 거의 숨도 쉬지 않고 빨리, 급히 마냥 써 내려갔습니다. 그의 말을 빌리자면 길이 고속도로였거든요"라고 설명했다.

내가 잭 케루악이 영감에 취해 단숨에 글을 써 내려갔다는 이 유명한 이야기를 언급한 이유는 이 일화가 슬로우 생산성의 두 번째 원칙에 정면으로 반박하는 이의 견해, 즉 가끔은 자연스러운 속도가 너무 느릴 때도 있다는 의견을 적절하게 담아냈기 때문이다. 이 반론은 중요한 일을 하려면 집요할 정도로 지속적인 고강도의 주의력이 필요하다고 주장한다. 일정을 늘리고 노동강도를 조정하는 방법은 평범한 업무를 좀 더 수월하게 해내기에는 적당한 방법일지 몰라도, 위업을 달성하기에는 부적절하다는 것이다.

중요한 프로젝트를 진행할 때는 '일시적'으로 업무 강도를 최대치로 높여야 하는 기간이 필요하기 마련이지만, 그런 프로젝트들이 대부분 확고한 에너지를 단번에 폭발시키는 과정으로 완료된다는 생각에는 동의할 수 없다. 예를 들어 다시 케루악에게로 돌아가보자. 처남인 존 샘파스가 2007년에 NPR과 나눈 인터뷰에서 밝혔듯이, 『길 위에서』를 3주 만에 '썼다'라는 케루악의 발언에 담긴 정확한 의미는 원고의 초고를 '타자기로 입력'하는 데 그만큼의 시간이 걸렸다는 것이었다. 실제로 케루악은 그 책을 쓰는 데 훨씬 더 오랜 기간에 걸쳐서 노고를 기울였으며, 1947년부터 1949년까지 일기 형태로 그 소설을 집필했다. 그리고 그 유명한 몰아치기가 끝난 다음에도 출판사가 받아줄 만한 형식을 찾고자 애쓰면서 6년에 걸쳐 원고를 서로 다른 여섯 가지 버전으로 고쳐 썼다.

케루악을 연구하는 학자 폴 매리언 Paul Marion은 "아시다시피 케루악은 자신이 즉흥적으로 글을 쓰는 사람이고, 한번 쓴 글은 절대 고치지 않는다는 신화를 스스로 퍼트렸습니다. 하지만 그것은 사실이 아닙니다. 그는 정말이지 최고의 장인이었고 글쓰기와 글쓰기 과정에 전념했습니다"라고 말했다. 다시 말해 『길 위에서』는 술술 읽히지만 오랜 세월에 걸쳐 검증된 작품들이 대개 그렇듯이, 그 글을 쓴 속도는 사실 상당히 느렸다.

시인처럼
일하자

시인 메리 올리버^{Mary Oliver}는 자연스러운 속도로 일하는 것의 본질을 몸소 보여준다. 힘든 어린 시절을 보냈던 올리버는 고향인 오하이오주 숲속을 거닐다가 도피처를 찾았다. 올리버는 2015년 NPR에서 크리스타 티펫^{Krista Tippett}과 나눈 희귀한 인터뷰에서 "그 경험이 내 생명을 구했다고 생각해요"라고 말했다. 이어서 올리버는 이 음울한 시기에 빛을 찾아서 오랫동안 걷다가 자연에 깃든 시적인 가능성을 알아차렸다고 부연했다.

> 자주 하는 말이지만 저는 빌딩을 좋아하지 않아요. 제가 학교에서 깬 유일한 기록이 무단결석이었습니다. 책을 들고 숲에 갔죠. 배낭에 휘트먼 책을 넣고 다녔어요. 하지만 움직이는 것도 좋아했죠. 그래서 이런 작은 노트를 가지고 다니면서 떠오른 생각들을 휘갈겨 써두었다가 나중에 그런 생각들을 모아 시를 썼습니다.

올리버는 오하이오주에서 뉴잉글랜드 지역으로 이주한 뒤로도 야외를 걸으면서 낙서하는 습관을 고수했고, 그곳에 정착하면서 자연을 마음에 사무치면서도 꾸밈없이 묘사한 시를 발표하기 시작했다. 올리버는 느긋하게 시를 썼지만 시인으로서 그녀가 작품을 내놓은 경력은 대단히 생산적이었다고 말할 수밖에 없다. 올리버는 1984년에 내놓은 다섯 번째 시집으로 퓰리처상을 수상했다. 1992년에 내놓은 시선집 『기러기』로는 전미도서상을 수상했다. 올리버는 2019년 지난 100년간 가장 널리 읽히고 사랑받은 시인 중 한 명으로 세상을 떠났다.

내가 올리버를 언급한 이유는 슬로우 생산성의 두 번째 원칙에 따른 마지막 제안을 설명하기 위해서다. 자연스러운 속도로 일한다는 원칙은 프로젝트에 투자한 시간뿐만 아니라 그 일을 완료하는 상황도 고려한다. 프랑스 철학자 가스통 바슐라르가 『공간의 시학』에서 주장하듯이 우리는 인지적 현실을 바꾸는 환경의 힘을 과소평가하지 말아야 한다. 예를 들어 바슐라르는 집의 역할을 논하면서 "거주 공간은 기하학적 공간을 초월한다"라고 말했다. 계단은 오르내리기 위한 층층대를 규칙적인 순서로 그저 나열해놓은 집합체가 아니라, 어린 시절 비 오는 여름날 오후에 형제자매와 함께 놀았던 곳이다. 계단 표면과 구체적인 특징들이 복잡다단한 인간 경험의 그물에 함께 뒤얽혀 있다.

이러한 힘은 우리가 일을 할 때에도 영향을 미친다. 올리버가 숲을 산책한 이유는 그저 조용한 곳을 찾는 데 그치지 않았다. 야외라는 맥락이 올리버의 과거에서 풍부한 요소들을 끌어냈고, 그 덕분에 흠잡을 데 없이 훌륭한 자택 서재에서 똑같은 시간 동안 글을 쓸 때보다 더 생생하고, 다양하고, 자연스러운 속도로 일을 인식하게 됐다. 이 제안은 당신에게 가장 중요한 일의 맥락을 이처럼 시를 쓰는 듯한 시선으로 평가해보라고 권한다. 물리적 공간과 의식을 선택할 때 주의를 기울인다면 일하는 경험을 좀 더 흥미롭고 지속 가능한 행위로 바꿀 수 있을 뿐만 아니라 우리 안에 잠재한 재능을 좀 더 온전하게 활용할 수 있다. 물론 그 비결은 메리 올리버가 숲을 오랫동안 산책한 것처럼 자기 나름의 방법을 찾아내는 데 있다. 지금부터 소개할 구체적인 조언이 그 방법을 찾는 데 도움을 줄 것이다.

공간과 일을
연결하자

일을 좀 더 효율적으로 할 수 있는 공간을 구축하는 확실한 방법은 물리적 환경을 구성하는 요소를 달성하고자 하는 목표와 일치시키는 것이다. 예를 들어 메리 올리버가 쓴 자연을 주제로 한 시들은 올리버가 시에서 묘사한 바로 그 숲속을 오랫동안 산책하는 행위와 잘 맞아 들어갔다. 올리버 외에도 이런 대칭을 추구하는 이들은 많다. 많은 작가가 자기가 쓰는 작품의 구체적인 특성을 뒷받침하도록 주변 환경의 세부 요소들을 활용한다. 예를 들어 린마누엘 미란다는 〈해밀턴〉을 작곡할 때 맨해튼에서 가장 오래된 주택인 모리스 저멜 저택에서 곡을 쓰기 위해 간신히 허가를 받아냈다. 모리스 저멜 저택은 미국 독립 전쟁 중에 할렘 하이츠 전투가 일어났을 때 조지 워싱턴이 머물렀던 총사령부이자 에런 버^{Aaron Burr}가 부통령이었을 때 거주했던 공관이었다. 미란다는 "이런 온갖 일이 벌어진 곳 위에 있다는 사실이 너무 좋아요"라고 설명했다.

한편 닐 게이먼^{Neil Gaiman}은 뉴욕주 우드스톡에 있는 자택 뒤편 숲속에 낮은 지주들을 세우고 그 위에 어느 쪽을 보아도 끝없이 나무들만 보이는 검소한 팔면체 집필실을 지었다. 인터넷에 공개된 게이먼의 집필실 사진을 보면 간소한 책상과 노트북, 야생동물 관찰용 쌍안경이 있다. 면밀히 관찰한 결과를 활용해 암울한 시나리오에 효과적인 자연주의를 녹여내는 작가에게 잘 어울리는 공간이다. 댄 브라운은 『다빈치 코드』로 벌어들인 수입을 투자해 뉴햄프셔주 라이비치 해안 근처에 집을 지었다. 이 집에는 브라운이 쓴 인기 스릴러에 나올 법한 고딕 양식 요소가 가득하다. 도서관에 숨겨진 버튼을 누르면 책장이 돌아가면서 진열 선반이 나타난다. 거실에 걸린 그림의 모서리를 건드리면 비밀 공간으로 이어지는 입구가 나타난다. 욕실 문 안쪽 장식은 레오나르도 다빈치가 쓰던 노트 중에서 가져온 내용이다. 내용을 감추려는 다빈치의 습관대로 좌우가 뒤집힌 손 글씨로 쓰여 있다. 하지만 문을 닫았을 때 욕실 거울에 비치는 대로 문자를 읽으면 쉽게 해독할 수 있다. 평범한 사람이라면 그런 집이 불안하고 허세를 부리는 것처럼 느껴질 수도 있다. 하지만 엉뚱한 미스터리 음모론을 바탕으로 스릴러 소설을 쓰는 일을 하는 사람이라면, 집필 리듬을 찾는 데 안성맞춤인 공간일지도 모른다.

조금만 창의력을 발휘하면 글쓰기와 무관한 직업에도 같은 원칙을 적용해서 비슷한 효과를 얻을 수 있다. 광고 기획사 중역이라면 드라마 〈매드멘Mad Men〉에 나오는 미드 센추리 모던 양식의 사무실 인테리어에서 영감을 얻을 수 있다. 음반 제작자라면 사무실을 악기로 채워도 좋겠다. 엔지니어는 반쯤 조립하다가 만 전자기기들로 포인트를 줄 수 있다. 프랜시스 포드 코폴라는 오랫동안 여러 제작사 사무실에 납땜용 인두, 스위치, 다이오드를 보관하는 오랜 습관이 있다. 코폴라는 어릴 적에 전자기기를 만지작거리면서 놀곤 했고, 그런 도구들을 보면 무에서 유를 만들어내는 일의 근본적인 중요성에 다시 집중하는 데 도움이 된다고 생각한다. 하얀 책꽂이와 사무용품점에서 구입한 장식품이 걸린 일반적인 자택 사무실을 볼 때마다 나는 거주자가 자기 업무에 좀 더 적합하게 맞춰서 주변을 새로 꾸밀 수 있는 온갖 방법이 떠오르곤 한다.

멋스럽기보다는
낯선 편이 좋다

1960년대 말, 작가 피터 벤츨리와 아내 웬디는 뉴욕시 근처에서 조용한 주거지를 찾고 있었다. 그들은 뉴저지주 프린스턴을 고려했지만 너무 비싸서 서쪽으로 13킬로미터 정도 떨어진 작은 마을인 페닝턴에 정착했다. 거대한 백상아리가 해변 마을을 공포에 빠뜨린다는 흥미진진한 이야기를 담은 첫 번째 소설을 쓰기 시작한 곳도 페닝턴이었다. 나는 벤츨리 부부가 살던 집 바로 옆 거리에서 자랐기 때문에『죠스』와 페닝턴의 관계를 오래전부터 잘 알고 있었다. 벤츨리 부부의 집은 침엽수로 둘러싸인 제법 넓은 부지에 지은 전통적인 마차 차고를 개조한 집이었다. 어렸을 때 나는 다락방 침실에서 숙제를 하다 말고 벤츨리가 길 너머로 보이는 잔디밭과 비슷한 풍경을 내려다보면서 그 유명한 장면들을 쓰는 모습을 즐겨 상상하곤 했다.

최근에야 나는 벤츨리가 실제로『죠스』를 쓴 곳이 한가로운 페닝턴 집이 아니라는 사실을 알고 깜짝 놀랐다. 존 맥피가 2021년에《뉴요커》에 실은 기사에서 밝혔듯이, 벤츨리는 이 당시에 용광로 공장 뒤편의 공간을 빌려 그곳에서 작업했다. 호프웰 밸리 역사학회 Hopewell Valley Historical Society의 도움을 얻어 조금 더 자세히 찾아봤더니 그곳은 페닝턴 시내 중심부 북단에 있는 브룩사이드 거리에 위치한 페닝턴 용광로 설비였다. 나중에 물어봤을 때 웬디 벤츨리는 아직도 당시 소음을 기억하고 있었다. 그녀는 "용광로를 만드는 공장 바로 옆에 남편의 책상이 있었어요. '쾅! 쾅! 쾅!' 하는 소리가 들리는데도 신경 쓰지 않더라고요"라고 말했다.

좋은 집을 두고 굳이 객관적으로 열악한 환경에서 일하는 작가는 벤츨리 말고도 또 있다. 예를 들어 마야 안젤루는 호텔방을 빌려 글을 쓰면서 직원에게 벽에 걸린 모든 그림을 치우고 쓰레기통을 비울 때만 방에 출입하도록 요청했다. 안젤루는 아침 6시 30분에 성경과 노란색 유선 노트, 셰리주를 들고 호텔방에 도착했다. 집필용 책상은 필요 없었다. 안젤루는 침대에 누워서 글을 쓰곤 했고, 조지 플림턴^{George Plimpton}과 나눈 인터뷰에서는 이 습관 때문에 팔꿈치 한쪽에 굳은살이 '단단히 박였다'라고 설명하기도 했다. 데이비드 매컬로^{David McCullough}는 마서스비니어드 웨스트 티스버리에 있는 아름다운 하얀 지붕 집에 살았다. 이 주택에는 좋은 설비를 갖춘 자택 사무실이 있었지만, 매컬로는 뒷마당에 있는 정원 창고를 수리한 다음 주로 그곳에서 글을 썼다. 존 스타인벡^{John Steinbeck}은 한술 더 떴다. 말년에 스타인벡은 새그하버에 있는 8,100제곱미터에 달하는 부지에서 여름철을 보냈다. 스타인벡은 저작권 대리인 엘리자베스 오티스^{Elizabeth Otis}에게 굳이 바닷가 낙원에서 벗어나 낚싯배를 타고 휴대용 책상 위에서 균형을 잡으며 노트에 글을 쓰겠다고 말했다.

나는 2021년 봄에 발표한 기사에서 처음으로 이런 색다른 집필 공간들을 소개했다. 당시에는 코로나19 팬데믹이 긴급 응급 단계를 지나고 있었고, 경제계에서는 원격근무가 건강 위기 사태에 대처하는 단기 대응책에 그치지 않을 가능성을 고려하기 시작했다. 나는 이런 가능성과 관련해 도움이 되는 경고를 하려고 그 기사를 썼다. 전문 작가는 어떻게 보면 원조 원격근무자라고 할 수 있다. 그런 작가들의 습관을 살펴보니 자택 내부가 아닌 어딘가를 구태여 찾아 나서는 경우가 많았다. 심지어 용광로 수리 공장에서 망치를 두드리는 요란한 소리를 견뎌내야 하는데도 그랬다.

재택근무의 문제는 집 안에는 익숙한 물건들이 가득하고, 그런 익숙한 물건들이 주의를 끌어서 명석하게 생각하는 데 필요한 섬세한 뉴런들의 움직임을 방해한다는 데 있다. 자택 사무실(보통 침실) 밖에 놓아둔 빨래 바구니를 지나칠 때면, 당장 해야 할 긴급한 일에 집중력을 유지하고 싶을 때조차도 우리 뇌가 가사로 주의를 돌린다. 이 현상은 우리 뇌가 타고난 연상 작용을 하게 한다. 빨래 바구니는 스트레스를 유발하지만 좀처럼 관심을 받지 못하는 가사와 연관된 물건이므로 신경과학자 대니얼 레비틴[Daniel Levitin]이 "의식으로 떠오르려고 애쓰는 신경마디들이 일으키는 교통체증"이라고 표현하는 상태를 유발한다. 이런 맥락에서 일은 스트레스를 유발하는 수많은 요구 중 하나로 자리하게 된다.

벤츨리가 용광로 공장으로, 매컬로가 정원 창고로 도피한 까닭이 여기에 있다. 그들에게는 의미 있는 작품을 쓰기에 좀 더 유리한 정신적 공간이 필요했다. 관계적 기억 체계를 가라앉히면 시간 인식이 느려지고 단 한 가지 일에 좀 더 온전히 주의를 집중할 수 있게 된다. 이런 관찰 결과에서 중요한 점은 외부 작업 공간이 얼마나 아름다운지는 그리 중요하지 않다는 사실이다. 메리 올리버는 풍경이 아름다운 뉴잉글랜드 숲을 거닐면서 심오함을 찾았지만, 마야 안젤루는 싸구려 호텔의 특별할 것 없는 밋밋한 공간에서 비슷한 효과를 달성했다. 관건은 익숙한 물건들과 멀어지는 것이었다. 창조하는 집중력을 발휘할 성채가 말 그대로 멋진 곳이어야 할 필요는 없다. 그저 빨래바구니가 없는 곳이면 된다.

2021년에 쓴 기사에서 나는 이런 관찰 결과를 근거로 원격근무와 재택근무를 구별해야 한다고 주장했다. 조직이 본사 사무실을 폐쇄하고 싶다면 이로 인해 발생하는 비용 절감분을 투자해 직원들이 집 근처에 일할 장소를 구할 수 있도록 도와야 한다고 제안했다. 직원들이 익숙한 물건들의 유혹에서 해방되면 전반적인 생산성과 만족도가 높아진다. 당신도 일하기 위해 좀 더 시적인 환경을 꾸미려고 한다면 이런 점을 염두에 두는 것이 좋다. 낯설음은 비록 추하더라도 강력하다. 일할 곳을 찾을 때는 지나치게 익숙한 장소를 피하도록 하자.

의식은 주의를
끌어야 한다

고대 그리스의 밀의 종교는 오해를 받는 경우가 많다. 2009년 카렌 암스트롱은 자신이 내놓은 권위 있는 책 『신을 위한 변론』에서 기원전 6세기에 발생한 밀의 종교 의식은 "합리성을 몽롱하게 포기하는 행위나 미신에 제멋대로 빠져드는 행위가 아니다"라고 설명한다. 사실 밀의 종교 의식은 이를 수행하는 밀의가mystai(비전가initiate)에게 특정한 심리적 효과를 유발하도록 신중하게 구성된 행사였다.

　예를 들어 아테네 바로 서쪽에 있는 엘레우시스 마을에서 매년 개최한 엘레우시스 밀의 종교 의식을 살펴보자. 이 의식은 여신 데메테르가 딸인 페르세포네를 찾아서 엘레우시스로 떠난 여행을 기린다. 암스트롱은 엘레우시스가 신석기시대부터 가을 축제가 열렸던 장소였을 가능성이 높지만, 좀 더 형식을 갖춘 강력한 체험을 할 수 있도록 거대한 밀교 의식 신전을 지은 때는 6세기였다고 지적한다. 가을이면 신입 밀의가 집단이 자원해서 의식에 참석한다. 그들은 아테네에서 이틀간 단식을 하면서 의식을 시작한다. 그런 다음 페르세포네를 기리며 새끼 돼지를 제물로 바치고 엘레우시스까지 약 32킬로미터를 걸어가기 시작한다. 작년 의식에 참석했던 비전가들은 이 여정에서 신입 밀의가들과 합류해 이들을 괴롭히고 위협하면서 포도주와 황홀경의 신인 디오니소스를 반복해서 외친다. 암스트롱이 설명하듯이 그 최종 목표는 '군중을 열광의 도가니로 이끄는 것'이다. 해가 저문 후에야 엘레우시스에 도착하면 지치고 불안해진 신입 밀의가들은 방향감각을 상실한 듯한 느낌이 점점 커져가는 가운데 횃불로 밝힌 길을 따라 걸어가다가 마침내 칠흑처럼 어두운 신전 속으로 몰려 들어간다.

신전 내부에서 열리는 구체적인 의식 내용은 극비 사항이었으므로 지금은 단편적인 정보와 추측만이 남아 있다. 아마도 동물을 제물로 바치고 비밀 계시를 받았을 것이다. 암스트롱은 어린아이를 불 속으로 밀어 넣을 준비를 하다가 마지막 순간에 살려주는 등 '충격적인 행사'가 있었을 것이라고 주장한다. 이 모든 일은 번갈아 나타나는 어둠과 빛, 깜빡이는 불꽃, 부자연스러운 소리들을 배경으로 일어났을 것이다. 일부 보고에 따르면 이 의식은 페르세포네가 지하세계에서 돌아와 어머니 데메테르와 다시 만나는 모습을 재현하면서 '즐겁게' 막을 내렸다고 한다.

암스트롱이 설명하듯이 엘레우시스 밀의 종교 의식은 비전가들이 믿어야 할 합리적인 교의를 전달하는 행사가 아니었다. 의식 전체를 설명한 내용을 객관적인 관점에서 본다면 어리석고 생뚱맞게 보일 것이다. 밀의 종교 의식에서 중요한 부분은 그 의식이 유발하는 심리 상태였다. 참가한 많은 이들이 의식을 마치면 더는 죽음이 두렵지 않다고 말했다. 빙의를 경험한 것 같다고 말하는 이들도 있었다. 암스트롱은 "아리스토텔레스는 그 종교 의식을 아주 훌륭하게 요약하면서 밀의가는 무언가를 배우려고 엘레우시스에 간 것이 아니라 무언가를 경험하고 마음을 근본적으로 바꾸기 위해서 갔다고 분명히 밝혔다"라고 설명했다.

이처럼 암스트롱이 고대 그리스의 밀의 종교를 설명한 내용을 보면 의식 전반에 관한 중요한 점을 알 수 있다. 의식의 힘은 구체적인 활동 내용이 아니라 이런 활동이 마음을 바꿔놓는 효과에 있다. 행동이 두드러지고 주목을 끌수록 유용한 변화를 이끌어낼 가능성이 높아진다. 메리 올리버가 숲속을 오랫동안 걸으며 한 산책이 이를 잘 보여주는 사례다. 걷는 거리가 늘어나고 감정을 불러일으키는 지점을 건드리는 곳까지 숲속 더 깊이 들어갈수록 올리버의 정신 상태는 좀 더 생생하고 민감하게 바뀌어갔다. 그냥 숲 가장자리 바로 안쪽에 앉아 있기만 했더라면 그런 효과는 미미했을 것이다. 긴 산책이라는 의식은 그 환경만큼이나 창의성을 불러일으키는 데 꼭 필요했다.

이런 시적인 의식에는 광범위한 선택지가 있다. 메이슨 커리는 『리추얼』에서 수많은 위대한 사상가들과 창조자들이 만들어낸 독특하고도 마음가짐을 바꿔놓는 다양한 일상 습관을 총망라했다. 데이비드 린치David Lynch는 밥스 빅보이 레스토랑에서 초콜릿 밀크셰이크 큰 사이즈를 주문한다. 이를 마신 다음 혈당이 치솟으면서 에너지가 넘칠 때 잠재의식에서 아이디어를 계속해서 쥐어짜내고는 냅킨에 휘갈겨 쓰곤 한다. 뉴웰 컨버스 와이어스^{N. C. Wyeth}는 새벽 5시에 일어나 한 시간 동안 장작을 패고 나서 언덕 위에 있는 화실까지 걸어간다. 앤 라이스^{Anne Rice}는 주로 밤에 『뱀파이어와의 인터뷰^{Interview with the Vampire}』를 쓰고 잠은 낮 시간에 보충했다. 고요한 어둠이 내리면 고딕풍 소설을 쓰기에 알맞은 기분이 들었다. 프랑스 시골 마을인 앵 근처에 살던 시절에 거트루드 스타인^{Gertrude Stein}은 오전 10시에 일어나서 커피를 마신 다음에 커다란 욕조에서 목욕을 했다. 옷을 차려입은 다음에는 동반자인 앨리스 토클라스^{Alice B. Toklas}와 함께 차를 타고 주변 시골 지역을 돌면서 일하기 좋은 장소를 물색했다. 일단 그런 장소를 찾으면 스타인은 연필과 종이 뭉치를 들고 캠프용 의자에 자리 잡고 앉아 글을 쓰기 시작했다.

내가 하고 싶은 조언은 두 부분으로 나뉜다. 첫째, 가장 중요하다고 생각하는 일을 중심으로 자기 나름의 의식을 만들어보자. 둘째, 이때 당신만의 의식은 정신 상태를 효율적으로 바꿔 목표를 뒷받침할 수 있을 만큼 충분히 주의를 끌어야 한다. 슬로우 생산성의 두 번째 원칙은 좀 더 자연스러운 속도로 일하라고 요구한다. 노동에 시적인 신비로움을 살짝 더하는 것만큼 불안에서 벗어나 숭고한 자연으로 향하면서 시간 인식을 효과적으로 바꿔놓는 전략은 좀처럼 없다는 점에서 의식 만들기는 이번 장을 마무리하는 제안으로 안성맞춤이다.

쿼리티에 집착한다

슬로우 생산성의
세 번째 원칙

1990년대 초, 롱보더들에게 인기 있는 서핑 장소인 샌디에이고의 퍼시픽 비치 근처 골목에서 보기 드문 광경이 펼쳐지기 시작했다. 목요일 밤마다 이너체인지라는 카페에 사람들이 떼로 모였다. 처음에는 작은 무리였다. 몇 주가 지나면서 그 숫자는 그리 넓지 않은 카페 공간을 가득 채울 만큼 늘어났다. 안으로 들어가지 못한 사람들은 카페 밖 골목에 모여서 가게 정면 통유리창 너머로 안을 들여다보며 내부에서 연주하는 음악을 중계하려고 설치한 작은 스피커 소리에 귀를 기울였다.

무리를 끌어모으는 사람은 주얼^{Jewel}이라는 이름만으로 활동하는 열아홉 살의 싱어송라이터였다. 당시 주얼은 차에서 먹고 자면서 아르바이트와 샌디에이고 해변에서 하는 즉흥 공연으로 번 수입으로 근근이 생활하고 있었다. 생존이 위태로운 상태였다. 이너체인지 카페에서 멋진 공연을 이어나가기 불과 얼마 전에 주얼은 신장염을 일으켜 열이 오르고 차 뒷좌석에서 구토까지 했을 정도였다. 병원 응급실에 갔지만 보험이 없다는 이유로 진료를 거부당했다. 그 모습을 지켜본 의사가 주차장에서 주얼을 발견하고 무료로 항생제를 투여해준 덕분에 간신히 목숨은 건졌다.

이 시기에 주얼을 구한 것은 무대 위에서 홀로 기타를 들고 웅장한 포크 음악을 연주할 수 있는 능력이었다. 그녀가 거의 평생을 갈고닦은 능력이었다. 주얼이 어렸을 때 주얼의 부모는 알래스카주 앵커리지에 있는 여러 관광호텔을 돌면서 음악 공연을 했다. 주얼은 다섯 살 때 부모와 함께 무대에 올라 집에서 만든 스위스 전통 의상을 입고 요들을 부르기 시작했다. (친조부모가 스위스에서 알래스카로 이주한 이민자였다.) 주얼은 요들 기법을 익히기 위해 쉴 새 없이 연습했고, 나중에 프로 뮤지션이 됐을 때 목소리를 자유자재로 조절하게 된 기반도 이때 마련했다.

주얼의 부모는 주얼이 여덟 살 때 이혼했다. 어머니가 집을 나가고 아버지가 혼자서 아이들을 키웠다. 아버지는 알래스카주 호머에 있는 넙치 낚시 중심지 외곽의 가족 농장으로 이주했다. 얼마

지나지 않아 주얼의 가족은 음악 공연만으로 생계를 꾸리게 됐다. 주얼은 어머니가 하던 부분을 맡아서 아버지의 리드에 맞춰 화음을 넣었고, 오빠는 사운드보드를 담당했다. 더는 멋진 호텔에서 공연할 수 없게 된 주얼 가족은 '싸구려 술집, 대중식당, 레스토랑, 벌목꾼 단골집, 퇴역 군인 단골 술집'을 전전하면서 오랫동안 연주했다. 주얼은 오토바이 운전자들이 모이는 술집을 제일 좋아했다. 머리가 희끗희끗한 아저씨들과 그들의 억척스러운 아내들이 주얼을 감싸고돌았기 때문이다.

이후로 주얼의 어린 시절은 되는대로 흘러갔다. 주얼은 호머와 앵커리지를 오가면서 아버지와 함께 알래스카주 곳곳을 계속해서 돌아다녔다. 도시뿐만 아니라 내륙 전초기지도 방문했고, 고립된 이누이트족 마을에서 잊지 못할 장기 공연을 한 적도 있었다. 청소년이 되면서 혼자 작은 오두막집에 살게 된 주얼은 믿기 힘들겠지만 말을 타고 출퇴근을 했다(아직 운전면허가 없었다). 이때 주얼은 호머에서 보름 동안 강습을 하고 있던 조라는 댄스 강사를 만났다. 알고 보니 조는 명망 높은 예술 학교인 인터로켄아트아카데미의 교사이기도 했다. 이 학교는 미시간주 트래버스 시티 외곽의 486만 제곱미터에 이르는 잘 가꾼 부지에 있었다. 어린 시절 연이은 공연으로 갈고닦아 일찍 성숙해진 주얼의 목소리에 깊은 감명을 받은 조는 주얼이 인터로켄에 지원하고 오디션을 받을 수 있도록 도왔다. 주얼은 오디션에 합격했지만 새로운 문화에 적응하기까지는 시간이 걸렸다. 입학 직후에 주얼은 학생처장실에 불려 가서 사냥용 칼을 다리에 차고 학내를 돌아다니는 행동은 부적절하다는 훈계를 들었다.

주얼은 인터로켄에서 전문적인 발성 훈련을 받았고, 좀 더 포괄적으로 말하자면 처음으로 음악에 본격적인 노력을 기울이기 시작했다. 또한 곡을 쓰기 시작한 때도 바로 이 시기였다. 방학 중에도 알래스카로 돌아갈 여비가 없었던 주얼은 수업이 없는 날이면 기타를 들고 히치하이킹을 했다. 이렇게 돌아다니면서 본 광경과 들은 소리에서 영감을 얻어 〈후 윌 세이브 유어 소울Who Will Save Your Soul〉과 〈유 워 멘트 포 미You Were Meant for Me〉 같은 곡들의 초기 버전을 썼다.

학교를 졸업한 후 주얼은 다시 떠돌기 시작했고 결국은 어머니가 살고 있던 샌디에이고로 향했다. 두 사람은 한동안 한집에 살았지만 도저히 경제적으로 감당할 여유가 없어서 결국 주얼이 나오게 됐다. 이때부터 주얼은 퍼시픽 비치에서 멀지 않은 곳에 있는 예쁜 꽃나무 근처에 자리를 잡고 차에서 생활했다. 어느 날 오후에 이 주차 공간으로 걸어 돌아오던 중에 처음으로 우연히 이너체인지 카페를 발견했다. 꽤 낡은 카페였다. 주얼은 카페 주인인 낸시에게 인사를 건넸다. 두 사람은 대화를 시작했고, 낸시는 가게 경영이 힘들어서 문을 닫을 예정이라고 말했다. 주얼은 낸시에게 충동적으로 제안을 했다.

"앞으로 두 달만 더 가게를 열어볼래요?"

"왜요?" 낸시가 되물었다.

"제가 사람들을 끌어올게요. 입장료는 제가 챙기고 사장님은 커피와 음식을 파는 거죠. 말하자면 상부상조죠."

낸시는 계획에 동의했고, 주얼은 기타를 들고 샌디에이고 해안으로 나가 공연을 홍보했다. 사람들이 가던 걸음을 멈추고 노래를 들으면 주얼은 목요일 밤에 이너체인지로 공연을 보러 오라고 말했다. 카페에서 열린 첫 번째 공연에는 서퍼 몇 명만 모였다. 관중 규모는 초라했지만 주얼은 마음을 다해서 노래했다. 주얼은 당시를 떠올리며 이렇게 말했다.

사람들이 왔을 때 저는 온 마음을 다해서 노래했어요. 건성으로 하지 않았죠. 사람들은 제 공연을 좋아했어요. 겉치레처럼 들릴 수도 있는 말이지만 그렇지 않았어요. 제 마음을 있는 그대로 드러냈어요… 날것 그대로였죠. 사람들이 울었어요. 저도 울었죠. 진짜 마음이 통했어요. 난생처음으로 진짜 사람들과 이어졌다는 느낌을 받았는데, 두렵지 않고 기분이 좋았어요.

지금껏 주얼의 삶은 재능과 고통이 뒤얽힌 힘이 좌우했다. 주얼이 자신의 영혼을 꾸밈없이 드러내기로 결심했을 때 그 결과는 진실하고 생생했으며, 누가 봐도 장관이었다. 소문은 금방 퍼졌다.

첫 번째 공연에 찾아온 청중은 고작 서퍼 두세 명이었지만, 이후 매주 두 배로 늘어나기 시작했다. 불과 여섯 달 만에 팬들이 카페 밖 골목까지 채웠다. 그 직후 음반사 중역들이 리무진을 타고 나타나 이 어린 가수의 감각적인 노래를 들었다. 주얼은 "음반사란 음반사에서 다 찾아왔어요"라고 당시를 회상했다. 그다음에는 주얼을 비행기에 태워 호화로운 사무실로 데려가 회의를 했다. 입찰 전쟁이 벌어졌고, 마침내 '100만 달러'라는 계약금이 제시됐다.

이때부터 주얼은 지금까지 우리가 살펴봤던 슬로우 생산성 논의와 관련된 움직임을 보였다. 인생이 180도로 달라질 계기에 어안이 벙벙했던 주얼은 야심만만하면서도 동시에 두려움을 느끼다가 뜻밖의 결정을 내렸다. 그녀는 계약서에 서명은 했지만 돈은 바라지 않았다. 주얼은 그때를 떠올리며 "선금을 거절했어요. 계약금 100만 달러를 거절했습니다. 노숙하는 애송이였는데도 말이죠"라고 말했다.

주얼이 이너체인지 카페에서 주목을 끌기 시작했을 때는 담당 매니저도 변호사도 없었다. 목요일 밤 공연이 끝난 후 저녁 식사에 그녀를 데려간 음반사 중역들에게 겁을 집어먹은 주얼은 도서관에 가서 『음악 산업에 대해서 알아야 할 모든 것 All You Need to Know about the Music Business』이라는 책을 발견했다. 이 책을 읽으면서 계약금이란 사실 추후 수익금으로 상환해야 할 대출금에 불과하다는 사실을 알게 됐다. 주얼은 간단한 계산으로 음반사가 100만 달러라는 계약금을 회수하려면 당장 음반을 엄청나게 팔아야 한다는 사실을 깨달았다. 그런지 장르가 음악계를 장악하고 있는 와중에 자신은 포크 음악을 하는 데다가 프로 뮤지션으로 발을 내디딘 지 1년도 채 되지 않았고, 그나마도 같은 카페에서 연주한 경력이 거의 전부라는 점을 감안할 때 턱없는 소리 같았다.

주얼은 "싱어송라이터로서 성공할 수 있는 환경과 자리를 확보해야 했어요"라고 말했고, 그렇게 하려면 돈을 적게 받고 계약해야 했다. 주얼은 많은 돈을 받지 않는다면 당장 히트곡을 내지 않더라도 음반사에서 계약을 해지하지는 않을 것이라고 판단했다. 그 대가로 그녀는 기량을 연마하고 새롭고 특별한 음악을 추구하는 데 필요한 자유를 얻을 수 있을 터였다. 나중에 주얼은 "음악을 가장 중요시할 수 있는, 음악을 부당하게 사용하지 않아도 되는 위치에 서고 싶어서 그렇게 했을 뿐이에요"라고 설명했다. 그녀는 이런 의도를 담은 접근법을 반영하는 "단단한 목재는 천천히 자란다"라는 말을 좌우명으로 삼았다.

눈앞의 이익보다 퀄리티를 중요하게 여기는 주얼의 태도는 프로듀서를 선택할 때도 뚜렷하게 드러났다. 주얼의 소속 음반사인 애틀랜틱 레코드는 프로듀서 스무 명을 선택지로 제시했다. 대부분이 업계에서 아주 잘나가는 프로듀서로 흥행 능력을 인정받은 이들이었다. 하지만 좀 더 날것 그대로의 진실한 소리를 원했던 주얼은 스무 명을 전부 거절했다. 이 무렵에 주얼과 담당 매니저는 닐 영^{Neil Young}의 〈하비스트 문^{Harvest Moon}〉을 듣게 됐다. 주얼은 '이 노래'가 자신이 원하는 소리임을 깨달았다. CD 케이스를 뒤집어 프로듀서의 이름을 찾아보니 벤 키스^{Ben Keith}였다. 주얼은 매니저에게 키스와 연락해서 앨범 작업을 맡아줄 수 있는지 물어보도록 했다. 키스는 승낙했다. 주얼은 북적거리는 LA를 떠나서 노스캐롤라이나주에 있는 닐 영의 목장에서 그의 올스타 반주 밴드 스트레이 게이터스^{Stray Gators}와 함께 몇 주를 보내며 곡 제작에 매달렸다.

1995년 주얼의 첫 번째 앨범 〈피시스 오브 유^{Pieces of You}〉가 마침내 발매됐지만, 결과는 처참했다. 주얼은 "라디오가 제 노래를 싫어했어요. 사람들이 제 노래를 싫어했어요. 그것도 격렬하게 싫어했어요. 너바나^{Nirvana}와 사운드가든^{Soundgarden} 같은 음악을 기대하다가 〈유 워 멘트 포 미〉 같은 노래를 들으면 '별로'라고 생각하는 거죠"라고 설명했다. 하지만 음반사는 주얼에게 큰돈을 들이지 않았던 터라 계약을 파기하지 않았다. 덕분에 주얼은 투어를 돌면서 팬층을 구축하는 데 에너지를 집중할 수 있었다. 그녀는 '엄청난 업무량'을 소화하면서 쉴 새 없이 투어를 돌기 시작했고, 계획한 대로 지출을 억제했다. 투어 버스를 갖추고 투어 매니저를 두는 대신, 렌터카로 저렴하게 이동하면서 밴드 없이 공연했다. 심지어 투어 중에 어스 잼^{Earth Jam}이라는 그룹과 계약을 맺기도 했는데, 낮 시간에 어스 잼이 현지 고등학교에서 환경을 주제로 하는 공연에 참석하는 대가로 어스 잼이 주얼을 저녁에 공연하는 곳까지 태워다 주는 내용이었다.

음반 판매가 계속 저조한 가운데 좀 더 잘 팔리는 음악 스타일로 전향하라는 압박이 강해졌다. 뉴욕주 우드스톡에 있는 녹음실에 틀어박혀 두 번째 앨범을 녹음하기 시작했을 때는 당대를 휩쓸었던 그런지 스타일의 얼터너티브 록 장르에 좀 더 잘 어울리는 개성 있고 불안정한 가사를 넣기도 했다. 또한 당시 리사 롭^{Lisa Loeb}의 히트 싱글 〈스테이^{Stay}〉를 작업해서 유명세를 얻었던 인기 프로듀서 후안 파티뇨^{Juan Patiño}에게 〈유 워 멘트 포 미〉를 좀 더 빠른 박자의 팝 스타일로 편곡해 재발매하자는 음반사의 계획에도 동의했다(주얼은 파티뇨 버전에 대해 은밀하게 '너무 싫다'라는 반응을 보였다.) 다행히 주얼이 이런 유혹에 시달리고 있던 바로 그때 닐 영이 전화해서 주얼에게 영이 크레이지 호스^{Crazy Horse}라는 밴드와 함께하고 있는 투어에서 오프닝 무대를 맡아달라고 부탁했다. 무대 뒤에서 공연이 시작되기를 기다리던 영은 주얼이 불안해하고 있다는 사실을 눈치챘다. 그는 주얼에게 무슨 일로 그러는지 물었다. 주얼은 자신이 느끼는 압박감과 스트레스를 고스란히 털어놓았다. 이런 고민을 들은 영은 "절대 라디오를 기준으로 곡을 쓰지 마, 절대"라는 중요한 조언을 했다.

영이 하는 말을 귀 기울여 들은 주얼은 마음을 느긋하게 먹고 퀄리티에 집중하겠다는 초심으로 돌아왔다. 그녀는 웬만큼 완성했던 두 번째 앨범을 버리고 파티뇨가 편집한 〈유 워 멘트 포 미〉 버전을 보류했다. 그 대신에 대학 캠퍼스와 대학 라디오방송국을 중심으로 투어 활동을 두 배로 늘렸다. 마침내 이 전략이 결실을 맺기 시작하면서 첫 번째 싱글인 〈후 윌 세이브 유어 소울〉이 여러 음반 차트에 올랐다. 이후로 그녀는 열심히 투어를 돌면서 배운 전부를 쏟아부어 〈유 워 멘트 포 미〉를 고친 다음 새로운 버전을 내놓았다. 주얼은 프로 경력이 얼마 되지 않았을 때 닐 영의 목장에서 녹음했던 오리지널 곡을 부를 때 너무 긴장했고, 밴드와 연주한다는 불편감이 곡에서 드러났다고 느꼈다. 주얼의 오랜 친구이자 레드 핫 칠리 페퍼스Red Hot Chili Peppers의 멤버인 플리Flea가 베이스를 연주한 새 버전은 좀 더 느긋하고 감정이 풍부해졌다. 주얼의 앨범 판매량이 변화를 보이다가 상승세를 나타냈다. 관능적인 분위기의 〈유 워 멘트 포 미〉 공식 뮤직비디오를 내놓은 이후로는 판매량이 폭발적으로 증가했다. 발매 후 1년 동안 불과 몇천 장 팔렸던 이 앨범이 매달 100만 장 가까이 팔려나갔다. 주얼은 "정말 믿기 힘들었어요. 작디작은 눈뭉치가 흐름을 바꿔놓을 정도로 탄력을 받았죠"라고 말했다. 단단한 목재는 천천히 자란다.

명성보다 음악을 더 중요하게 생각한 주얼의 전략은 슬로우 생산성의 세 번째이자 마지막 원칙인 '퀄리티에 집착한다'를 아주 잘 보여주는 사례다. 다음에 제시한 정의에서 잘 알 수 있듯이, 가능

한 한 최고의 결과를 내는 데 주의를 집중하다 보면 당연히 속도는
느려질 수밖에 없다.

— 원칙 #3: 퀄리티에 집착한다

단기적으로 기회를 놓치는 한이 있더라도 자신이 만들어내는 결
과물의 퀄리티에 집착하자. 이런 결과의 가치를 활용함으로써 장
기적으로 더욱더 큰 자유를 누리도록 하자.

다음에 이어질 내용에서는 주얼의 사례에서 잘 드러난 퀄리티
와 슬로우 생산성의 유익한 연관성을 밝힌다. 퀄리티를 높이려면
속도를 늦춰야 한다. 일단 높은 퀄리티를 달성하면 분주함에서 한
층 더 멀어지는 데 필요한 힘을 얻을 수 있으므로 일할 때 들여야
하는 수고를 조절하는 데 도움이 된다. 이와 관련한 설명을 끝낸
다음에는 퀄리티에 대한 집착을 각자의 삶에 적용하는 데 필요한
실질적인 조언을 담은 제안을 두 가지 소개할 것이다.

이 원칙을 마지막에 소개하는 데는 이유가 있다. 바로 이 원칙
이 슬로우 생산성을 실천하는 원칙들을 서로 이어주는 접착제 역
할을 하기 때문이다. 업무량 줄이기와 자연스러운 속도로 일하기
는 슬로우 생산성을 달성하는 데 반드시 필요한 요소들이다. 하지
만 퀄리티에 집착하지 않고 이 두 원칙을 단독으로 실행한다면 시
간이 흐름에 따라 일과 우리의 관계를 좀먹기만 할 가능성이 크다.
일을 다스려야 하거나 해결해야 하는 부담으로 여기기 쉽기 때문

이다. 느림이 일과 삶이 싸우는 무미건조한 전장에서 써먹을 단순한 전략으로서의 역할을 뛰어넘어 필요불가결한 요소가 되려면 자신이 내놓을 결과의 퀄리티에 집착해야 한다. 즉, 이 원칙은 의미 있는 직업 생활을 이끌어나가는 원동력이다.

지식 노동자는 왜 퀄리티에 집착해야 할까?

예술가에게 퀄리티가 중요한 이유는 누가 봐도 뻔하다. 주얼은 정말 노래를 잘했기 때문에 애틀랜틱 레코드가 계약금으로 100만 달러를 제시했다. 하지만 지식 노동에서는 이런 연관성이 모호해진다. 대부분의 사람은 노래나 연기처럼 단 한 가지 일만으로 업무 평가를 받지 않는다. 지식 노동을 하려면 다양한 여러 목표를 한꺼번에 처리하는 능력이 필요하다. 교수로서 나는 강의를 하고, 연구비를 신청하고, 기존 연구비에 따르는 서류 작업을 처리한다. 학생들을 지도하고, 위원회에 참석하고, 논문을 쓰고, 이런 논문을 발표하기 위해 학회에 참석하고, 게재 형식에 맞춰 논문을 수정하느라 고심한다. 그 순간에는 모든 일이 중요해 보인다. 다른 지식 노동의 경우도 마찬가지로 다양하다.

하지만 지식 노동을 할 때도 자세히 살펴보면 수많은 해야 할 일

중에서도 가장 중요한 핵심 활동이 한두 가지 숨어 있기 마련이다. 예를 들어 교수가 승진을 목표로 하면 하루 일과를 차지하는 대부분의 일이 고려 대상 밖으로 사라진다. 승진은 교수가 한 연구가 자기 분야에 얼마나 중요한 영향을 미치는지 저명한 학자들이 논의해서 쓴 철저한 기밀문서로 판가름 난다. 즉, 대학교수에게는 훌륭한 연구 논문이 가장 중요한 업무다. 학술 전문성을 탁월하게 발휘하지 못한다면 아무리 고된 일을 많이 하더라도 교수로서 제대로 인정받기 어렵다. 다른 지식 노동 업무의 경우에도 온갖 할 일이 정신없이 휘몰아치는 와중에 핵심 활동이 숨어 있다. 주얼이 노래를 잘해야 했듯이 그래픽디자이너는 효과적인 시각디자인을 내놓아야 하고, 개발 이사는 자금을 조달해야 하며, 마케터는 상품을 판매해야 하고, 관리자는 팀이 제대로 기능하도록 이끌어야 한다.

슬로우 생산성의 세 번째이자 마지막 원칙은 직업 생활에서 가장 중요한 핵심 활동의 퀄리티에 집착하라고 요구한다. 이 원칙의 목표는 일을 정말로 잘하기 위해서 일을 잘하게 되는 것이 아니다 (물론 이는 바람직한 결과다). 앞으로 자세히 설명하겠지만, 자기가 내놓을 결과의 퀄리티에 집중해야 하는 이유는 퀄리티가 유사생산성에서 벗어나 슬로우 생산성을 받아들이려는 욕구와 뜻밖의 방식으로 이어져 있기 때문이다.

주얼의 이야기에서 가장 흥미진진한 부분은 주얼이 계약금으로

222   CHAPTER 5

100만 달러를 제시받은 대목이다. 하지만 슬로우 생산성의 관점에서 볼 때 더 중요한 부분은 주얼이 그 계약금을 거절했다는 사실이다. 앞에서 설명했듯이 주얼은 음악 업계에서 오랫동안 커리어를 쌓아가려면 음악의 퀄리티를 더 높은 수준으로 끌어올려야 한다고 생각했다. 계약금을 거절해서 음반사에 부담을 지우지 않은 덕분에 주얼은 실력을 향상할 시간을 벌 수 있었다. 이와 같은 효과는 다양한 분야에 적용된다. 실력을 향상하고자 집중하다 보면 단시간에 결과를 내놓을 수 없으므로, 퀄리티에 집착하다 보면 속도가 느려지기 마련이다.

지식 노동이라는 맥락에서 볼 때 고품질을 달성하기 위해 느린 속도를 감수해야 했던 가장 유명한 사례는 의기양양하게 애플로 복귀한 스티브 잡스의 경우를 들 수 있을 것이다. 잡스가 1997년에 임시 CEO를 맡았을 당시는 애플의 분기 판매액이 30퍼센트 감소한 시점이었다. 잡스는 애플의 문제가 제품 라인을 문어발식으로 확장한 것과 관련이 있다고 판단했다. (애플은 소매점의 요구에 부응해 한때 애플의 자랑이었던 매킨토시의 10여 가지 버전을 비롯해 핵심 컴퓨터 모델을 아주 다양하게 개발했다.) 잡스의 전기를 쓴 작가 월터 아이작슨Walter Isaacson에 따르면 잡스는 경영진에게 "친구들에게 어떤 모델을 사라고 하시나요?"라는 간단한 질문을 던지기 시작했다. 경영진이 명확한 대답을 내놓지 못하자 잡스는 제품 라인을 업무용 데스크톱과 노트북, 일반용 데스크톱과 노트북이라는 단 네 가지 컴퓨터로 단순화하는 결정을 내렸다. 이로써 어떤 애플 기기가 자신에게 적합할지 헷갈릴 일이 없어졌다.

애플이 제품 라인을 간소화하면서 품질과 혁신에 역량을 집중할 수 있었다는, 즉 소수의 특출한 제품을 만드는 데 주력을 기울일 수 있었다는 사실도 중요하다. 예를 들어 이 시기에 애플은 컬러풀하고 동글납작한 아이맥과 기발한 조개껍질 모양의 아이북을 출시했다. 다양한 제품 라인을 포기하고 품질에 집중한 결정은 효과가 있었다. 잡스가 세운 계획이 실행 단계에 있었던 첫 번째 회계연도에 애플은 10억 달러가 넘는 적자를 냈다. 하지만 이듬해에는 3억 900만 달러에 달하는 이익을 올렸다. 잡스는 "무엇을 하지 않을지 결정하는 것은 무엇을 할지 결정하는 것만큼 중요합니다"라고 설명했다.

퀄리티와 느림의 상관관계는 좀 더 작은 규모에서도 나타난다. 내가 실시했던 독자 설문에는 퀄리티를 추구하다 보니 단순함이 필요하다는 사실을 발견한 사람이 많이 있었다. 예를 들어 크리스라는 컨설턴트는 이메일 수발신 시간을 오전에 한 시간, 오후에 30분으로 제한하고, 팀원들에게 매일 오후 세 시간 동안 회의나 메시지 송수신, 전화 통화를 하지 않는 심층 업무 시간을 준수하도록 요구함으로써 팀이 맡은 의뢰인 업무의 퀄리티를 '크게 높일' 수 있었다. 애비라는 연구소장도 비슷한 말을 했다. '셀 수 없이 많은 프로젝트에 시달려' 기진맥진했던 애비는 새로운 직책을 맡게 되면서 다른 전략을 채택하기로 마음을 먹었다. 즉, 중요한 목표 딱 두 가지에 에너지를 집중하기로 했다. 이렇게 명확한 목표를 세운 덕분에 정신 사납고 과도한 분주함에서 벗어날 수 있었다. 그녀는 "중요한 목표 두 가지를 염두에 뒀더니 무엇을 거절해야 하고 어떻게 속도를 조절해야 할지 좀 더 쉽게 파악할 수 있었습니다"라고 설명했다. 버니라는 비영리 컨설턴트 역시 '명확하게 규정된 목적/비전'을 활용해 일하는 속도를 늦추고 업무에 집중했다. 그는 "정신 사나운 일을 나날이 쌓아두고 하는 것보다 매일 조금씩 양질의 업무를 해나갈 때 점점 더 만족스러운 결과를 얻을 수 있습니다"라고 말했다.

슬로우 생산성의 첫 번째 원칙에서는 과부하가 일의 체계를 세우는 데 인도적이지도 실용적이지도 않은 접근법이므로 업무량을 줄여야 한다고 주장한다. 반면에 퀄리티에 집중하는 세 번째 원칙은 업무 간소화를 선택 사항에서 의무 사항으로 바꾼다. 일단 어떤 일을 아주 잘하기로 결심하면 분주함을 견딜 수 없게 된다. 다시 말해 세 번째 원칙은 첫 번째 원칙을 고수하는 데 도움이 된다. 또한 다시 주얼의 이야기로 돌아가 살펴보겠지만, 퀄리티와 업무량 줄이기 사이의 관계에는 좀 더 절묘한 다른 측면이 숨어 있다.

데뷔 앨범이 대성공을 거둔 이후로 주얼은 1998년에 두 번째 앨범 〈스피릿 Spirit〉을 내놓았다. 이 앨범은 발매 첫 주에 빌보드차트에서 3위를 차지했고 35만 장이 넘게 팔렸다. 주얼은 이 앨범을 홍보하기 위해 6개월에 걸쳐 해외 투어에 나섰다. 이 무렵에 주얼은 이안 감독의 〈라이드 위드 데블Ride with the Devil〉로 영화에도 데뷔했다. 그러면서 앨범을 발매하는 사이사이에 영화 배역 오디션을 볼 수 있는 로스앤젤레스로 이사하라는 압력이 점점 더 거세게 받았다. 하지만 이렇게 기세가 정점을 찍는 순간에 주얼은 다시 생각하기 시작했다. 그녀는 회고록에 "내가 과연 이런 식으로 경력을 쌓아가고 싶었던 것인지 확신이 서지 않았다. 경력은 그저 계속 불어나기만 하다가 나를 집어삼키고 있었다"라고 썼다. 주얼은 쇠뿔도 단김에 빼라는 연예계 공식에서 벗어나 속도를 늦추기로 했다. 그래서 로스앤젤레스로 이사하는 대신 당시 남자친구였던 로데오기수 타이 머리Ty Murray와 함께 텍사스주에 있는 목장으로 거처를 옮겼고, "부도 명성도 더는 필요하지 않아요"라고 말했다. 이후 다시는 해외 투어를 돌지 않았다.

앞에서 확실히 밝혔듯이 높은 퀄리티를 추구하려면 속도를 늦춰야 한다. 연예계 성공 가도에서 벗어난 주얼의 이야기에서는 두 개념 사이에서 영향력을 표시하는 화살표의 방향이 바뀌었다. 여기에서 내가 하고자 하는 말을 좀 더 잘 설명하기 위해 해외 콘서트 투어라는 낯선 세계에서 벗어나 밴쿠버섬의 온대 우림 속으로 오래 차를 몰고 들어가면 그 끝에서 만날 수 있는 수수한 현대식 집으로 주의를 돌려보자. 이곳에는 폴 자비스가 살고 있다. 폴 자비스가 정확히 어떤 일을 하는지 정확하게 설명하기는 어렵지만, 컴퓨터 화면을 사용하는 일이고 하이킹을 하거나 정원에서 사부 작거리며 바깥에서 상당한 시간을 보낼 수 있는 일이다. 어떻게 보면 이렇게 딱 잘라서 설명하기 어려운 부분이 핵심이다.

나는 자비스가 2019년에 발표한 책『1인 기업』을 그의 담당 편집자가 내게 보내준 것을 계기로 그를 알게 됐다. 나는 "사업 규모를 키우지 말라"던 이 책의 대담한 전제에 끌렸다. 그는 운 좋게도 기업가로서 기울인 노력이 결실을 맺기 시작했다면 이런 성공을 활용해서 수입을 늘리는 대신에 자유를 손에 넣으라고 주장한다. 이런 역동은 간단한 사고실험으로 잘 보여줄 수 있다. 당신이 시급 50달러를 청구하는 웹디자이너라고 상상해보자. 일주일에 40시간, 1년에 50주를 일한다고 가정할 때 매년 벌 수 있는 돈은 10만 달러다. 이제 이 수준으로 몇 년 동안 경력을 쌓아서 기술 수준이 높아지고 당신의 서비스를 원하는 수요가 증가한다고 상상해보자. 일반적인 경우라면 이럴 때 사업 규모를 키우려고 한다. 디자이너를 여러 명 고용하면 연간 수백만 달러에 이르는 수익을 내고, 10만 달러를 훨씬 웃도는 연봉을 벌 수 있을 정도로 규모를 키울 수 있다. 이런 성장을 거듭해나가면 언젠가는 연봉 100만 달러를 거뜬히 달성하는 기업으로 키울 수 있을지 모른다.

『1인 기업』에서 자비스는 대안을 고려해보라고 권한다. 평판이 널리 퍼진 다음에 기업 규모를 키우는 대신 시급을 100달러로 올리면 어떻게 될까? 그러면 1년에 25주만 일하면서도 연봉을 똑같이 10만 달러로 유지할 수 있다. 즉, 놀라울 정도로 자유를 만끽할 수 있는 노동 생활을 꾸려나갈 수 있다. 물론 지금부터 10년 후에 100만 달러를 벌 수 있다면 좋을 것이다. 하지만 필요한 규모의 사업체를 구축하는 데 따르는 온갖 스트레스와 번잡함을 생각하면, 지금 당장 일을 절반으로 줄일 수 있는 경우보다 더 멋진 위치에 오르게 될지는 분명하지 않다.

자비스의 철학은 자신이 일을 하면서 내린 결정에 그대로 드러난다. 그는 대학에서 컴퓨터공학을 공부했지만 시각디자인 쪽에도 감각을 타고났다. 1990년대에 제1차 인터넷 붐이 일었을 때 이 두 가지 기술은 웹사이트 디자인이라는 떠오르는 매체에서 성공하기에 완벽한 조합이었다. 자비스는 사람들의 눈길을 끄는 몇몇 사이트를 직접 만들었고, 곧 디자인 의뢰가 들어왔다. 그는 금세 밴쿠버 시내 '하늘에 떠 있는 유리 정육면체' 안에서 바쁘게 살아가는 웹디자이너가 됐다. 자비스는 작은 사업을 키워나가야 한다는 지극히 평범한 압박을 느꼈다. 수익 증가는 더 좋은 아파트에 살면서 명성을 누릴 수 있다는 뜻이었다. 하지만 지금껏 연마한 기술로 이렇게 평탄한 길을 걸을 수 있는데도 자비스의 마음은 그곳에 없었다. 그는 2016년에 한 인터뷰에서 "아내와 나는 이미 도시에 질린 상태였습니다. 치열한 생존경쟁에서 아등바등하고 있었지만 뭔가 다른 것을 원했죠"라고 밝혔다. 프리랜서로 디자인을 하는 업무가 인터넷만 연결되어 있다면 어느 곳에서나 할 수 있는 일임을 깨달은 자비스 부부는 밴쿠버섬 태평양 해안에 있는 토피노 외곽 숲으로 이사했다. 덕분에 서퍼인 아내는 고요한 그 마을에서 유명한 레저인 서핑을 즐길 수 있었다.

밴쿠버섬 숲속에 살다 보면 돈을 쓸 기회가 별로 없어서 절약하기가 쉽다. 자비스는 "외딴곳에 살면 대신 일해줄 사람이 없어서 많은 일을 스스로 해야 합니다"라고 설명했다. 도시에 사는 비용을 충당하느라 수입을 늘려야 할 필요가 없어진 자비스는 연마한 기술을 활용해 업무량을 유연하고 적정한 수준으로 유지했다. 처음에는 프리랜서로 수주한 디자인 계약에 집중했다. 그는 찾는 곳이 많은 디자이너였으므로 시급은 높게, 프로젝트 수는 적게 유지할 수 있었다. 그러다가 마감 기한과 고객 응대에 진절머리가 난 그는 뛰어난 기술과 높은 평판을 바탕으로 한층 더 느긋한 생활을 누릴 수 있는 방법을 모색했다. 그는 프리랜서 공동체를 대상으로 다양한 틈새 주제를 노린 온라인 강의를 실험하기 시작했다. 또한 팟캐스트 방송을 진행하기 시작했고, 틈새시장을 겨냥한 소프트웨어 도구를 출시하는 데로 주의를 돌렸다. 최근에는 구글 애널리틱스보다 사용자 프라이버시 보호 수준을 높인 대체품인 패덤 애널리틱스를 내놓았다.

최근 몇 년 동안 자비스가 해왔던 일들을 일일이 열거하면서 설명하기는 어렵다. 그가 내놓은 다양한 아이디어는 더 이상 작동하지 않는 URL과 쓸모없게 된 웹사이트를 흔적으로 남긴 채 오락가락하기 때문이다. 이는 물론 차세대 마이크로소프트를 구축하는 대신 호기심을 자극하기에 충분한 일을 하면서 느긋하고 돈이 많이 들지 않는 생활방식을 추구하는 사람이 할 법한 일이다. 자비스는 "보통 해가 뜨면 일어나지만 알람시계는 없어요. 커피를 내리는 동안 창가에 서서 야생 토끼들이 뛰놀고 벌새들이 나는 모습을 구경합니다. 가끔은 심술궂은 너구리가 정원을 망가뜨리지는 않는지 감시하기도 하죠"라고 설명한다.

주얼과 폴 자비스 두 사람은 모두 일하면서 비슷한 교훈을 발견했다. 시장은 속도를 늦추고 싶어 하는 개인의 관심에 아무런 신경을 쓰지 않는다. 자신의 업무 일정을 좀 더 느슨하게 조절하고 싶다면 반대급부로 뭔가를 제공해야 한다. 대개 가장 활용하기 좋은 자원은 자기 자신의 능력이다. 자비스의 이야기는 퀄리티에 '집착'하는 데 따르는 이득을 얻기 위해서 슈퍼스타의 지위를 좇는 데 평생을 바칠 필요는 없다는 사실을 증명하고 있다는 점에서 무척 든든하다. 자비스는 음반을 1500만 장 판매한 스타는 아니지만, 오랫동안 일을 하면서 자기가 종사하는 특정 분야에서 희귀하고 가치 있는 핵심 기술을 익혔다. 이런 기술도 제대로 활용하면 직업생활을 대폭 단순화하기에 충분했다. 우리는 유능해지는 대가로 받을 수 있는 유일한 보상이 소득과 책무 증가라는 생각에 너무 젖은 나머지 퀄리티를 추구하는 보수를 좀 더 지속 가능한 생활방식이라는 형태로 거둬들일 수 있다는 사실을 잊고 살아간다.

　지금까지 퀄리티에 대한 집착이 유사생산성 부정으로 이어지는 상호 보완적인 방식 두 가지를 자세히 살펴봤다. 퀄리티에 대한 집착은 느긋함을 '요구'하는 동시에 느긋함을 '실현'한다. 이런 현실을 바탕으로 제시하는 다음 제안들은 핵심 업무를 더 잘해내는 것을 중심으로 직업 생활을 재구축할 수 있도록 도와줄 것이다. 또한 이로써 얻게 될 기회를 단순화에 좀 더 적절히 활용할 수 있도록 이끌어줄 것이다. 이 같은 구체적인 조언을 검토할 때는 앞에서 소개했던 크리스라는 컨설턴트가 심층 업무 시간 중에 회의와 이메일 수발신을 하지 않도록 제한했던 예나 폴 자비스가 토피노 자택의 드넓은 정원으로 이어지는 가로수 길을 걸었던 예를 염두에 두도록 하자. 퀄리티에 집착한다는 말은 단순히 일을 더 잘하게 된다는 뜻이 아니다. 오히려 슬로우 생산성에 관심이 있는 사람들을 위한 비밀 무기라고 할 수 있다.

취향을
연마하자

영향력 있는 NPR 프로그램 〈디스 아메리칸 라이프 This American Life〉를 진행하는 아이라 글래스 Ira Glass는 퀄리티 높은 결과물을 내놓는 일에 관해서 상당히 실용적인 발언을 했다. 온라인에 널리 퍼진 이 인터뷰에서 글래스는 라디오 제작과 스토리텔링에 대해 이야기하면서 다음과 같이 조언했다.

> 창작을 하는 사람들은 다들 취향이 훌륭하기 때문에 창작에 발을 들이게 됩니다…. 하지만 그 안에는 격차가 있습니다. 뭔가를 만들어 나가기 시작한 이후로 처음 몇 년 동안 만들어낸 결과물은 썩 훌륭하지 않습니다…. 그렇게 뛰어나지 않죠…. 막 시작해서 그 구간에 들어선 사람이라면 지극히 정상적인 일이고, 그때 할 수 있는 가장 중요한 것은 일을 많이 하는 것입니다…. 마감일을 정해놓고 매주 혹은 매달 하나씩 스토리를 완성하도록 하세요…. 실제로 일을 많이 해봐야 격차를 따라잡고 줄여나갈 수 있습니다. 그래야 자기 눈에 차는 결과물을 내놓을 수 있게 되죠.

글래스는 높은 퀄리티를 달성하려면 '취향'이 중요하다고 꼭 집어서 말했다. 창조라는 행위는 새로운 가능성이 자연스럽게 연이어 터져 나오는 과정이다. 그렇게 쏟아져 나온 가능성들을 말로 표현하기 어려운 사고 과정을 거쳐서 될 만한 것과 그렇지 않은 것으로 걸러낸다. 이런 본능적인 직감이 바로 취향이다. 소설가 앤 라모트는 『쓰기의 감각』에서 이런 창작의 리듬을 우아하게 담아낸다. "다시 책상에 자리를 잡고 앉아 어제 쓴 페이지들을 멍하니 바라본다. 네 번째 페이지에 냄새, 소리, 음성, 색채까지 온갖 인생을 담아낸 단락이 있다. 그 앞에 세 페이지에는 관심도 주지 않는다. 그 페이지들은 네 번째 페이지에 도달하기 위해서 써야 했던 내용이므로 지워버릴 것이다. 사실 그 긴 한 단락이야말로 글을 쓰기 시작했을 때 염두에 두었던 내용인데, 그 사실을 몰랐을 뿐이다." 이 과정에서 취향은 가능한 창작의 적합도 지형 fitness landscape(적합도를 산맥에 빗댄 시각적 비유로 높은 곳, 즉 꼭대기일수록 적합도가 높다는 뜻이다.—옮긴이)에서 당신이 골짜기를 벗어나 정상으로 향하게끔 인도하는 나침반이다.

글래스는 위 인터뷰에서 특히 창작 경력을 쌓기 시작한 초기에 취향과 능력 사이에 존재하기 마련인 격차에 초점을 맞추고 있다. 그는 훌륭하다고 생각되는 기준을 충족하기 위해 필요한 기술을 습득하기보다 무엇이 훌륭한지 알아보는 법을 배우는 것이 더 쉽다고 지적한다. 나는 폴 토머스 앤더슨 Paul Thomas Anderson 감독의 영화 〈부기 나이트 Boogie Nights〉의 오프닝을 장식하는 장대한 3분짜리 이동 촬영 장면이 얼마나 대단한지 알아볼 수 있지만, 어떻게 하면 그렇게 멋진 장면을 찍을 수 있는지는 짐작조차 할 수 없다. 이 현실에는 근본적인 좌절감이 서려 있다. 취향은 현 시점에서 만들어낼 수 있는 최고의 결과물로 우리를 인도할 수 있지만, 최종 결과물을 보고 느낄 실망감 역시 부추길 수 있다. 글래스는 이런 불안한 자기평가를 해소하고 싶은 욕망, 즉 취향과 능력 간의 거리를 줄이고 싶은 욕망에서 발전이 생겨난다고 주장한다. 그는 막 일을 시작한 사람들에게 계속해서 노력하라고 조언한다. 그렇게 의도적으로 기울이는 노력이야말로 격차를 줄이는 유일한 방법이기 때문이다.

분명히 건실한 조언이지만 여기에는 중요한 요소가 한 가지 빠져 있다. 바로 애초에 취향을 키우는 법이다. 글래스는 "창작을 하는 사람들은 다들 취향이 훌륭하기 때문에 창작에 발을 들이게 됩니다"라고 말한다. 하지만 이런 안목은 어디에서 생겨나는 것일까? 다른 인터뷰들에서 글래스는 자신이 초창기에 했던 라디오방송의 퀄리티가 낮아 불만스럽다는 이야기를 종종 한다. 예를 들어 2022년에 마이클 루이스^{Michael Lewis}가 진행하는 팟캐스트에 출연해 나눈 대화에서 글래스는 1986년에 오레오 쿠키 발매 75주년을 기념해 녹음했던 라디오방송을 낱낱이 비평했다. 그는 루이스에게 그 방송이 "지독하게 평범"했고 "전혀 훌륭하지 않았다"라고 말한다. 언뜻 보기에 이는 글래스가 모든 창작자가 극복해야 한다고 말했던 취향과 능력의 격차를 잘 보여주는 사례 같다. 하지만 루이스와 글래스가 대화를 이어나가는 과정에서 글래스가 그 방송을 녹음하던 당시에는 그 방송이 미흡했다는 점을 인식하지 못했다는 사실이 드러난다. 그는 당시를 회상하며 "녹음을 마쳤을 때는 '됐어, 드디어 이해했어. 내가 하는 일이 무엇인지 드디어 알겠어'라고 느꼈던 기억이 납니다"라고 말한다.

여기에서 우리는 퀄리티 높은 결과물을 만들어내는 과정에 숨은 이면을 발견할 수 있다. 글래스의 취향은 1986년에 비해 2022년에 더 세련되어졌다. 그가 거둔 성공은 자기 자신이 세운 높은 기준을 충족하려는 의욕뿐만 아니라 시간이 흐르면서 그런 기준을 '개선'하고자 했던 노력에서도 비롯됐다. 소설가들의 사례를 다시 살펴보면, 높은 평가를 받는 신인 작가들이 MFA ^{Master of Fine} ^{Arts}(직업 예술 관련 실무를 중심으로 공부하는 석사과정.—옮긴이) 과정을 밟은 경우가 많다는 데서 이런 현실이 드러난다. 예를 들어 나는 가장 최근에 문학 소설 부문에서 영예로운 상인 펜/헤밍웨이상 데뷔 장편소설 부문 최종 후보(이 장을 쓰고 있던 시점 기준)에 오른 다섯 명의 이력을 조사했다. 최종 후보 다섯 명 중 네 명이 수상 후보 작품을 출판하기 이전에 MFA 과정을 밟고 있거나 그 과정을 가르치고 있었다. MFA 과정의 영향력은 직접적인 집필 교습 지도가 아니라, MFA 과정이 성장하는 소설가에게 제공하는 엘리트 공동체에서 비롯된다. 새롭고 흥미로운 방향으로 나아가는 다른 젊은 작가들이 쓴 작품을 읽고 비평하고 감탄하면서 2년을 보내고 나면, 글쓰기로 달성하고자 하는 기준이 더 분명해진다. 물론 문학계에서 성공하기 위해 꼭 이런 과정에 참여해야 하는 것은 아니다. 예를 들어 콜슨 화이트헤드^{Colson Whitehead}는 의심할 여지없이 동세대에서 가장 재능 있는 소설가 중 한 명이지만 학사 학위를 따는 데 그쳤다. 하지만 성공한 작가 가운데 MFA 과정을 밟은 이들이 많은 데는 그만한 이유가 있다. 바로 이 과정이 문학 취향을 키우는 데 효과적인 교육체계를 제공하기 때문이다.

우리는 퀄리티에 집착하는 아이라 글래스를 우러러보면서도 우리 내면의 필터를 먼저 개발하는 것이 얼마나 중요한지는 간과하곤 한다. 노력, 의욕, 근면함에 초점을 맞추는 것은 흥미진진하다. 하지만 애초에 탁월함이 무엇인지 제대로 이해하지 못한다면 라디오 프로그램이나 소설 원고 같은 창작 결과물을 제아무리 갈고 닦아도 탁월함에 이르기는 어렵다. 이 제안은 이렇게 생략된 부분을 채우고자 한다. 지금부터는 자신의 분야에서 무엇이 가능한지 좀 더 제대로 이해할 수 있도록 돕고자 고안한 실질적인 조언을 해보겠다.

영화광이
되자

최근에 내가 글을 더 잘 쓰기 위해서 했던 가장 잘한 일 중 하나는 바로 쿠엔틴 타란티노 Quentin Tarantino 감독의 영화 〈저수지의 개들 Reservoir Dogs〉을 본 것이었다. 왜 그런지 이해하려면 먼저 내가 오래전부터 쭉 영화를 좋아해왔다는 사실부터 알아둬야 한다. 아이들이 태어나기 전에 아내와 나는 유명한 영화가 개봉하면 거의 다

보러 갔다. 넷플릭스가 등장하기 전인 이 시절에 우리는 보스턴의 독립 영화관에 걸리는 제법 흥미로운 다큐멘터리 영화도 꽤 많이 봤다. 하지만 마흔 살이 되어서야 영화 제작 기술을 좀 더 체계적으로 공부해보면 재미있겠다는 생각을 하게 됐다. 나는 『디지털 미니멀리즘』이라는 책에서 여가의 질을 높이는 것이 얼마나 중요한지 자세하게 설명했다. 기념할 만한 마흔 살 생일을 맞이하고 나서야 나는 자신이 한 조언을 따르고 있지 않다는 것을 깨달았다. 교수이자 작가로서 하는 일과 아버지로서 맡은 역할을 다하고 남은 자유 시간을 모조리 독서로 채우는 습관 때문에 진지한 취미라고 할 만한 활동은 아무것도 없었다. 그래서 예전에 꽤나 흥미가 있었던 영화에 도전하기로 했다.

처음에는 영화 이론 입문서를 읽기 시작했지만 이 책은 별로 도움이 되지 않았다. 편집과 사운드 같은 개념을 추상적이고 간단한 용어로 설명할 뿐이라서 전형적인 학위 과정에서 들을 법한 고급 강의에서 사용하는 용어집 같은 느낌이었다. 그다음에는 로저 에버트 Roger Ebert가 쓴 책 『위대한 영화』를 읽었다. 이 책은 퓰리처상을 수상한 영화 평론가인 로저 에버트가 아주 독창적이라고 생각한 영화 100편에 대해서 쓴 글 100편을 담고 있었다. 특정 영화에 대한 구체적인 칭찬을 분명하게 서술한 책이라서 좀 더 도움이 됐다. 타란티노 감독이 쓴 에세이 모음집인 『영화 사색 Cinema Speculation』 역시 훌륭한 영화를 훌륭하게 만드는 요소와 재미있는 영화를 재미있게 만드는 요소가 무엇인지 알려주는 중요한 통찰을 제공했다.

하지만 가장 유용한 방법은 높은 평가를 받은 영화를 골라서 그 영화에 대한 감상과 글을 대여섯 편 정도 읽은 다음, 영화를 감상하는 것이었다. 그다음에는 한발 더 나아가서 영화 전문 잡지나 온라인 커뮤니티에서 해당 영화에 관한 기사를 찾아봤다. 이러한 기사는 렌즈와 프레이밍 기법을 흡족할 만큼 자세히 다루는 경우가 많았다. 예를 들어 〈매드 맥스: 분노의 도로Mad Max: Fury Road〉에서 감독 조지 밀러George Miller와 촬영감독 존 실John Seale(은퇴했다가 이 영화로 복귀했다)은 의도적으로 모든 숏의 초점을 프레임 중앙에 배치했다. 이는 일반적인 영화 촬영 상식에서 벗어나지만 관객들이 계속해서 장면이 전환되는 액션을 훨씬 편안하게 따라갈 수 있도록 하기 위한 시도였다. 촬영감독 바시 네도만스키Vashi Nedomansky가 쓴 기사를 읽으면서 이런 중앙 배치 프레이밍 기법을 알게 되자, 밀러 감독이 만든 걸작에 대한 내 인식이 완전히 바뀌었다.

이쯤에서 다시 〈저수지의 개들〉로 돌아가보자. 독학으로 영화를 공부하던 나는 필연적으로 타란티노가 1992년에 내놓은 명작 영화 〈저수지의 개들〉을 보게 됐다. 이 영화는 고루하고 안일한 할리우드 블록버스터들이 10년째 영화계를 장악한 상황에서 독립 영화계를 되살렸다. 타란티노가 비선형적 서사nonlinear narrative(사건을 시계열 순서대로 기술하지 않거나 인과관계가 직접적이지 않게 묘사하는 기법.—옮긴이)를 구사하고 장르 수사법을 재구성하는 방식을 읽으면서, 영화 공부가 내가 쓰는 글을 구성하는 방식에 영향을 미치고 있다는 사실을 깨닫기 시작했다. 예를 들어 내가 최근에 발표한 논픽션 책들은 자칭 '스마트 자기계발서' 형식을 취하고 있다. 이는 표준적인 조언 쓰기(내가 청소년 시절부터 성인이 된 직후까지 푹 빠져 있었고 크나큰 애정을 느끼는 장르다)의 관례와 일반적인 논픽션 글쓰기의 좀 더 세련된 방식을 결합한 형식이다. 이 범주에 속하는 책들은 대부분 스티븐 코비^{Stephen Covey} 유형이나 말콤 글래드웰^{Malcolm Gladwell} 유형 중 하나에 속한다. 나는 이 두 유형을 섞어 쓰기를 좋아한다. 나는 그저 그런 결정이 자연스럽다고 느꼈을 뿐, 딱히 진지하게 생각해보지 않았다. 하지만 타란티노를 공부하면서 적절하게 주의를 기울인다면 고급스러운 목표를 추구하면서 좀 더 저속한 장르 수사법을 적용할 때 강력한 창작력을 발휘할 수 있다는 사실을 깨달았다. 영화는 작가로서 내 경력과 아무런 관련이 없지만, 영화를 공부하면서 작가로서 내 야심은 한층 커졌다.

사실 이런 연구 대상이 꼭 영화여야 할 필요는 없다. 핵심은 자신의 전문과 '다른' 분야에 푹 빠져드는 자체가 유용할 수 있다는 사실이다. 자신의 전문 분야에 대해서는 이미 너무 많이 알기 때문에 그 분야의 뛰어난 사례를 직접 연구하다 보면 오히려 주눅이 들기 쉽다. 거장들이 만들어낸 결과물과 현재 자기 자신의 능력 사이에 얼마나 큰 간극이 존재하는지 직면하면 기가 죽기 마련이다. 하지만 무관한 분야를 파고들 때는 그런 압박감이 줄어들어서 좀 더 가벼운 마음으로 주제에 접근할 수 있다. 나는 뛰어난 논픽션 작가들이 쓴 책을 읽을 때면, 그들이 나와 무엇이 다른지 찾아내려고 애쓰느라 손가락 마디가 하얗게 질리도록 책을 꼭 붙들고 보곤 한다. 도움은 되지만 동시에 지친다. 반면에 걸작 영화를 공부할 때는 아무런 거리낌 없이 마냥 즐기게 되고, 그 과정에서 기발한 영감이 샘솟는다. 퀄리티에 대한 집착을 키워나가는 여정에서 이런 측면을 고려해보자. 물론 자기 자신의 분야도 이해해야 하지만 다른 영역의 뛰어난 결과물에도 관심을 기울이자. 바로 이런 활동에서 좀 더 유연한 영감의 원천을 찾을 수 있는 동시에, 애초에 창작 행위가 왜 그토록 흥미진진한지 상기할 수 있다.

뜻이 맞는 사람들을 모아 모임을 시작하자

1930년대 중반, 당시 옥스퍼드대학교 모들린칼리지의 영문학 교수였던 C. S. 루이스^{C. S. Lewis}는 비공식 집필 토론 모임을 만들었다. 그는 그 모임에 친구들을 초대했는데, 그중에는 당시 옥스퍼드대학교 교수였던 J. R. R. 톨킨^{J. R. R. Tolkien}도 있었다. 처음에는 일주일에 한 번 정도 모들린칼리지의 루이스 교수실에서 만나 집필 중인 작품을 읽고 문학적 야심을 서로 나눴다. 나중에는 매주 오전에 한

번씩 옥스퍼드대학교 중심에 있는 술집인 이글 앤드 차일드^{Eagle and} ^{Child}에 모이는 전통을 만들었다. 모임의 이름은 잉클링스^{Inklings}였다.

루이스는 이 모임을 하면서 사변소설을 쓰는 데 관심을 가지기 시작했다. 1938년에는 잉클링스 회원들이 보내는 격려와 조력을 받으며 『고요한 행성 밖에서^{Out of the Silent Planet}』를 발표했다. 이 소설은 루이스와 톨킨이 당대에 유행한 초기 공상과학소설에서 발견한 비인간적인 경향을 바로잡으려고 시도했던 우주여행 이야기였다. 야심 차게 판타지소설을 쓰기 시작했던 루이스에게 기반을 마련해준 우주 3부작 중 첫 번째 소설이기도 했다. 이 3부작을 집필한 경험은 나중에 〈나니아 연대기〉 시리즈를 쓰는 밑거름이 됐다. 톨킨 역시 이 모임에서 받은 피드백을 적극적으로 활용해 나중에 〈반지의 제왕〉 시리즈로 거듭난 가상 신화 세계를 창조했다. 실제로 톨킨의 전기를 쓴 작가 레이먼드 에드워즈^{Raymond Edwards}는 잉클링스가 톨킨이 판타지 걸작을 내놓는 데 '산파나 다름없는' 역할을 했다고 표현했다.

나중에 해설자들은 잉클링스가 모더니즘을 거부하고 기독교 도덕률을 좀 더 친근하게 느끼도록 판타지 서사 형식을 도입한다는 구체적인 사명을 실현하고자 모였다고 설명했다. 하지만 에드워즈가 주장하듯이 이런 분석은 '지나치게 엄숙'하고 '과장된' 설명이었다. 에드워즈는 "잉클링스는 무엇보다도 루이스 친구들의 모임이었다. … '작가' 모임이 대개 그렇듯이 그들의 주요 기능은 독자로서 귀를 기울여 듣고 비평하며 격려하는 것"이었다고 자세히 설명했다. 여기에서 잉클링스가 주는 교훈을 찾을 수 있다. 직업상 비슷한 야심을 지닌 사람들이 함께 모이면, 그 집단 전체의 취향은 각 개인이 지닌 취향보다 뛰어나기 마련이다. 어떤 특정한 분야에서 사람들이 창작을 대하는 접근법은 각자 다양하기 때문이다. 자신과 같은 분야에 종사하는 다양한 사람의 의견을 종합하면 훨씬 많은 가능성과 뉘앙스가 탄생한다. 또한 여러 사람을 대상으로 과제를 수행할 때 발생하는 집중 효과도 기대할 수 있다. 다른 사람들에게 감명을 주고 싶을 때나 대화에 유의미한 기여를 하고 싶을 때는 혼자서 자기 성찰을 할 때 주로 도달하는 상태보다 좀 더 높은 집중력을 발휘하게 된다. 같은 일에 종사하는 서로 마음이 맞는 사람들이 모임을 만들어 다 함께 자신이 하는 일을 더 잘하려고 노력하면 단기간 내에 취향이 발전하면서 추구하는 퀄리티의 기준이 순식간에 향상될 수 있다.

고급 노트를
구입하자

컴퓨터공학 박사 후 과정 1년 차였던 2010년 봄에 나는 MIT 교내 서점에서 판매하던 고급 연구 노트를 충동구매했다. 내지는 연한 격자무늬가 들어간 두꺼운 보존용 중성지로 오른쪽 상단 모서리에 검은색 큰 글씨로 쪽 번호가 찍혀 있었다. 견고한 이중 스프링 제본 방식에 표지는 두꺼운 판지였다. 실험하는 과학자들은 이런 노트를 소중하게 다뤘다. 실험 기록과 결과는 연구 체계를 잡아줄 뿐만 아니라 특허 분쟁이 발생했을 때 주요 증거로 활용할 수 있다. (예를 들어 알렉산더 그레이엄 벨Alexander Graham Bell이 조심스럽게 보관한 연구 노트들은 경쟁 발명가 일라이서 그레이Elisha Gray를 상대로 벌인 전화 특허 분쟁에서 이기는 데 결정적인 역할을 했다.)

이런 높은 품질의 대가는 비용이다. 2010년에 얼마를 주고 그 노트를 구입했는지 정확하게 기억나지는 않지만 대충 50달러 정도로 당시 나에게는 거금이었다. 하지만 이 가격도 내가 그 노트에 끌린 이유 중 하나였다. 얼마나 비싼 노트인지 알고 있는 만큼 그 고급 종이에 쓸 내용에 좀 더 주의를 기울이고, 사고 역시 좀 더 구조적이고 신중해질 것이라고 판단했다. 엉뚱한 소리처럼 들릴 수도 있지만, 이론 컴퓨터공학 연구의 진보는 머릿속에서 증거를 처리하는 정신적 불쾌감을 더 오래 버틸 수 있는 사람이 결국 더 예리한 결과를 내놓게 되는 인지적 치킨게임일 때가 많다. 당시 연구자로서 내가 생각하는 자신의 가장 큰 단점은 어떤 정리나 새로운 알고리듬을 진지하게 생각하려고 할 때 너무 빨리 벗어나려는 버릇이었다. 멋진 연구 노트를 쓰면 그 게임에 좀 더 오래 붙어 있을 수 있지 않을까 기대했다.

나는 2012년 12월까지 2년이 조금 넘게 이 노트를 사용했다. 박사 후 과정 전체와 조교수로서 보낸 첫해에 걸친 기간이었다. 내가 이 날짜를 정확하게 기억하고 있는 이유는 최근에 침실 옷장 안쪽 선반에 보관하던 예전 다이어리 더미 사이에서 그 노트를 발견했기 때문이다. 노트를 넘겨보다가 방정식과 도표를 얼마나 깔끔하게 써놓았는지 보고 감탄했다. (대량 구매해서 사용하는 저렴한 노트에 휘갈겨 쓰는 글씨체는 간신히 알아볼 수 있는 수준이다.) 2년 동안 나는 그 노트 중에서 97페이지만을 꽉꽉 채워서 사용했다. 또 하나 놀라웠던 점은 이 노트에 적힌 수많은 증명 과정과 방정식이 무척이나 익숙했다는 사실이다. 사용한 97페이지를 다시 넘겨 보면서 나는 훗날 상호 검토 논문 일곱 편으로 확장된 핵심 결과들과 젊은 교수로서 미국국립과학재단이 주는 대규모 연구비를 획득한 계기가 된 아이디어를 발견했다. 이 연구 노트는 내가 학자가 된 이후 이 짧은 기간 동안 사용했던 수많은 노트 중 한 권이었지만, 과하게 비싼 선택지였던 이 노트가 생산성에 남다른 역할을 수행했다는 것은 의심할 여지가 없는 사실이다.

고급 도구가 노동의 퀄리티를 높일 수 있다는 개념은 학자 초년생이었던 나에게 국한된 생각이 아니다. 소설가들은 보급형 워드프로세서를 쓰다가 스크리브너 같은 전문 작가 전용 집필 소프트웨어로 바꿨을 때 에너지가 불타오르곤 한다. 각본가들은 영화 시나리오를 쓰려고 파이널 드래프트를 구매했을 때 더 유능해진 듯한 기분을 느낀다. 이런 비싼 프로그램은 저렴한 소프트웨어보다 더 많은 기능을 포함하고 있기도 하지만 그런 프로그램이 자아내는 '이제 나는 프로야'라는 분위기 역시 그만한 가치가 있다. 조 로건^Joe Rogan이 사용하는 것으로 유명한 300달러짜리 슈어 마이크를 구매하는 팟캐스트 진행자들에게서도 비슷한 효과를 발견할 수 있다. 대부분의 경우 청취자들은 전문가용 마이크와 저렴한 USB 마이크가 내는 사소한 품질 차이에 크게 개의치 않겠지만 야심찬 팟캐스터에게 이는 자신이 그 일을 진지하게 여기고 있다는 신호 역할을 한다. 컴퓨터 프로그래머가 모니터 두세 개를 설치해 정교한 디지털 워크스테이션을 설치할 때도 이런 역동이 작용한다. 이런 프로그래머들은 작업창 여러 개를 한꺼번에 볼 수 있는 능력이 생산성을 높인다고 단언한다. 이는 어느 정도 사실이지만 다중 모니터를 지원하는 그래픽 드라이버가 개발되기 이전 세대 컴퓨터 프로그래머들도 충분히 생산성을 발휘했다. 이런 구성 장치가 지닌 위력은 사용자가 효율적인 프로그램을 작성하는 어려운 업무에 임할 태세를 갖추며 전문가다운 마음가짐을 다지는 데서 발휘되기도 한다.

퀄리티를 추구한다는 것은 쉬운 일이 아니다. 능력을 키워나가는 계획을 진지하게 실천하고 싶다면 도구에 투자하는 방법도 바람직한 출발점이다.

완벽주의는
문제가 없을까?

이 장을 쓰고 있을 때 미건이라는 교수에게 연락을 받았다. 그녀는 내가 사용하는 '퀄리티에 집착한다'는 문구가 걱정스럽다고 말했다. 최근에 책 원고를 완성해서 보냈다는 미건은 "모든 측면이 완벽해야 한다는 개념이 자기 내면에 스며들어" 있어서 "책을 다 쓰기까지 너무 오래 걸렸다"라고 말했다. 그녀는 집착이 사람을 무력하게 만들 수 있다고 지적했다. 퀄리티는 물론 중요하지만 퀄리티만 고집하다 보면 영영 일을 끝내지 못할 수도 있다는 말이었다.

이 책에서 줄곧 그래왔듯이 이번에도 전통적인 지식 노동자 세계에서 이 문제를 바라보는 절묘한 관점을 찾아볼 수 있다. 대중음악계로 눈을 돌려 1967년에 초점을 맞춰보자. 1967년은 대중음악을 심오하지만 복잡하게 바꿔놓은 해였다. 이런 변혁의 씨앗은 1966년 비틀스가 일곱 번째 정규 앨범인 〈리볼버Revolver〉를 완성한 지 며칠 만에 세계 투어에 나섰을 때 뿌려졌다. 투어는 서독에서 시작해 도쿄로 이동한 다음 마닐라로 옮겨 가는 일정이었다. 이후 휴식을 취하고 북미로 복귀해 2주 동안 추가로 공연한 다음, 샌프란시스코에 있는 거대한 경기장인 캔들스틱 파크에서 열릴 성대한 공연을 마지막으로 끝을 맺을 예정이었다.

문젯거리는 금방 산더미처럼 쌓였다. 일본에서는 투어 기획자가 예상 관중을 수용할 정도로 큰 공연 장소를 찾는 데 애를 먹었다. 결국 1964년 도쿄 올림픽이 열렸을 때 유도 경기용으로 지은 대규모 경기장인 일본 무도관을 공연장으로 정했다. 하지만 일본에서 유도는 신성한 운동경기였고, 무도관이 있는 장소 역시 황궁에 인접한 영적인 중심지였다. 2017년에 비틀스의 1966년 투어에 관한 기사를 쓴 역사학자 클리퍼드 윌리엄슨Clifford Williamson은 서양 팝 그룹이 그토록 논란을 일으키기 쉬운 장소에서 공연을 한다는 사실이 '커다란 반발'을 일으켰다고 언급했다. 일본 총리를 비롯한 몇몇 공인이 '불쾌감'을 표명했다. 대일본애국당 같은 극우 집단은 특히 심한 위협을 가해, 비틀스가 공연을 취소하고 아예 일본을 피해야 할지 논의해야 할 정도였다. 결국 비틀스의 안전을 확보하고자 3만 5,000명이 넘는 경찰 인력이 동원됐다.

다음 투어 목적지였던 필리핀의 수도 마닐라는 이보다 수월할 것으로 예상했지만, 막상 닥쳐보니 그렇지 않았다. 나중에 조지 해리슨은 "착륙하는 순간부터 골치 아팠습니다"라고 회상했다. 방문에 앞서 필리핀의 부패한 대통령 페르디난드 마르코스Ferdinand Marcos의 배우자 이멜다 마르코스Imelda Marcos가 비틀스에게 대통령궁에서 열리는 환영 연회에 참석해달라는 초대장을 전달했다. 외교 행사를 피한다는 비틀스의 기본 입장에 따라 비틀스의 매니저인 브라이언 엡스타인Brian Epstein이 초대를 거절했다. 윌리엄슨이 설명하듯이 거절이 실수였다. 이멜다의 요구는 초청이 아니라 '소환'이었다.

필리핀 언론은 연회장의 빈 테이블과 우는 아이들의 모습을 텔레비전으로 내보내면서 이멜다가 받은 모욕을 보도했다. 이멜다는 롤링스톤스를 더 좋아한다고 공공연하게 밝혔다. 더한 반발이 뒤따랐고, 곧이어 비틀스는 갖은 자잘한 복수 행위를 맞이하게 됐다. 호텔에서는 룸서비스를 불러도 오지 않았다. 밴드의 장비를 옮겨 주기로 약속했던 지원 요원들이 사라졌다. 공항에서는 에스컬레이터가 멈춰 있는 바람에 서둘러 필리핀을 떠나려던 비틀스 멤버들이 기자재를 들고 계단을 걸어서 올라가야 했다.

이후 비틀스가 북미로 돌아간 다음에도 논란은 좀처럼 해소되지 않았다. 1966년 초에 존 레넌은《이브닝 스탠더드》와 인터뷰를 진행했다. 기사 자체는 특이할 것 없었지만 지루하고 따분한 말 속에 "기독교는 없어질 겁니다. 위축되다가 사라질 거예요. … 지금 우리는 예수보다 더 인기 있습니다"라는 도발적인 농담이 숨어 있었다. 영국에서는 이 발언이 별다른 주목을 모으지 않았지만, 비틀스가 1966년 투어 마지막 일정을 소화하고자 미국에 도착했던 바로 그 무렵에《데이트북Datebook》이라는 청소년 대상 잡지가 그 인터뷰를 다시 실으면서 예수에 관한 레넌의 발언이 이목을 끌었다. 미국 남부 지역의 역습은 맹렬했다. 보이콧 운동을 벌이면서 비틀스 앨범들을 불태웠다. 쿠 클럭스 클랜Ku Klux Klan은 폭행을 가하겠다고 위협했다. 이번에도 비틀스는 공연 취소를 고려하기에 이르렀고, 레넌은 사과 성명을 발표해야 했다. 마침내 8월에 비틀스는 투어 마지막 공연 장소인 샌프란시스코에 도착했다. 3년 동안 앨범 일곱 개를 녹음하고 홍보하면서 일상적으로 피로가 쌓인 데다가 앞서 몇 달 동안 온갖 논란에 시달리면서 지친 상태로 캔들스틱 파크까지 이동하던 비틀스 멤버 존, 폴, 조지, 링고는 중대한 결정을 내렸다. 더는 순회공연을 하지 않겠다는 결정이었다. 영영.

공연을 그만두기로 한 비틀스의 이 결정이 이듬해인 1967년에 대중음악을 완전히 바꿔놓았다. 샌프란시스코 공연 이후로 3개월이 흐른 후, 푹 쉬고 나서 결의에 찬 멤버들은 런던 EMI 스튜디오에 모여 새로운 유형의 팝 앨범을 녹음했다. 공연장이나 극장에서 노래를 연주할 필요가 없어진 비틀스는 자유롭게 음악을 실험할 수 있었다. 《뉴욕 타임스》 음악 비평가 존 파렐레스Jon Pareles는 "프로듀서인 조지 마틴George Martin의 도움과 권유로 비틀스는 소리의 추상화를 고집하면서, 스튜디오 녹음 특유의 현실적인 속임수를 버리고 무대에서는 도저히 재현할 수 없도록 소리를 왜곡했다"라고 설명한다.

비틀스는 테이프 속도를 조작하고 다양한 음악 스타일을 같은 트랙에 덮어씌웠다. 조지 해리슨이 라비 샹카르Ravi Shankar에게 배운 시타르, 탐부라, 스와르만달 같은 인도 악기들을 사용했고, 현악기와 호른 반주에는 클래식 음악가들을 고용했다. 그들은 129일 동안 700시간 정도를 스튜디오에서 보냈다. (당시에는 이렇게 긴 녹음

과정이 대단히 사치스러운 일이었다. 4년 전인 1963년에 발매한 비틀스의 첫 번째 앨범 〈플리즈 플리즈 미Please Please Me〉를 녹음할 때는 총 스튜디오 사용 시간을 700분도 채우지 않았고, 단 하루 만에 끝냈다.) 이 모든 창의력과 노고를 쏟아부은 결과물은 열두 곡이었다. 총 길이가 30분을 조금 넘기는 이 음반은 대중음악 역사상 최초의 상업 콘셉트 앨범 중 하나였다. 비틀스는 이 앨범에 〈서전트 페퍼스 론리 하츠 클럽 밴드Sgt. Pepper's Lonely Hearts Club Band〉라는 이름을 붙였다. 앨범은 발매 3개월 만에 250만 장이 팔려나갔고, 빌보드차트 1위에 오른 이후 3개월 동안 그 자리를 지켜서 비틀스 앨범 중 가장 오래 1위 자리에 머물렀다. 그보다 더 중요한 사실은 이 앨범이 싱글곡과 히트 퍼레이드 차트 위주로 돌아가던 오랜 문화를 단번에 무너뜨렸다는 점일 것이다. 이 음반은 앨범 자체가 대중음악계가 내놓는 본질적인 예술 결과물이라는 인식을 구축했고 프로그레시브 록 장르와 음향 실험이라는 새로운 시대를 열었다.

하지만 연주 가능성이라는 제약에서 대중음악을 해방시킨다는 자유로움은 양날의 검이었다. 파렐레스가 자세히 설명하듯이, 비틀스의 여덟 번째 앨범이 대성공을 거뒀어도 "비평가들은 〈서전트 페퍼〉가 록 음악 녹음에 고독한 완벽주의를 가져온 앨범이라고 비난"했다. 더 많은 밴드가 새로운 실험적인 스타일을 찾겠다고 스튜디오에 은둔하며 전자기기들을 뚱땅거리게 됐다. 뮤지션들이 지나치게 몰두한 나머지 오랫동안 천천히 완벽을 추구하다 보니 록 음악 특유의 즉시성과 에너지가 빠져나가고 말았다. 결과물은 실망스러울 때가 많았다. 파렐레스는 "제대로 된 퓨전이 하나 나오기까지… 시시껄렁한 잡종이 여남은 개는 나온다"라고 꼬집었다.

미건의 지적은 옳았다. 창작하는 동안 완벽주의가 발동할 때 생기는 이런 위험이 슬로우 생산성의 마지막 원칙에 숨어 있다. 퀄리티에 집착한다는 말은 1967년 시타르와 다중 트랙 녹음테이프를 가지고 얼마나 오랫동안 실험할지 한계도 정해놓지 않은 채 EMI 스튜디오에 들어간 비틀스처럼 된다는 말이다. 129일 후에 〈서전트 페퍼〉를 가지고 걸어 나오기란 면도날 위를 걷는 것만큼 어려운 일이다. 집착하려면 시간이 있으면 더 잘할 수 있다고 확신하면서 생각에 몰두할 수 있어야 한다. 이에 더해 위대한 창작물을 내놓으려면 늦기 전에 자기비판적인 몽상에서 벗어날 수 있는 능력이 필요하다. 이 사례에서 비틀스의 경우를 자세히 설명하는 이유는 비틀스가 강박에 따르는 완벽주의에 대한 경고와 이러한 적을 물리친다는 것이 무엇인지 보여주는 전형적인 사례를 모두 제공하기 때문이다.

비틀스는 〈서전트 페퍼〉를 녹음할 때 이전보다 훨씬 더 많은 시간을 들였지만, 그렇다고 해서 그들이 무한정으로 시간을 쓸 수 있는 것은 아니었다. 일단 작업이 진전을 보이기 시작하자, 비틀스의 음악 출판사인 EMI는 싱글 두 곡을 발매해 프로젝트를 완료하라고 재촉했다. 또한 비틀스는 장기적인 비전에도 노력을 기울였다. 1965년에 발표한 정규 앨범 〈러버 소울^{Rubber Soul}〉이 브라이언 윌슨^{Brian Wilson}의 참신한 앨범 〈펫 사운즈^{Pet Sounds}〉에 영감을 제공했다. 나중에 폴 매카트니는 〈펫 사운즈〉가 〈서전트 페퍼〉에 중요한 영향을 미쳤다고 밝혔다. 결과물이 창작 과정으로 나아가는 합작 경로를 이루는 수많은 단계 중 한 단계에 불과하다면, 모든 일을 제대로 해내야 한다는 압박감은 줄어든다. 그러면 게임을 진행하기에 충분할 정도의 힘으로 공을 치는 것 정도를 목표로 하게 된다. 여기서 집착과 완벽주의 사이에서 균형을 잡기에 좋은 일반 전략을 발견할 수 있다. 바로 훌륭한 결과물을 내기에 충분한 시간을 자기 자신에게 주되, 시간제한을 두는 방법이다. 당신이 관심을 가질 정도의 취향을 지닌 이들의 주목을 끌 수 있을 정도로 뛰어난 결과물을 내는 데 집중하되, 걸작을 만들어내야 한다는 강박에서 벗어나자. 중요한 것은 진전이지, 완벽이 아니다.

자기 자신에게
내기를 걸자

주얼 말고도 1990년대에 크게 인기를 얻었으면서 경력 초기에 위험을 감수한 뮤지션은 또 있었다. 얼래니스 모리셋^{Alanis Morissette}은 1995년에 발표한 앨범 〈재그드 리틀 필^{Jagged Little Pill}〉이 3000만 장

넘게 팔리고 그래미 어워드에서 올해의 앨범상을 비롯한 다섯 개 부문을 수상하면서 대중에게 이름을 알렸다. 이 앨범은 모리셋이 미국 시장에 내놓은 첫 번째 음반이었지만, 그녀가 연예계에 발을 들인 시기는 그보다 훨씬 이전이었다. 아직 어린아이였을 때 모리셋은 니켈로디언 채널에서 방영하던 컬트 스케치 프로그램 〈유 캔트 두 댓 온 텔레비전You Can't Do That on Television〉에서 배우로 데뷔했고, 〈스타 서치Star Search〉에 출연하면서 처음 공개석상에서 노래를 선보였다(1라운드에서 탈락했다). 열다섯 살이었던 1989년에 모리셋은 스탬피더스Stampeders라는 캐나다 록 밴드의 도움을 받아서 데모 테이프를 녹음했다. 이 테이프로 MCA 레코드의 캐나다 지사와 계약을 맺었다. 첫 번째 앨범인 〈얼래니스Alanis〉는 심혈을 기울여 세련되게 가공한 댄스 팝 음반으로, 1991년에 캐나다에서 발매된 이후 플래티넘platinum(음반 판매량이 100만 장을 넘은 경우.—옮긴이)을 기록했다. 모리셋은 활기찬 무대 매너와 치렁치렁한 머리카락 때문에 1980년대 팝 음악계에 선풍을 몰고 왔던 데비 깁슨Debbie Gibson과 자주 비교됐다.

하지만 모리셋은 깁슨과 비교당하는 것을 좋아하지 않았다. 자신은 좀 더 진지한 음악을 할 수 있다고 여겼기 때문이다. 데뷔 앨범 〈얼래니스〉에서 보여줬던 팝 스타일을 고수했더라도 계속해서 성공을 거뒀겠지만, 다음에 내놓은 앨범 〈나우 이즈 더 타임Now Is the Time〉에서는 개인적인 가사를 바탕으로 쓴 좀 더 투박한 발라드로 주의를 돌렸다. 모리셋은 이 스타일이 자신의 경력을 한 단계 끌어올려줄 수 있다고 느꼈다.[11] 이 두 번째 앨범의 판매량은 첫 번째 앨범의 절반에 그쳤고, 그로 인해 소속 음반사와 결별하기에 이르렀다. 하지만 모리셋은 계속해서 밀고 나갔다. 음악 출판사의 도움을 받아 뉴욕에서 활동하는 매니저 스콧 웰치Scott Welch에게 첫 번째와 두 번째 앨범을 보냈다. 웰치는 모리셋의 목소리가 특별하다고 느꼈지만 팝 스타일로 계속 성공하기는 어렵다는 데 동의했다. 웰치는 모리셋을 로스앤젤레스로 불러 노래를 녹음하도록 주선했다. 이 작업에는 마이클 잭슨의 〈맨 인 더 미러Man in the Mirror〉와 월슨 필립스Wilson Phillips의 〈홀드 온Hold On〉을 공동으로 만든 베테랑 송라이터 글렌 밸러드Glen Ballard가 함께 참여했다. 원래는 밸러드의 홈 스튜디오에서 한 곡만 녹음할 계획이었다. 하지만 결국에는 20회가 넘는 녹음 작업 끝에 스무 곡을 녹음했다. 밸러드는 나중에 모리셋과 함께한 작업을 이렇게 회상했다.

> 모리셋은 그저 '아티스트'가 되고자 했습니다. 업계로부터 '더는 필요 없어'라는 소리를 듣고 싶지 않았죠. 자기가 느끼는 바를 말하려고 했습니다…. 그저 곡을 만들고 자기 자신을 표현하고 싶어 했죠.

그 녹음 과정에서 나중에 〈재그드 리틀 필〉에 수록된 거의 모든 곡의 데모를 작업했다. 모리셋의 힘차고 생생한 목소리와 예리한 가사가 어우러진 노래는 얼터너티브 음악이 인기를 얻었던 당시에 완벽하게 들어맞았다. 이 앨범은 처음에 마돈나가 공동 경영하는 소규모 음반사인 매버릭 레코드에서 소리 소문 없이 발매됐다. 하지만 로스앤젤레스에 있는 록 음악 전문 라디오방송국 KROQ에서 〈유 오타 노우You Oughta Know〉를 틀기 시작하면서 신청곡 요청이 쇄도했다. 몇 주 후에 KROQ이 〈핸드 인 마이 포켓Hand in My Pocket〉까지 줄기차게 틀어대자, 미국 전역의 라디오방송국들이 그 뒤를 따랐다. 앨범은 상승 궤도에 올랐고, 나중에 밸러드가 '화염 폭풍'이라고 표현했던 선풍적인 인기를 끌었다.

발랄한 팝에서 벗어나겠다는 모리셋의 결단은 100만 달러짜리 계약금을 거절한 주얼의 결단과 꼭 닮아 있다. 두 아티스트 모두 더 큰 목표를 추구하고자 기꺼이 위험을 감수했다. 하지만 이 두 결단을 자세히 살펴보면 미묘하지만 중요한 부분에서 서로 다르다. 주얼은 프로 뮤지션으로 성장하려면 좀 더 시간이 필요하다는 사실을 알았기에 거금을 거절했다. 이는 퀄리티를 달성하려면 느긋해질 필요가 있다고 했던 내 주장을 몸소 보여주는 사례. 반면에 모리셋은 팝계를 떠났을 때 이미 성공한 프로 뮤지션이었다. 모리셋의 변화는 자신이 더 발전할 수 있다는 가능성에 거는 위험천만한 내기였다. 음반사와 계약을 해지하게 됐을 때 모리셋은 무서웠다. 하지만 이런 두려움이 글렌 밸러드의 홈 스튜디오에서 장시간에 걸쳐 녹음 작업을 하면서 기적 같은 작품을 만들어낼 수 있는 수준까지 능력을 끌어올리는 데 필요한 원동력을 제공했다.

이 제안은 이런 식으로 자기 자신에게 내기를 거는 행위(실패하면 적잖은 대가가 따르지만 성공하면 매력적인 보상이 따르는 내기)가 노동의 퀄리티를 새로운 수준으로 끌어올리는 바람직한 일반 전략이라고 주장한다. 물론 이 아이디어는 음악업계에 국한되지 않는다. 현대사에서 자기 자신에게 내기를 건 가장 유명한 예는 비즈니스 세계에서 찾아볼 수 있다. 바로 빌 게이츠가 1975년에 하버드대학교를 중퇴하고 마이크로소프트를 설립한 사례다. 요즘에야 어린 나이에 기술 지식을 통달한 전문가가 대학교를 떠나 소프트웨어 회사를 차리는 일이 흔하지만, 당시에는 그렇지 않았다. 게이츠가 하버드대학교를 그만뒀을 때는 소프트웨어 산업이 존재하지 않았고(게이츠가 만들었다), 그가 미래라고 봤던 개인용 컴퓨터는 아직 스위치와 깜빡이는 불빛으로 사용자와 접속하는 취미 세트 수준이었다. 하버드를 그만둘 당시 게이츠는 실패했을 때 잃을 것이 많았지만, 이런 위기가 대단한 일을 해내는 계기가 됐다.

자기 자신에게 거는 내기가 꼭 음반 계약 해지나 아이비리그 중퇴처럼 거창한 일이어야 할 필요는 없다. 적당한 수준이라도 성공하려는 압박감을 느끼는 상황에 놓이게 되면 좀 더 간절하게 퀄리티를 추구하게 되는 중요한 촉진제를 얻게 된다. 지금부터 소개하는 조언에서는 이런 적정 수준의 압박감을 직업 생활에 끼워 넣는 여러 접근법을 다룰 것이다. 자기 자신에게 거는 내기의 목표는 뜻하지 않게 부자연스러울 정도로 바빠지는 업무 과부하를 유발하지 않으면서 자기 자신을 새로운 수준으로 끌어올리는 것이다.

아이들이 잠든 후에 글을 쓰자

스테프니 메이어는 2003년 여름에 꾼 꿈에서 『트와일라잇』을 쓰게 된 아이디어를 얻었다. 그 꿈이 너무나 생생했던 터라 이 아이디어를 씨앗으로 온전한 책 한 권을 써내기 위해 어떤 일이든 하겠다고 마음먹었다. 하지만 당시 메이어는 어린 아들 셋을 키우는 전업주부였고, 글을 쓸 시간을 확보하려면 머리를 쥐어짜내야 했다. 메이어는 당시 일을 이렇게 설명했다.

그때부터 단 하루도 '무엇이든' 글을 쓰지 않고 보낸 날은 없었어요. 운이 나쁜 날은 한두 페이지를 쓰는 데 그쳤고, 운이 좋은 날은 한 장을 끝내고 좀 더 쓰기도 했죠. 주로 아이들이 잠자리에 들고 나서 밤에 글을 썼어요. 그래야 방해받지 않고 5분 넘게 집중할 수 있었거든요.

취침 시간이 지나서야 글을 쓰기 시작한 유명 작가는 메이어뿐만이 아니다. 클라이브 커슬러$^{Clive\ Cussler}$는 1965년에 모험소설을 쓰기 시작했다. 당시 30대 중반이었던 커슬러는 캘리포니아주 뉴포트 비치에 공동으로 설립한 중소 광고 회사에 근무하고 있었다. 아내의 직업은 야간 교대 근무를 해야 하는 일이었다. 그렇다 보니 커슬러는 아이 셋을 재우고 나면 할 일이 없었다. 당시 제임스 본드 소설로 성공을 거둔 이언 플레밍에게 영감을 얻은 커슬러는 외로운 시간을 때울 겸 모험소설을 써보기로 결심했다. 이후 그가 쓴 소설들은 수천만 부가 팔려나갔고, 2020년에 세상을 떠난 커슬러는 확실히 옳은 선택을 했다.

물론 근무시간 이후에야 진심으로 하고 싶은 일에 매달릴 수 있는 사람은 부모만이 아니다. 예를 들어 마이클 크라이튼은 하버드 대학교 의대에 다니던 마지막 해에 자신이 졸업 후에 의사가 될 생각이 없음을 깨달았다. 1970년 《뉴욕타임스》에 실린 기사에서 밝혔듯이, 당시 불과 27세였던 크라이튼은 학과장을 찾아가 하버드에 다니는 마지막 학기 동안 자신이 쓰려고 하는 의학 관련 논픽션 책의 정보를 수집해도 괜찮을지 물었다. 크라이튼은 "의사가 될 생각도 없는데 왜 굳이 의대에 다니는 마지막 학기 동안 심전도 읽는 법을 배워야 하죠?"라고 물었다. 학과장은 크라이튼에게 책을 쓰는 일은 쉽지 않다고 경고했다. 이 말을 들은 크라이튼은 자기가 하버드에 다니는 동안 이미 필명으로 책을 다섯 권 썼고, 최소 두 권은 더 나올 예정이라고 밝혔다. 그는 휴대용 타자기를 가지고 다니면서 방학 때나 집중이 되지 않는 강의를 들을 때와 같은 자투리 시간에 글을 썼다. 그는 "내가 책을 쓰고 있을 때는 원고를 보고 싶어 하는 사람이라면 누구나 볼 수 있었습니다"라고 인정했다.

1990년대에 크라이튼과 베스트셀러 목록 최상위를 다퉜던 존 그리샴 역시 자유 시간을 바쳐서 글을 쓰기 시작했다. 그는 미시시피주 의회 의원으로 작은 도시에서 변호사를 하던 중에 첫 번째 소설인 『타임 투 킬』을 쓰기 시작했다. 그는 이른 아침 시간과 회의 및 법정 심리 사이에 시간이 날 때마다 원고를 썼다. 이런 자투리 시간을 활용해서 책 한 권을 다 쓰기까지 3년이 걸렸다. 그리샴은 첫 번째 책이 출판되기도 전에 두 번째 책을 쓰기 시작했다. 그는 처음부터 일단 책을 두 권 쓰고, 두 권 중 한 권이라도 성공한다면 계속해서 책을 쓰기로 계획했다. 결과적으로 이는 훌륭한 전략이었다. 『타임 투 킬』은 처음 출판됐을 때 대실패였다. 다행히 두 번째 책이었던 『그래서 그들은 바다로 갔다The Firm』는 700만 부가 팔렸다.

이 작가들은 자기 자신에게 거는 전략 중에서도 비교적 접근하기 쉬운 방법을 보여준다. 바로 해당 프로젝트에 자유 시간의 상당 부분을 일시적으로 투자하는 방식이다. 이런 경우 위험은 그리 높지 않다. 추구하는 수준의 퀄리티에 도달하지 못했을 때 발생하는 주된 결과는 한정된 기간 동안 좀 더 보람 있는(혹은 편안한) 활동에 쓸 수 있었던 시간을 잃어버리는 것이다. 하지만 이 비용은 노력을 향한 관심을 높이기에 충분할 만큼 압박감을 발휘한다. 예를 들어 젊은 시절 스테프니 메이어에게는 아이들을 돌보는 사이사이나 피곤한 심야 시간에 그렇게 많은 글을 써내는 일이 그리 즐겁지 않았을 것이다. 이 목표를 달성하는 데 필요한 희생을 감안한 메이어는 어중간한 노력으로 시간을 낭비하지 않겠다는 의욕에 넘쳤다. 책을 끝까지 써내겠다는 결의에 차 몇 페이지밖에 쓰지 못하는 한이 있더라도 매일매일 글을 썼다. (이와 대조적으로 집필에 전념할 수 있는 사치스러운 장기 휴가가 생겼는데도 새로 생긴 자유 속에서 유의미한 진척을 내지 못해 고심하는 학자나 저널리스트가 적지 않다.)

당연한 말이지만 이런 여유 시간 전략은 장기적으로 지속할 수 있는 노동 방식은 아니다. 부업에 여가 시간을 지나치게 희생하다 보면 슬로우 생산성의 첫 번째와 두 번째 원칙을 '모두' 위반하게 된다. 하지만 일시적으로 특정 프로젝트에 한해서 적당히 적용하면, 높은 퀄리티를 추구하고자 귀중한 것을 포기하는 이런 행위가 자기 자신에게 거는 효과적인 내기가 될 수 있다. 예를 들어 메이어는 6개월 동안 집중해서 일했지만, 그렇게 피곤한 기간을 보낸 끝에 주목을 끄는 원고를 완성했다. 얼마 지나지 않아 리틀, 브라운 앤드 컴퍼니 출판사는 메이어에게 출판 계약금으로 75만 달러를 제시했다.

급여를
줄이자

자유 시간을 프로젝트에 투자하기는 자기 자신에게 내기를 거는 비교적 수월한 방법 중 하나다. 좀 더 과감한 선택지는 수입을 그 프로젝트에 의존하는 방식이다. 생활비를 벌어야 한다는 필요만큼 집중력을 이끌어내는 힘도 좀처럼 없다. 하지만 이 방법을 쓰면 아무래도 위험한 영역으로 걸어 들어가게 된다. 미국에는 지긋지긋한 직장을 그만두고 장대한 꿈을 추구한다는 생각에 낭만을 느끼는 문화가 있다. 앞선 전략에서 들었던 작가들의 사례를 생각해 보자. 클라이브 커슬러는 결국 공동으로 설립한 광고 회사를 그만뒀고, 존 그리샴은 유망한 정치인이자 법률가로서의 경력을 포기했다. 자기가 하는 일을 완전히 뒤집을 수 있다는 가능성에는 이루 다 헤아릴 수 없는 끌림이 있다. 단 한 번의 과감한 행보로 지금 하고 있는 지긋지긋한 일을 전부 날려버릴 수 있을 것 같은 느낌이 들기 때문이다.

물론 문제는 그리샴 같은 사람이 한 명 나오기까지 시작했을 때보다 더 풀이 죽고 빚에 허덕이며 슬그머니 원래 하던 일로 돌아가는 작가, 기업가, 예술가가 여남은 명은 나온다는 사실이다. 다시 말해 당신이 떠올린 스릴러 집필 아이디어가 『그래서 그들은 바다로 갔다』와 『타임 투 킬』 중 어느 쪽에 가까울지는 예측하기 어렵다. 다행히 우리가 방금 언급한 문학 작품 사례에서 이런 난관을 헤쳐나갈 지혜를 찾을 수 있다. 이런 베스트셀러 작가들이 직업을 바꾸는 과정을 자세히 살펴보면, 이면에 숨은 이야기를 발견할 수 있다. 예를 들어 2020년에 클라이브 커슬러가 세상을 떠난 후 사망 기사에서 드러났듯이, 커슬러가 광고업계에서 모험소설로 가기 위해 걸었던 길은 아내가 야간 근무를 하는 밤에 더크 피트라는 등장인물을 만들어냈다는 잘 알려진 이야기 속에 드러난 것보다 길었다.

앞에서 언급했듯이 소설을 쓰기 시작했을 당시 커슬러는 뉴포트 비치에서 광고 대행사를 공동으로 경영하고 있었다. 그는 캘리포니아주에 사는 동안 「태평양의 소용돌이Pacific Vortex!」와 「지중해의 작전The Mediterranean Caper」이라는 두 편의 원고를 썼지만, 어느 쪽도 출판사의 관심을 끌지 못했다. 이후에 커슬러는 더 규모가 큰 대행사에서 일하고자 덴버로 이사했다. 바로 이 시점에서 커슬러는 호응을 얻지 못한 소설에 주목을 끌어모으고자 책략을 꾸몄다. 그는 존재하지 않는 출판 대행사의 레터헤드를 가짜로 만든 다음, 실제 출판 대행인 피터 램팩Peter Lampack에게 편지를 보냈다. 그 편지는 클라이브라는 유망한 신인 작가가 있는데 시간이 없어 맡을 수 없으니 혹시 관심이 있는지 묻는 내용이었다. 이 계획은 적중했고, 1973년에 마침내 『지중해의 작전』이 출간됐다. 하지만 커슬러는 아직 광고업계를 떠나 전업으로 글을 쓰지는 않았다. 그는 두 번째 책인

『빙산Iceberg』을 내놓았던 1975년까지 기다렸다. 앞에서 살펴본 다른 사례에서도 비슷하게 신중한 태도를 찾아볼 수 있다. 크라이튼이 의학계를 떠났을 때는 이미 (많은) 책을 출간한 후였고 그중에는 베스트셀러도 있었다. 그리샴은 패러마운트가 느닷없이『그래서 그들은 바다로 갔다』를 영화화하는 대가로 60만 달러를 제의할 때까지 변호사 업무를 계속했다.

이런 세부 사항 속에서 균형 잡힌 전략을 찾을 수 있다. 좀 더 의미 있는 프로젝트를 추구하고 싶다는 마음에 성급하게 직장을 그만두지는 말자. 일단 새로 흥미를 느낀 일이 다음 두 가지 조건을 충족한다는 구체적인 증거가 생길 때까지는 큰 변화를 일으키지 말자. 첫 번째로 사람들이 그 일의 대가로 기꺼이 돈을 지불해야 하고 두 번째는 같은 결과를 되풀이할 수 있어야 한다. 글쓰기라는 맥락에서 본다면 이는 책을 여러 권 발표해 당신이 쓴 이야기를 계속해서 읽을 탄탄한 독자층이 있음을 증명했다는 뜻이다. 반면에 사업의 경우라면 부업이 꾸준한 매출을 창출한다는 뜻이다. 하지만 일단 이 문턱을 넘고 나면 행동에 나서자. 꼭 현업을 완전히 그만둬야 한다는 뜻은 아니다. 그 대신에 업무 시간을 줄인다거나 무급 휴가를 낼 수도 있다. 관건은 추구하는 바가 정말로 잘 풀려야 한다는 간절함이 빚어내는 강렬한 동기를 활용하는 것이다. 클라이브 커슬러는 원고 네 편을 완성한 다음에 광고 회사 임원직을 그만뒀다. 하지만 마침내 사람들의 주목을 끌어 첫 번째 베스트셀러로 대박을 터트린 작품은 1976년에 다섯 번째로 내놓은 책 『타이태닉호를 인양하라!』 Raise the Titanic! 』였다.

일정을
발표하자

프로젝트에 시간을 투자하거나 금전적 손해를 감수하는 일은 퀄리티 높은 결과물을 목표로 나아가기 위한 확실한 선택지 두 가지다. 세 번째 선택지는 사회적 자원을 활용하는 방법이다. 지인들에게 미리 당신이 하는 일을 공표하면 기대감을 조성할 수 있다. 그럴듯한 결과물을 내놓지 못하면 부끄러움이라는 사회적 비용을 치러야 한다. 당연한 말이지만 이 역시 강력하게 동기를 부여하는 요인이다.

　내가 사는 워싱턴 DC 외곽의 소도시는 예술 문화로 유명한 곳이다. 그 덕분에 다양한 예술 행사를 홍보하는 전단지나 이메일을 자주 받는다. 이를테면 이 장을 쓰고 있는 동안에는 우리 동네에 사는 보석 디자이너와 혼합 매체 화가가 주거지 사이에 낀 상업 건물에서 3주 연속 주말 동안 예술 시장을 연다고 발표했다. 그들은 온 동네에 걸린 시선을 끄는 광고를 만들어내는 소규모 인쇄소와 협력했다. 조만간 수많은 이웃을 관람객으로 맞이하게 될 이 예술가들은 지금 할 수 있는 한 최고의 작품을 만들어내고자 전력을 다하고 있다.

퀄리티 높은 결과물을 내놓기 위해 일정을 발표하는 이 전략은 다양한 규모에서 효과를 발휘한다. 작게는 각본가 지망생이 영화를 잘 아는 친구와 날짜를 잡아서 대본 초고를 찬찬히 읽어보기로 한 약속이 될 수도 있다. 크게는 기업가가 신제품 출시일을 알리는 일이 될 수도 있다. 우리가 자기와 같은 사람들에게 받는 존중보다 더 큰 가치를 부여하는 대상은 드물다. 자기가 하는 일의 일정을 공공연하게 발표하는 행위는 가능한 한 최고의 결과물을 내놓는 데 주의를 집중하려는 인류 진화의 특성을 십분 활용한다.

투자자를 유치하자

1977년 당시 스물아홉 살이었던 존 카펜터[John Carpenter]라는 감독이 저예산으로 제작한 액션 영화 〈분노의 13번가[Assault on Precinct 13]〉를 런던영화제에서 상영하려고 영국을 방문했다. 이 영화는 대대적으로 극장에서 개봉하기에는 규모가 너무 작았고, 몇 안 되는 상영 장소에서도 큰 수익을 내지 못했지만 감독은 재능을 빛냈다. 런던영화제 위원장 켄 블래신[Ken Wlaschin]은 "이 영화는 오랜만에 신인 감독이 내놓은 대단히 강렬하고 흥미진진한 범죄 스릴러다. 관객들을 단숨에 사로잡고 놓아주지 않는다"라고 썼다. 카펜터는 바로 이 런던에서 미국 주류 영화에 투자하려고 고려하고 있던 무스타파 아카드Moustapha Akkad라는 투자가를 소개받았다. 아카드는 〈사막의 라이온Lion of the Desert〉이라는 영화로 얻은 수익금 30만 달러 정도를 보유하고 있었다. 카펜터는 제작 파트너인 어윈 야블란스Irwin Yablans 와 함께 그 잉여 자금을 그들이 구상하고 있던 베이비시터들을 스토킹하는 살인범이 등장하는 공포 영화에 투자하게끔 아카드를 설득했다. 나중에 야블란스는 "우리는 아카드를 놀리다시피 해서 몰아갔습니다. 자존심을 건드리면 물러서지 않을 것이라는 생각에 '선생님이 투자하기에 30만 달러는 너무 거액이긴 하네요'라고 말했죠"라고 회상했다.

아카드는 카펜터가 영화의 비전을 한 장면, 한 장면 자세히 설명하는 열의에 흥미를 느꼈다. 카펜터 감독이 촬영 임금을 받지 않는 대신 영화의 흥행 성적에 따른 보수를 받기로 하면서 계약이 성사됐다. 결과적으로 이는 잘한 내기였다. 1978년 봄에 21일 동안 빡빡한 촬영 스케줄을 소화한 다음 영화가 완성됐고, 당초 가제였던 〈베이비시터 살인The Babysitter Murders〉은 좀 더 호기심을 자아내는 제목인 〈할로윈Halloween〉으로 바뀌었다. 4500만 달러가 넘는 흥행 수익을 거둔 이 영화는 그 당시 기준으로 역사상 가장 성공한 독립 영화로 기록됐다. 또한 이후 수십 년 동안 이어진 공포 영화 장르의 공식을 확립했고 카펜터의 감독으로서 경력의 시작을 알렸다.

〈분노의 13번가〉가 멋진 영화라면 〈할로윈〉은 걸작이다. 그 차이는 카펜터를 지원한 투자 규모였다. 이 소견을 쉽게 설명하자면 자금이 풍족할수록 제품의 퀄리티가 좋아질 수 있다고 말할 수 있다. 어느 정도는 사실이다. 카펜터는 당시 무명이었던 촬영감독 딘 컨디Dean Cundey와 함께 아카드가 투자한 30만 달러 중 거의 절반을 최신식 경량 파나비전 카메라를 구입하는 데 썼다. 이 카메라는 시네마 가로세로비를 유지하면서 길게 미끄러지는 스테디캠Steadicam(촬영자의 움직임에 영향을 받지 않고 안정적으로 촬영할 수 있는 장비.—옮긴이) 샷을 찍을 수 있는 최신 기기였다. (컨디는 다양한 요소를 동일한 시각 장면에 통합할 수 있는 와이드 스크린 포맷을 아주 잘 활용해서 상징적인 공포를 만들어냈다.) 하지만 최신식 카메라만으로는 이 영화가 왜 성공했는지 설명할 수 없다. 영화 제작에 거금을 투자한 아카드를 만족시켜야 한다는 압박감과 의욕이 감독으로서 카펜터의 장인 정신을 새로운 수준으로 끌어올렸다. 〈분노의 13번가〉를 만들 때 카펜터의 목표는 자신의 재능을 뽐내는 것이었다. 〈할로윈〉을 찍을 때 그의 목표는 명작을 만드는 것이었다. 이는 중요한 차이점이다.

이 같은 교훈은 다른 영역에도 적용된다. 누군가에게 투자를 받으면 그런 신뢰에 부응하고 싶다는 의욕이 커지는 경험을 하게 된다. 이런 경향은 카펜터와 아카드의 경우처럼 금융자본을 투자할 때 발생한다. 하지만 친구가 연극 공연 세트장을 만드는 일을 도와

주거나 오후 내내 신규 사업 마케팅 전략으로 홍보물을 봉투에 넣는 일을 도와주는 경우처럼 노동을 제공하는 투자에서도 발생한다. 다른 사람들을 끌어들여 당신과 당신의 아이디어에 투자를 유치하는 것은 상대방을 실망시키지 않으면서 자기 자신에게 거는 커다란 내기다. 이런 실망감을 피하려는 의욕 속에서 위대한 작품이 탄생할 수 있다.

결론

이 책의 첫머리에서 나는 뒷마당 야외 테이블에 누워 물푸레나무를 올려다보면서 당시 기획하고 있던 복잡한 기사를 이해하려고 애쓰던 젊은 시절 존 맥피의 일화를 소개했다. 맥피는 차츰 경력을 쌓아가면서 시행착오를 거쳐 자신만의 독특한 장문의 저널리즘 스타일을 만들어나가는 복잡하면서도 반복 가능한 과정을 발전시켰다. 『네 번째 원고』에서 설명했듯이 존 맥피는 일을 시작할 때 노트에 적은 관찰 사항을 모두 옮겨 쓰고 테이프에 녹음한 인터뷰를 전부 받아썼으며, 수동 타자기인 언더우드 5를 애용했다. 그는 "메모를 타자기로 치는 데 몇 주씩 걸리곤 했지만 그 과정에서 모든 내용을 알아보기 쉽게 한곳에 모을 수 있었고, 모든 소재를 머릿속으로 어느 정도 집중해서 훑어볼 수 있었다"라고 설명한다.

일단 이 단계가 끝나면 맥피는 깔끔하게 타자로 친 종이 묶음을 마주했다. 개중에는 여백을 약간 두고 작성한 서로 무관한 생각이나 관찰 사항을 여럿 담고 있는 종이도 많았다. 이런 모음을 잘 이해할 수 있도록 맥피는 각 단락에 관련 '이야기 구성 요소'를 포함한 간단한 설명을 여백에 적어 넣어 코드를 부여했다. 일반적으로 장문 기사에는 다른 구성 요소에 대한 노트들이 대략 30가지 정도 들어간다. 환경운동가 데이비드 브라우어David Brower를 다룬 2부짜리 장편 인물 기사 〈대사제와의 조우Encounters with the Archdruid〉를 쓸 때는 36가지가 필요했다.

맥피는 이렇게 타자로 친 종이들을 복사한 다음 내용 단위로 나누어 각각의 종이 '조각'이 되도록 가위로 잘라냈다. (1980년대에 들어 마침내 맥피가 개인용 컴퓨터를 구입해 메모 정리에 전자 시스템을 사용하기 시작했다. 그는 컴퓨터를 가리켜 '5,000달러짜리 가위'라고 불렀다.) 각각의 종잇조각은 해당 이야기 구성 요소에 해당하는 민무늬 서류철에 보관한다. 작업이 다 끝나면 저마다 하나의 주제가 할당된 서류철에 관련 사실, 인용문, 관찰 내용을 담은 더미가 생긴다.

다음으로 맥피는 3×5인치 규격의 색인 카드에 이런 이야기 구성 요소 각각을 적은 다음 당시 내 사무실 필수 가구 중 하나였던 버팀 다리 두 개 위에 얹은 합판 위에 펼쳐놓고 카드를 이리저리 배열해보면서 기사에 적절한 구조를 찾았다. 때로는 불과 몇 시간 만에 적절한 개념 구조가 떠올랐다. 며칠씩 합판을 그대로 두면서 몇 번씩 들여다봐야 할 때도 있었다. 이 과정에서는 서두르지 않았다. 카드 순서에 수긍하기 전까지는 글을 쓸 수 없었기 때문이다.

일단 만족스러운 구조를 찾으면 마침내 맥피는 글을 종이에 옮겨나가는 과정으로 넘어갈 수 있었다. 집필 중에 맥피는 이야기 구성 요소들을 합판 위에 배열한 순서대로 한 번에 하나씩만 다뤘다. 특정한 구성 요소에 대해서 쓸 때는 해당 서류철에서 관련 종잇조각을 전부 꺼내서 언더우드 5 타자기 옆에 세워둔 카드 테이블 위에 사다리 모양으로 늘어놓았다. 맥피는 "이 절차 덕분에 주의를 흐트러트리는 거의 모든 요소를 배제하고 정해진 기간 동안에 다뤄야 하는 소재에만 집중할 수 있었다. 물론 이 방법이 나를 궁지로 몰아넣기는 했지만, 그 과정에서 자유롭게 글을 쓸 수 있었다"라고 설명한다.

슬로우 생산성을 살펴보는 탐색의 여정을 존 맥피에 관한 일화 두 편으로 시작하고 마무리하는 데는 그럴 만한 이유가 있다. 이 책 첫머리에서 물푸레나무 밑에 누워 있던 맥피 이야기를 처음 접했을 때는 슬로우 생산성이라는 개념이 구체적이고 널리 적용할 수 있는 아이디어라기보다는 직감이나 막연한 열망에 가까웠다. 맥피가 그 나무 아래에서 드러낸 집중력이 흐려진 모습은 소진 증후군에 시달리는 평범한 지식 노동자와 비슷해 보였지만, 그런 공감대를 정확히 어떻게 현실성 있는 행동으로 바꿀 수 있을지는 여전히 모호했다. 이 첫 번째 일화의 경우 느낌은 있었지만 계획은 없었다.

총 다섯 장에 이르는 긴 여정 끝에 좀 더 구체적인 존 맥피의 두 번째 일화에 다다랐을 때는 계획의 윤곽이 드러났다. 앞에서 나는 지식산업 부문이 합리적인 업무 조직이라는 개념에서 어떻게 벗어났는지 지적하고 나서 좀 더 나은 문화, 즉 슬로우 생산성이라는 철학을 체계적으로 실천하는 원칙 세 가지를 자세히 설명했다. 이는 과부하에 시달리는 현재 우리 모습에 반발하려는 의도가 아니라 실행 가능한 대체재를 제공하려는 전략이었다. 맥피의 두 번째 일화에서는 바로 이 실용성을 담아내고자 했다. 관찰 노트를 타자로 쳐서 종잇조각으로 자른 다음, 색인 카드를 합판 위에 정리하고, 소재를 카드 테이블 위에 사다리 모양으로 배열하는 신중하고 의도적인 과정에서 우리는 맥피가 뒷마당 물푸레나무 밑에서 떠올린 영감이 좀 더 체계적인 과정으로 변화하는 모습을 봤다. 속도를 늦춘다는 것은 노동에 반대한다는 뜻이 아니다. 오히려 일을 하는 좀 더 바람직한 방법을 찾는 과정이다.

내가 이 책을 쓰면서 정했던 목표는 두 가지다. 첫 번째는 최대한 많은 사람이 유사생산성이라는 비인도적인 굴레에서 벗어나도록 돕고 싶다는 목적의식이 뚜렷한 목표다. 책의 첫머리에서 밝혔듯이 누구나 다 이런 결과를 누릴 수 있는 것은 아니다. 내가 제시한 슬로우 생산성이라는 철학은 상당한 자율성을 누리면서 숙련 노동에 종사하는 사람을 주요 대상으로 한다. 프리랜서 대부분, 1인 경영자, 중소기업 운영자를 비롯해 학계처럼 업무 강도를 어떻게 선택하고 조율할지 꽤 자유롭게 정할 수 있는 분야에 이르기까지 지식산업 부문 종사자 다수가 이런 대상자에 속한다.

이런 범주에 속하면서 만성적인 업무 과부하와 빠르게 돌아가는 유사생산성에 지쳐 있는 사람이라면 앞에서 제안한 세 원칙을 적극 활용해서 직업 생활을 근본적으로 바꿔보기를 적극 추천한다. 업무량을 줄이고, 자연스러운 속도로 일하며, 퀄리티에 집착하자. 자신이 맡고 있는 업무에 따르는 세부 사항에 따라 다르겠지만, 이 원칙들을 적용한다고 해서 몇 주 동안 나뭇가지를 올려다보거나 타자기로 메모를 칠 수 있다는 뜻은 아닐 것이다. 하지만 이 방법으로 자신이 하는 일과 좀 더 지속 가능한 관계를 맺을 수 있다는 사실만은 확실하다.[12]

이 책을 쓴 두 번째 목표는 좀 더 광범위하게 적용해볼 수 있다. 슬로우 생산성은 훨씬 더 심오한 문제에 대해 제시하는 수많은 대응 방법 중 하나다. 인지 노동 세상에는 어떤 식으로 노력을 기울이고 측정해야 하는지를 판단할 일관된 기준이 없다. 유용한 노동을 가늠하는 대용물로 눈에 보이는 활동을 사용하는 방법은 20세기 중반 무렵 새로운 경제 부문이 갑자기 등장하면서 경영자들이 나아갈 방향을 제대로 잡지 못하던 와중에 날림으로 만들어낸 일시적인 미봉책에 지나지 않았다. 1부에서 자세히 설명했지만, 이런 경영상 임시방편은 이미 오래전에 효력을 잃었다. 경영본부의 IT 혁신으로 업무가 끝없이 늘어나고 이런 노력을 기울이는 속도에 제한이 사라지면서 유사생산성은 지속 불가능한 방향으로 휘몰아치기 시작했다. 게다가 팬데믹 때문에 추가로 발생한 혼란은 이런 악순환이 전체 시스템을 산산조각 내는 데 필요한 마지막 가속페달을 밟았다. 과부하와 비참함이 피할 수 없는 숙명이라는 피폐한 허무주의를 퍼트리는 비관적인 사람들을 너무나 자주 만나게 되는 데는 그럴 만한 이유가 있다.

이제는 지식산업 부문에서 '생산성'이 무엇을 의미하는지 좀 더 의도적으로 생각해야 할 때다. 이런 노력은 지속 가능해야 하고 실제로 그 일을 하는 사람들이 즐길 수 있어야 한다는 전제에서 시작하는 아이디어를 모색해야 한다. 슬로우 생산성은 이런 사고방식을 보여주는 일례지만 유일한 예는 아니다. 장기적으로는 슬로우 생산성이 많은 사람이 행동에 나서도록 자극해 다양한 생산성 개념이 존재하고, 노동자나 감수성의 유형에 따라 적절한 생산성 개념을 적용하는 시장이 생겨나기를 고대한다. 예를 들어 슬로우 생산성은 개인이 즉시 시행할 수 있는 아이디어를 제공함으로써 이를 손쉽게 실행할 수 있게 했다. 하지만 이런 접근법과 더불어 조직을 경영하는 방식이나 시장경제가 작동하는 방식을 규제하는 법률까지도 야심만만하게 고치려는 접근법을 함께 시도하면서 균형을 맞춰나가는 것도 바람직한 방법이다. 혁명이 일어나려면 실용적이고 인접한 부문부터 격렬하고 이념적인 부문에 이르기까지 다양한 범위에서 저항이 일어야 한다.

구체적으로 어떻게 전진해나가고 있는지와 상관없이, 이런 전반적인 노력이 얼마나 중요한지는 아무리 강조해도 지나치지 않다. 피터 드러커가 1999년에 발표한 중요 논문의 제목에서 지식 노동자 생산성을 '최대 난관'이라고 지칭한 데는 그럴 만한 이유가 있다. 지식 노동자의 생산성을 바로잡는다면 수많은 사람의 삶이 근본적으로 개선될 수 있다.

2010년 《파리 리뷰^{The Paris Review}》와 나눈 폭넓은 인터뷰의 말미에서 존 맥피는 누군가가 자신을 대단히 열심히 일하는 사람이라고 생각할지도 모른다는 말에 깜짝 놀랐다.

누군가가 내게 "당신은 다작하는 작가군요"라고 말한다면 어리둥절할 것 같습니다. 지질학적 시간과 인간의 시간 사이의 간극 같은 거죠. 어떻게 보면 내가 일을 많이 하는 것처럼 보이기도 해요. 하지만 사실 나는 언제 일을 시작할 수 있을지 생각하면서 온종일 자리에 앉아 있거든요. 이 짓을 일주일에 엿새씩 계속하다 보면 매일 조금씩 양동이에 물이 몇 방울씩 채워져요. 그것이 관건입니다. 매일 양동이에 한 방울씩 떨어뜨리면서 365일을 보내면 양동이에 어느 정도 물이 차기 마련이니까요.

　슬로우 생산성은 무엇보다도 매일같이 반복하는 바쁜 활동에서 한 발짝 물러서자는 탄원이다. 이런 수고가 자의적이라는 뜻은 아니다. 우리들이 보내는 불안한 나날에는 정말로 꼭 끝내야 하는 태스크와 업무 약속이 있다. 하지만 맥피가 그랬듯이 이렇게 기진맥진한 혼란이 정작 중요한 활동과는 무관한 경우가 많다는 사실을 깨닫고 나면, 관점이 바뀐다. 슬로우 생산성은 실현 가능한 철학일 뿐만 아니라 오늘날 수많은 이들의 직업 생활을 좌우하는 임시변통의 유사생산성보다 더 나은 기준이다. 맥피는 의미 있는 노력이라는 물방울을 365일 동안 조금씩 모으면, 한 해가 끝날 무렵에는 양동이를 제법 가득 채울 수 있다고 알려준다. 결국에는 목적지에 도달하는 속도나 도중에 미칠 듯이 바쁘다는 인상을 준 사람의 수가 아니라 도착지가 어디인지가 중요하다.

　우리는 적어도 지난 70년 동안 신속한 접근법을 시도했다. 그 방법은 실패했다. 이제는 좀 더 느긋한 방법을 시도할 때이다.

감사의 말

내가 '슬로우 생산성'이라는 말을 언제부터 쓰기 시작했는지 정확히 꼭 집어서 말하기는 어렵다. 아마 코로나19 팬데믹이 발생한 첫해에 그냥 자연스럽게 떠오른 것 같다. 이 시기에 나는 일과 생산성, 의미에 대해서 독자들과 무척 치열하고 유익한 대화를 나누기 시작했다. 내가 생각을 진전해나가는 데 중요한 역할을 해준 독자 여러분에게 가장 먼저 감사 인사를 드리고 싶다.

이런 아이디어들이 형태를 갖춘 다음부터는 내 저작권 대리인 로리 앱크마이어Laurie Abkemeier가 그런 생각들을 조리 있는 책 한 권으로 묶을 수 있도록 도와줬다. 이 과정에서 앱크마이어와 나는 함께 일하게 된 지 20주년이라는 이정표를 지났다. 우리가 맺어온 업무상 관계와 우정은 당시 다트머스대학교 졸업 학년에 접어들어 대학생을 위한 학습 안내서를 판매할 대리인을 찾고 있었던 나의 스무 살 무렵까지 거슬러 올라간다. 내가 전문작가로서 쌓아온 경력의 모든 측면을 형성하는 데 앱크마이어의 가르침이 미친 영향은 두말할 필요가 없다. 이 점에 무한한 고마움을 느낀다.

또한 에이드리언 작하임이 이끄는 포트폴리오북스 팀에게도 나와 내아이디어를 계속해서 믿어준 데 감사를 드린다. 이 책은 포트폴리오에서

낸 세 번째 책으로, 최근 저자들이 가장 함께 일하고 싶어 하는 편집자인 니키 파파도풀로스[Niki Papadopoulos]가 편집을 맡아줬다. 내가 최근에 발표한 책들의 영국판 편집을 맡아줬던 리디아 야디[Lydia Yadi]가 이 책의 편집팀에 합류했을 때도 정말 들떴었다. 이 원고가 제 형태를 갖출 수 있도록 그녀가 보내준 예리한 지적과 제안을 모두 고맙게 생각한다.

예전 프로젝트들에서 대단히 큰 성과를 거뒀고 이 책과 관련한 협업도 기대하고 있는 포트폴리오의 마케팅 및 홍보팀의 재능 넘치는 팀원들에게도 깊은 감사 인사를 전한다. 특히 마고 스태머스[Margot Stamas]는 지금까지 내가 포트폴리오에서 냈던 모든 책에 참여했고 메리 케이트 로저스[Mary Kate Roger]도 여러 프로젝트에서 함께 일했다. 두 사람 덕분에 내 책을 세상에 내놓는 과정이 수고스럽지 않고 흥미진진해졌다.

또한 이 책에서 소개한 여러 아이디어를 먼저 소개했던 《뉴요커》의 담당 편집자 조시 로스먼[Josh Rothman]과 마이크 애저[Mike Agger]에게도 고마움을 전하고 싶다. 그들이 내 글과 아이디어에 지속적으로 보내준 지원은 내가 작가이자 사상가로서 성장하는 데 귀중한 원동력이 됐다. 두 사람이 내게 보여준 신뢰와 가르침에 나는 지금도 여전히 경외심과 긍지를 느낀다.

마지막으로 책을 쓰는 데 심각할 정도로 중독 증세를 보이는 반려자를 둔 탓에 온갖 희생을 견뎌낸 포기할 줄 모르는 아내 줄리에게 감사한다. 지금까지 내가 출판한 책 여덟 권을 낱낱이 알고 있는 아내는 이 과정에 어떤 수고가 요구되는지 아주 잘 안다. 아내가 보여준 이해심과 끈기에 언제나처럼 깊은 고마움을 느낀다.

미주

1 물론 CBS 임원 니나 태슬러의 대담한 지원이 있었기에 자이커의 창의적인 노력이 결국 실현될 수 있었다는 사실에도 주목해야 한다. 태슬러의 이 같은 막대한 공헌은 늦게까지 일하거나 바쁜 티를 내는 것과는 무관하다. 그보다는 오랜 경험으로 갈고닦은 창조 본능을 응용한 것에 훨씬 가깝다. 결국 직업윤리 과시가 아니라 이런 행동 유형이 대성공을 이끈다.

2 제인 오스틴이 응접실에서 생산성을 발휘했다는 믿음과 아주 비슷하게 흥미로운 사례를 J. R. R. 톨킨에게서도 볼 수 있다. 톨킨의 전기를 쓴 레이먼드 에드워즈에 따르면, 제1차 세계대전에 참전한 톨킨이 소속 대대가 주둔하던 끔찍한 참호 속에서 포격을 받으면서 나중에 유명 판타지 장르로 발전한 시리즈의 첫걸음인 『잃어버린 이야기』의 초반부를 썼다는 이야기를 믿는 사람이 많다고 한다. 에드워즈가 언급했듯이 나중에 톨킨은 "그런 상황에서 문학 작품을 쓴다는 것은 완전히 불가능한 일이라고 지적"하면서 이런 주장이 "날조"라고 말했다. 사실 톨킨은 참호열에 걸려 영국 병원에서 요양하던 중에 『잃어버린 이야기』를 쓰기 시작했다. 이때는 오스틴이 초튼 시골집에 살았던 시기와 마찬가지로 갑자기 한가한 시간이 생긴 상황이었다. 레이먼드 에드워즈, 『톨킨Tolkien』(Ramsbury, UK: The Crowood Press, 2022), 96쪽.

3 부가업무의 주요 특성은 시간을 있는 대로 차지할 정도로 늘어나는 경향을 띤다는 점이다. 맡은 프로젝트를 완전히 끝내지 않는 한 점검 회의, 아무 때나 불쑥 오가는 이메일 대화, 옛날 옛적부터 차지했던 정신 공간이라는 형태

로 끊임없이 부담이 발생하기 마련이다.

4 관심 있는 독자들을 위해 페르마의 마지막 정리에 해당하는 여러 진술 중 하나를 소개한다: n의 값이 2보다 클 때, an + bn = cn이라는 방정식을 만족하는 세 개의 정수 a, b, c는 존재하지 않는다.

5 벤저민 프랭클린의 성공을 뒷받침하는 데 필요했던 구체적인 상황과 특권을 냉정하고 비판적인 시각으로 바라본 분석으로는 2013년 전미도서상 최종 후보에 올랐던 질 르포어Jill Lepore의 『연대기: 제인 프랭클린의 인생과 의견 Book of Ages: The Life and Opinions of Jane Franklin』을 추천한다. 르포어는 벤저민 프랭클린의 여동생 제인이 유명한 오빠와 비슷한 지적 능력과 야심을 가지고 있었지만, 당시 그 계급에 속한 여성들이 짊어졌던 요구 때문에(제인 프랭클린은 자녀 12명을 키웠다!) 자신의 재능을 발휘할 마땅한 수단이 없었다고 자세히 설명한다.

6 서류철은 데이비드 앨런이 널리 알린 유명한 아날로그 조직 전략이지만, 그가 발명한 것은 아니다. 이는 이달의 매 날짜마다 폴더를 하나씩 만들고 추가로 달마다 폴더를 하나씩 만드는 방법이다. 그런 다음에 관련 서류를 당장 필요한 이달의 날에 보관하거나, 당장 필요하지 않으면 필요한 달의 폴더에 보관해 나중에 들여다볼 수 있도록 한다. 이 시스템에는 날짜별 폴더 31개와 월별 폴더 12개가 필요하므로 폴더가 총 43개 필요하다.

7 존 그리빈이 지적하듯이 훗날 뉴턴은 중력의 역제곱 법칙을 발견하게 된 시기를 링컨셔를 처음 방문한 1655년까지 거슬러 올라가게 하는 방법으로 사과가 나무에 떨어지는 이야기를 홍보했다. 이는 마케팅 전략이었다. 이 시기에 뉴턴이 쓴 글을 보면 이런 아이디어들이 1655년을 시작으로 여러 해에 걸쳐서 서서히 나타났음을 분명히 알 수 있다. 좀 더 자세한 내용은 존 그리빈이 쓴 『과학을 만든 사람들』에서 볼 수 있다.

8 이 장치는 완벽하지 않았다. 그리빈이 설명했듯이, 어느 불운했던 저녁에 동굴에서 발생한 유해 가스가 관로를 타고 들어와 그 방에서 자던 갈릴레오와 친구 두 명이 심각한 병을 앓았다. 이 사고로 한 사람은 목숨을 잃었고 갈릴레오도 평생 후유증에 시달렸다. 존 그리빈, 『과학을 만든 사람들』

9 이런 쾌거를 이루고 몇 달이 지난 후에 미란다는 멕시코에서 무척이나 간절했던 휴가를 즐기던 중에 수영장에서 빈둥거렸다. 하지만 여행을 떠나기 전에 충동적으로 구입했던 책이 문에 괴여 있는 모습에 정신이 팔려서 좀처럼 편히 쉴 수가 없었다. 그 책은 알렉산더 해밀턴^Alexander Hamilton의 전기였다.

10 스트레스는 구체적으로 플레밍이 애인이었던 앤 차터리스가 임신하면서 결혼하기로 결심했다는 사실이었다. 플레밍은 유부남이자 아버지가 된다는 생각에 겁을 먹었고, 이를 안 아내는 기분 전환용으로 글쓰기를 권했다. 다시 말해 이언 플레밍은 인격이나 도덕성이 뛰어난 인물이 아니었다.

11 2021년에 나온 모리셋에 관한 다큐멘터리 〈재그드〉에서 시사하듯이, 독립과 좀 더 복잡한 주제를 탐색하려는 의지는 그녀가 젊은 여성으로서 연예계에서 맞닥뜨렸던 악습에서 비롯된 부분도 있었다.

12 독자 중에서 프리랜서 작가들에게는 출판업계의 경제 환경이 변화하면서 장편 기사에 느긋하게 초점을 맞추는 맥피의 방식을 따라 하기가 어려워졌다고 주장하는 기사 한 편을 추천한다. 맬컴 해리스^Malcolm Harris, 「누가 존 맥피처럼 쓰는 여유를 누릴 수 있을까?^Who Can Afford to Write Like John McPhee?」, 《뉴 리퍼블릭^New Republic》, 2017년 9월 13일, newrepublic.com/article/144795/can-afford-write-like-john-mcphee. 이 문제에 관한 현실은 다소 복잡하다. 잡지사가 4만 단어 기사를 2년에 한 편 내는 사람에게 높은 급여를 지급하지 않는 것은 사실이지만, 맥피가 『네 번째 원고』에서 1960년대에 《뉴요커》 '전속 필자' 자리는 아무런 의미 없는 직함(기본적으로 이는 《뉴요커》에서 원고를

의뢰하는 프리랜서라는 뜻이었다)이고, 기사 집필만으로 큰돈을 벌지는 않았다고 분명히 밝혔다는 사실에도 주목할 필요가 있다. 생활을 꾸려나가기 위해서는 책이 성공을 거둬야 했고, 프린스턴대학교에서 글쓰기 강의도 해야 했다. 하지만 맥피 이야기 이면에 숨은 더 중요한 핵심은 그가 잡지 기사를 쓰는 구체적인 방식이 아니라 광의의 생산성은 협의의 생산성과 달리 미친 듯한 분주함을 요구하지 않는다는 사실이다.

옮긴이
이은경
연세대학교에서 영어영문학과 심리학을 공부했다. 식품의약품안전처에서 영문에디터로 근무하면서 바른번역 아카데미를 수료한 후 현재 바른번역 소속 번역가로 활동하고 있다. 옮긴 책으로는 『알아두면 쓸모 있는 심리학 상식 사전』, 『마음이 아니라 뇌가 불안한 겁니다』, 『부모의 문답법』, 『히든 스토리』, 『진정한 나로 살아갈 용기』, 『석세스 에이징』, 『인생을 바꾸는 생각들』, 『기후 변화의 심리학』, 『슬픈 불멸주의자』, 『나와 마주서는 용기』 등이 있다.

슬로우 워크

초판 1쇄 발행 2024년 9월 23일

지은이 칼 뉴포트
옮긴이 이은경

발행인 이봉주 **단행본사업본부장** 신동해
편집장 조한나 **책임편집** 김동화
교정·교열 김정현 **디자인** [★]규
마케팅 최혜진 이은미 **홍보** 송임선
국제업무 김은정 김지민 **제작** 정석훈

브랜드 웅진지식하우스
주소 경기도 파주시 회동길 20 웅진씽크빅
문의전화 031-956-7355(편집) 02-3670-1123(마케팅)

홈페이지 www.wjbooks.co.kr
인스타그램 www.instagram.com/woongjin_readers
페이스북 www.facebook.com/woongjinreaders
블로그 blog.naver.com/wj_booking

발행처 ㈜웅진씽크빅
출판신고 1980년 3월 29일 제406-2007-000046호

한국어판 출판권 © ㈜웅진씽크빅, 2024
ISBN 978-89-01-28844-4 03320